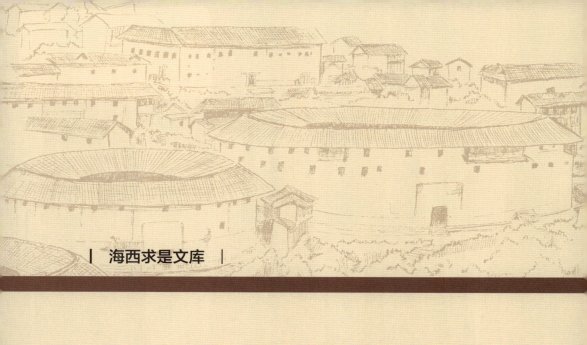

海西求是文库

异质性与差别化

农民工的社会保护需求
与社会政策调适

沈君彬 / 著

HETEROGENEITY and DIFFERENTIATION
—MIGRANT WORKERS' NEEDS for
SOCIAL PROTECTION and ADJUSTMENT of
SOCIAL POLICIES

社会科学文献出版社
SOCIAL SCIENCES ACADEMIC PRESS (CHINA)

2013 年度国家社科基金青年项目（项目批准号：13CSH094）

总　序

　　党校和行政学院是一个可以接地气、望星空的舞台。在这个舞台上的学人，坚守和弘扬理论联系实际的求是学风。他们既要敏锐地感知脚下这块土地发出的回响和社会跳动的脉搏，又要懂得用理论的望远镜高瞻远瞩、运筹帷幄。他们潜心钻研理论，但书斋里装的是丰富鲜活的社会现实；他们着眼于实际，但言说中彰显的是理论逻辑的魅力；他们既"力求让思想成为现实"，又"力求让现实趋向思想"。

　　求是，既是学风、文风，也包含着责任和使命。他们追求理论与现实的联系，不是用理论为现实作注，而是为了丰富观察现实的角度、加深理解现实的深度、提升把握现实的高度，最终让解释世界的理论转变为推动现实进步的物质力量，以理论的方式参与历史的创造。

　　中共福建省委党校、福建行政学院地处台湾海峡西岸。这里的学人的学术追求和理论探索除了延续着秉承多年的求是学风，还寄托着一份更深的海峡情怀。多年来，他们殚精竭虑所取得的学术业绩，既体现了马克思主义及其中国化成果实事求是、与时俱进的理论品格，又体现了海峡西岸这一地域特色和独特视角。为了鼓励中共福建省委党校、福建行政学院的广大学人继续传承和弘扬求是学风，扶持精品力作，经校院委研究，决定编辑出版《海西求是文库》，以泽被科研先进，沾溉学术翘楚。

秉持"求是"精神，本文库坚持以学术为衡准，以创新为灵魂，要求入选著作能够发现新问题、运用新方法、使用新资料、提出新观点、进行新描述、形成新对策、构建新理论，并体现党校、行政学院学人坚持和发展中国特色社会主义的学术使命。

中国特色社会主义既无现成的书本作指导，也无现成的模式可遵循。思想与实际结合，实践与理论互动，是继续开创中国特色社会主义新局面的必然选择。党校和行政学院是实践经验与理论规律的交换站、转换器。希望本文库的设立，能展示出中共福建省委党校和福建行政学院广大学人弘扬求是精神所取得的理论创新成果、决策咨询成果、课堂教学成果，以期成为党委政府的智库，又成为学术文化的武库。

马克思说："理论在一个国家实现的程度，总是取决于理论满足这个国家的需要的程度。"中共福建省委党校和福建行政学院的广大学人应树立"为天地立心、为生民立命、为往圣继绝学，为万世开太平"的人生境界和崇高使命，以学术为志业，以创新为己任，直面当代中国社会发展进步中所遇到的前所未有的现实问题、理论难题，直面福建实现科学发展跨越发展的种种现实课题，让现实因理论的指引而变得更美丽，让理论因观照现实而变得更美好，让生命因学术的魅力而变得更精彩。

中共福建省委党校　福建行政学院

《海西求是文库》编委会

我背上了行囊离开了家园/看着孩子父母那双不舍的眼/只为了让生活更好一点/踏遍了祖国美丽大半的河山/有家的地方没有经济来源/工作的地方没有家的温暖……

——新生代农民工　栗恒

目　录
Contents

图表目录

第一章
研究框架与研究设计

第一节　国内外文献综述

　　农民工群体在流入地城镇的流迁意愿是我国改革开放进程中在流动人口及其迁移流动研究领域当中的一个重要课题。农民工群体是在中国特色城镇化进程中孕育出的一个极为特殊的群体,而农民工群体在流入地城市的流迁意愿问题则是一个有着鲜明中国特色的研究课题。该问题的产生与发展和我国户籍制度的改革与发展休戚相关,社会学、人口学、人文地理学、公共管理学以及经济学等不同学科领域的学者们对该问题的深入研究已经并将持续加深社会各界对我国农民工流迁模式复杂性与异质性的认识。回顾既有文献,国内学界有关农民工流迁意愿研究的关注点主要聚焦于农民工在流入地城镇流迁意愿问题的特殊性及其与户籍制度的纠葛,农民工在流入地城镇真实流迁意愿的测度,农民工在流入地城镇流迁意愿的影响因素及其延展三个方面。

　　农民工在流入地城镇流迁意愿问题的特殊性及其与户籍制度的纠葛是较早之前国内学者研究的兴趣所在。"流而不迁"所具有的"暂住性"①是包括农民工在内的我国流动人口在流入地城镇流动的一个重要特征,也

---

① 朱宇、林李月:《流动人口在城镇的居留意愿及其决定因素——文献综述及其启示》,《人口与经济》2019 年第 2 期。

正因为如此，农民工群体在流入地城市的流迁意愿问题是一个有着鲜明中国特色的研究课题。与此相对应的是，国外学者对于一些国家同样有"暂住性"特征的循环流动（circular migration）的既有学术研究基本不涉及循环流动者在国外城市的居留意愿问题，在许多国外学者看来，循环流动这一定义本身意味着循环流动者群体是没有改变永久居住地意愿的"永久的"暂时迁移者，① 因此在许多西方学者看来，没必要对该群体在城市的居留意愿展开研究。此外，在西方学者看来，在国内迁移（internal migration）与定居常常被视为两个同步完成的过程，② 换言之，在迁入地定居即意味着迁移行为的实际发生。由此可见，许多西方国家人口迁移流动是一个一步到位的单向迁移过程，这一过程迥异于我国农民工在流入地城镇的流迁过程。由于我国农民工流入务工地城镇具有"暂住性"的特征，同时该特征的形成与我国特有的户籍制度联系紧密，因此国内学者的许多研究特别是 21 世纪初之前的许多研究认为，农民工在流入地城镇"流而不迁"的困境应归咎于户籍制度及该制度所承载的种种福利安排。换言之，许多学者认为，一旦取消户籍制度，以农民工群体为主体的流动人口群体由于有着强烈的定居意愿，他们将结束"暂住性"的人口迁移状态，顺利在流入地城镇实现永久迁移。③ 就此应该指出的是，户籍制度确实是导致农民工群体在流入地城镇长期处于"流而不迁"状态的一个重要原因，但是将户籍门槛列为农民工在流入地城镇长期处于"暂住性"状态的决定性因素则有将这一问题简单化之嫌。后续一些学者有关农民工流迁意愿的实证研究证明，户籍制度逐渐松动之后许多农民工并没有如预期般的涌入流入地城镇落户定居。

源于农民工在流入地城镇流迁意愿问题的特殊性及其与户籍制度的纠葛，农民工在流入地城镇真实流迁意愿的测度成为国内学界的又一研究热点，不同学者往往采用不同的办法来展开测度，体现在问卷中分别询问调查对象"是否愿意在流入地永久居留"④ "是否愿意获得流入地户口"⑤

---

① SPAAN E., *Labour Circulation and Socioeconomic Transformation：the Case of East Java，Indonesia*，The Hague：Netherlands Interdisciplinary Demographic Institute，1999.
② 蔡昉：《劳动力迁移的两个过程及其制度障碍》，《社会学研究》2001 年第 4 期。
③ 王毅杰：《流动农民留城定居意愿影响因素分析》，《江苏社会科学》2005 年第 5 期。
④ ZHU Y.，"China's Floating Population and Their Settlement Intention in the Cities：beyond the Hukou reform"，*Habitat International*，2007，31（1）：65-76.
⑤ 蔡禾、王进：《"农民工"永久迁移意愿研究》，《社会学研究》2007 年第 6 期。

"是否愿意在流入地长期居住（5 年以上）""是否愿意放弃流出地土地"①，等等。虽然测度方法各异，但是其中可以概括出四个趋势性的结论②：第一，朱宇（2004）、王毅杰（2005）、李强（2003）、马九杰与孟凡友（2003）、马小红（2009）、姚俊（2009）等学者指出，大部分流动人口没有在城镇永久定居的愿望；第二，ZHU Y. & CHEN W. Z.（2010）、胡陈冲与朱宇等（2011）、林李月与朱宇（2016）、吉亚辉与涂航标（2014）、张翼（2011）等学者的研究结果亦表明，流动人口的户籍迁移意愿并不高；第三，王毅杰（2005）、ZHU Y. & CHEN W. Z.（2010）、胡陈冲与朱宇等（2011）、YANG S. S. & GUO F.（2018）、HUANG Y. Q. & GUO F.（2018）、张玮（2012）等学者的研究结果还表明，流动人口在流迁方向选择上存在"永久居留"与"不永久居留"的二元分化抑或是"在城镇定居""循环流动""返回家乡"的三维分化，其中持三维分化论的学者较多；第四，还有学者指出，流动人口在城镇的居留意愿有逐步上升的趋势（FAN C. C.，2011），但已趋于平稳（林李月、朱宇，2016）。

随着农民工在流入地永久定居（户籍迁移）意愿偏低，同时该群体流迁模式呈现出三维分化之势等学术观点的日趋流行，流迁农民工在流入地城镇流迁意愿的影响因素及其延展紧跟着成为学者们的热点研究话题。越来越多的研究结果表明，户籍并不是造成农民工群体在流入地城镇"流而不迁"状态的唯一原因，之前许多学者有关户籍制度会造成农民工群体在流入地"暂住性"状态的观点日益受到挑战和冲击。ZHU Y. & CHEN W. Z.（2010）、蔡禾与王进（2007）、HUANG Y. Q. & GUO F.（2018）等学者的研究表明，户籍制度仅仅是影响农民工在流入地城镇定居意愿的诸多因素之一。ZHU Y.，LIN L. Y.（2011）、王良健与陈坤秋（2016）等学者的研究则指出，在某些情形之下，户籍制度对农民工定居意愿的影响甚至在统计模型中是不显著的。还有一些学者则从总结其他国家经验的角度另辟蹊径，有如朱宇（2004）、BALE J.、DRAKAKIS-SMITH D.（1993）、GOLDSTEIN S.（1993）、HUGO G. J.（1998）等国内外学者都曾指出，在

---

①　YANG S. S., GUO F., "Breaking the Barriers: How Urban Housing Ownership Has Changed Migrants'settlement Intentions in China", *Urban Studies*, 2018, 55（16）：3689-3707.

②　朱宇、林李月：《流动人口在城镇的居留意愿及其决定因素——文献综述及其启示》，《人口与经济》2019 年第 2 期。

没有户籍制度的许多国家也存在人口暂时性迁移流动的现象。显然，在户籍制度之外，农民工群体在流入地城镇之所以"流而不迁"，还存在其他影响因素。比如，"流而不迁"是农民工家庭追求收入最大化与风险最小化的一种家庭策略，"流而不迁"与农民工群体工作稳定性不够强有关，等等。基于上述认识，许多学者从农民工自身的人口学因素、农民工劳动力市场状况、农民工自身人力资源状况、农民工家庭生计条件与策略等视角考察造成农民工群体在流入地城镇"暂住性"流动的原因。

随着新生代农民工群体日益成为农民工队伍的主力军，21世纪以来，文献中与此相关的一个重要发展是考察新生代和老一代农民工在城镇居留意愿上的差异。[①] 换言之，新生代农民工是否有更强烈的定居意愿成为学者们研究的焦点问题。回溯国内学界对于新生代农民工群体的既有研究成果，王春光研究员（2001）从社会认同与城乡融合的视角较早开展了对新生代农民工群体的研究。此后，这一流入地城市的"外地人、年轻人、农村人"群体的城市社会融入困境及其异质性社会保护需求问题引起了国内学者的极大关注。社会学、经济学、人口学、政治学、公共管理学以及人文地理学等诸多学科的学者都积极参与该群体的研究，形成了跨学科的丰富研究成果。基于代际分化的现实，就新生代农民工群体的异质性代际特征，王兴周（2008）、刘传江（2010）、全国总工会（2010）等国内学者与机构认为，该农民工亚群体已经在农民工总体中占据主导地位。他们认为，由于新生代农民工群体有着相对较高的受教育水平与职业技能，他们对于流入地城市的市民身份以及市民化的生活有着强烈的向往，其城市定居的意愿或者实现非农职业转换的意愿相对其父辈和兄辈更加强烈。然而，上述有关新生代农民工群体异质性特征的判断并没有得到杨菊华（2010）、王宗萍与段成荣（2010）、贺雪峰（2010）、张翼（2011）、刘林平与王茁（2013）、朱宇与林李月（2004，2010，2012，2013，2019）、张世勇（2014）、国家发改委社会发展研究所课题组（2015）等国内学者与研究机构研究结果的支持。如中国社科院张翼研究员（2011）即认为，绝大多数农民工不愿意将自己的户口非农化，同时新生代农民工和老一代农

---

① 朱宇、林李月：《流动人口在城镇的居留意愿及其决定因素——文献综述及其启示》，《人口与经济》2019年第2期。

民工在这方面也没有显著的差别。① 国内学者们的这一分歧同样体现在对于"常住化城镇化"与"户籍化城镇化"这两个迥异政策方向的选择和判断上。

　　基于如上学术分歧考量，本书认为，学者们的观点分歧部分原因是统计口径的差异，但更多则源于所使用数据的不同。为此，有关新生代农民工群体研究的一个生长点在于针对典型农民工流入地展开动态跟踪研究，并获取有关新生代农民工群体代际特征特别是其真实流迁意愿的最新信息。国家层面有关户籍制度改革与农民工社会保护的相关社会政策已经表明，尊重农民工落户意愿已成为各方共识。具体来说，一方面要推动具有落户意愿的农民工群体在城镇落户，另一方面，对于没有落户意愿抑或"有意愿没条件"的农民工群体则要逐步让其平等享受城镇基本公共服务。此外，促进农民工返乡创业就业亦成为乡村振兴战略的有机组成部分之一。在此背景下，朱宇与林李月（2011）联袂指出，流动人口的流迁模式分析为我们重新审视流动人口的社会保护需求提供了一个新的视角。② 相应的，基于这一庞大群体流迁决策多元分化的现实考量，今后的另一项重要工作或者研究的热点是辨析不同流迁意愿下新生代农民工群体社会保护需求的异质性偏好。近年来，李培林（2008）、张一名（2009）、王春光（2011，2012）、谢建社（2012）、方巍（2012）、潘泽泉（2010，2013，2016）、周柏春与娄淑华（2017）、沈君彬（2011，2012，2018）、俞林与印建兵等（2018）等学者尝试从社会政策的角度探讨新生代农民工群体的社会保护问题，也取得了一些成果，但就总体而言，该类研究尚待深入。后续研究应在实证评估、充分考量其流迁模式多元化与代际社会保护需求异质性的基础上，通过积极的调适建构使农民工社会政策体系更加系统、科学，更具针对性与可操作性。在这一研究领域上，福建师范大学人口学学者朱宇和林李月及其研究团队取得了丰硕的研究成果。两位学者2009年在福州进行的一项问卷调查结果表明，乡-城流动人口的流迁模式并非如许多西方发达国家一样，是一个从乡村向城镇迁徙并最终定居在城镇的单

---

①　张翼：《农民工进城落户意愿与中国近期城镇化道路的选择》，《中国人口科学》2011年第2期。

②　朱宇、林李月：《流动人口的流迁模式与社会保护：从"城市融入"到"社会融入"》，《地理科学》2011年第3期。

向流动过程。我国乡—城流动人口的流迁模式是一个复杂且多变的过程，在具体流迁方向的选择上存在多元分化的现象。相应的，对于乡—城流动人口社会保护问题及相关政策因应的研究必须建立在充分把握该群体流迁模式多元分化的现状与趋势的基础之上。应该指出的是，朱宇和林李月对于乡—城流动人口的流迁模式分化与社会保护需求异质性的研究具有一定的开创性意义，但这一系列研究的局限性亦比较明显。主要体现在如下四个方面。

首先，在研究对象上，他（她）们的研究以乡—城流动人口作为调查对象，没有代际分化的视角，特别是没有针对新生代农民工的流迁模式及不同流迁模式下新生代农民工群体社会保护需求的异质性展开细分研究。如图 1-1 所示，《2018 年农民工监测调查报告》（国家统计局，2019）显示，在农民工群体总量中，新生代农民工已占总数的 51.5%，[①] 已成为这支乡-城流动人口大军中的支柱和主力。在这一背景下，加强对其群体异质性的研究对提升农民工社会政策的"瞄准机制"意义重大。

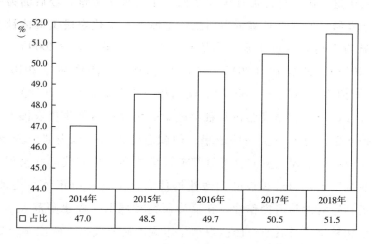

（%）	2014年	2015年	2016年	2017年	2018年
□ 占比	47.0	48.5	49.7	50.5	51.5

图 1-1　新生代农民工占农民工总量的比重
资料来源：《2018 年农民工监测调查报告》（国家统计局，2019）。

---

① 《2018 年农民工监测调查报告》显示，1980 年及以后出生的新生代农民工总量比上年提高 1%，老一代农民工占农民工总数的 48.5%。在新生代农民工群体中，"80 后"新生代农民工占 50.4%；"90 后"新生代农民工占 43.2%；"00 后"新生代农民工占 6.4%。

其次，在研究时间上，他（她）们的研究在问卷调查时间上已经过去近十年，在此期间，《国家新型城镇化规划（2014-2020 年）》和《乡村振兴战略规划（2018-2022 年）》先后发布。在双向度城镇化的宏观背景下，基于推拉理论，城市和乡村对于农民工特别是新生代农民工的"推力"和"拉力"都发生了显著变化。因此，在新型城镇化战略与乡村振兴战略先后成为国家战略的背景下，作为乡—城流动人口中的新鲜血液，新生代农民工群体的居留意愿抑或该群体的流迁模式究竟发生了哪些变化，值得深入跟踪研究。

再次，在研究空间上，我们知道朱宇和林李月的系列研究的调查地点主要限定在福建省内乡—城流动人口比较集中的福州、厦门、泉州等地。福建作为农民工主要流入地省份，以此三地作为调查地点无疑具有一定的典型性。但是如果能对同样位于东南沿海的江苏、浙江与广东开展跟踪研究，则对于农民工群体流迁意愿及其社会保护问题的研究将更具有说服力。本书在朱宇研究团队既有研究基础上，基于推进双向度城镇化的时代背景，选择苏州、泉州、温州与东莞等外来流动人口密集地区作为调查目的地，以外出型新生代农民工为研究对象。在分析双向度城镇化背景下新生代农民工群体多元化的流迁模式基础上，辨析不同流迁意愿新生代农民工群体异质性的社会保护需求。

最后，在研究产出上，朱宇和林李月的系列研究成果就乡-城流动人口流迁模式与社会保护的对策建议部分更加侧重提出农民工细分社会政策以因应该群体的社会保护需求。相对而言，两位学者对于农民工群体流迁模式多元化与代际需求异质性现实的宏观目标建构与中观调适原则的研究有待加强。

从国外学者的既有研究成果来看，国外学界围绕乡—城流动人口流动的现状、影响因素及其规律积累了大量的理论、模型与分析框架。作为流入地城镇的"外地人、年轻人与农村人"，新生代农民工群体也属于乡—城流动人口。正因如此，国外学者有关乡—城流动人口研究的相关理论、模型与分析框架对于本书理解和把握新生代农民工群体流迁模式多元分化的现状、动因与规律同样具有参考价值。如 G. Ravenstei（1885）提出的人口迁移理论，E. S. Lee（1966）与 D. J. Bagne（1969）提出的"推-拉"理论，M. P. Todaro（1985）提出的迁移预期收入理论，又有如 Thurow

（1968）、P. Doeringer & M. Piore（1971）以及 Dickens（1985）等人不断完善、发展的二元劳动力市场分割理论。此外，国际机构与外国学者有关生命历程分析范式（Thomas W. I. & Znaniecki F.，1918，1919，1920）、社会保护理论（Barnett & Chalk，2010；U. Gentilini & S. W. Omamo，2011；ILO，2011，2012）、政策范式转移理论（Hall，P. A.，1993）、发展型社会政策（A. Hall & J. Midgley，2004；UNRISD，2001，2004，2005）与公民权理论（T. H. Marshall，1950；E. F. Isin & B. S. Turner，2003；P. Taylor-Gooby，2009）研究的进展也拓宽了本项目的理论视野。而美国社会政策学家 Neil Gilbert 与 Paul Terrell 提出的"社会福利政策的分析框架"与 Sabates-Wheeler 等（2003）提出的"移民迁移社会政策分析框架"等分析框架对于本书系统、深入地展开农民工群体社会保护需求以及农民工社会政策调适的研究奠定了分析框架基础。

综上所述，上述研究一方面为本项目进一步开展多元流迁模式下农民工群体社会保护需求与社会政策调适因应的研究奠定了基础；另一方面，在新型城镇化与实施乡村振兴战略双向度城镇化背景下仍有下列可供拓展的研究空间：

研究空间 1——在双向度城镇化背景下，针对东南沿海典型人口流入地新生代农民工群体流迁意愿的实证研究有待加强；

研究空间 2——学界的既有研究成果较少基于生命历程理论动态展示新生代农民工从"离乡进城"到被动抑或主动"离城返乡"的决策过程，在双向度城镇化背景下，本项目希望开展此类研究借此打破新生代农民工均希望在城市定居或长期生活的"刻板印象"；

研究空间 3——基于研究空间 1 与研究空间 2，在朱宇和林李月（2009，2011）研究的基础上，多元流迁模式下新生代农民工群体社会保护需求异质性的实证研究有待加强；

研究空间 4——在双向度城镇化背景下，流动农民工群体社会保护需求代际差异的实证研究有待加强；

研究空间 5——在双向度城镇化背景下，返乡农民工群体社会保护需求代际差异的实证研究有待加强；

研究空间 6——基于研究空间 3、研究空间 4、研究空间 5，就如何因应不同农民工群体异质性的社会保护需求，在微观建构层面上，仍有待进一步开展差别化社会政策调适的系统、深入研究；

研究空间7——基于研究空间6，在宏观目标层面上，社会政策调适的目标应是建构起具备何种特征的农民工社会保护体系有待学界进一步研究；在中观层面上，社会政策的调适应该遵循何种原则亦有待学者们进一步探索。

基于如上研究空间，本书课题组首先于2018年4月至5月奔赴苏州、泉州、温州与东莞四市开展问卷调查，并结合深度访谈来收集最新的研究资料。在掌握此四市2250名新生代农民工群体流迁意愿真实数据的基础上，对多元流迁模式下新生代农民工群体社会保护的异质性需求结构与需求位序展开分析，在实施乡村振兴战略的宏观背景下，为进一步明晰已返乡农民工群体社会保护需求的代际差异，本书课题组于2018年6月至7月赴福建省龙岩、南平、三明等山区地市，对此三地600名已返乡农民工展开问卷调查，① 同时对龙岩市新罗区 WA 乡、三明市宁化县 SB 乡以及南平市下辖武夷山市 XC 镇共计56名已返乡农民工展开深度访谈。通过问卷调查，本课题组主要掌握了此三个山区市已返乡农民工群体社会保护需求的异质性结构与位序。通过深度访谈，基于生命历程分析，本课题组掌握了新生代农民工从"离乡进城"到（被动或主动）"离城返乡"的决策过程。此外，为掌握仍处于流动状态的农民工的社会保护现状与需求，本课题组于2018年7月下旬至8月奔赴福建省泉州市、厦门市与福州市，对此三市流动农民工群体开展问卷调查与深度访谈，在分析了1096份新老农民工有效调查问卷的基础上，对此三市农民工群体社会保护需求的代际差异展开分析。基于如上实证研究，在借鉴国际劳工组织体面劳动议程的政策框架与国别计划（中国 DWCP）的基础上，本书提炼出国家对农民工社会政策进行调适的若干启示。在如上研究基础上，本书最终建构出"终身—全程"式农民工社会保护体系，并以该体系为依归来展开对农民工社会政策调适因应的深入研究。

---

① 实际获取有效样本 480 份。

第二节　研究背景、研究目标与研究意义

一　研究背景

农民工群体流迁模式多元化①与代际需求异质性的事实正成为国家在调适农民工相关社会政策时的重要考量因素。就农民工群体流迁模式多元化而言，国务院办公厅于 2011 年印发的《关于积极稳妥推进户籍管理制度改革的通知》明确要求，必须"尊重农民在进城和留乡问题上的自主选择权"。该《通知》指出，对于"定居型"农民工要根据城市等级采取"分类明确户口迁移政策"；对于已定居农民工要保证其享受与当地城镇居民同等权益；对于"暂不具备落户条件的农民工"，要下大力气解决他（她）们的社会保护问题，在社保、住房、子女上学、劳动报酬等方面积极回应其需求；对于"其他暂住人口"要为其在流入地城镇工作、学习与生活提供方便。2014 年，国家层面上先后出台了《国家新型城镇化规划（2014-2020 年）》《关于进一步推进户籍制度改革的意见》，以及《关于进一步做好为农民工服务工作的意见》三份重要文件。系统梳理此三份重要文件的内容，我们发现中央决策层对农民工群体"流迁模式多元化"的现实有清醒认识与充分考量：一方面，三份文件均明确我国不仅要放开对农民工落户小城镇的限制，对于大中城市落户条件也要放宽；另一方面，三份文件均指出，要逐步解决好已经在流入地城镇居住但尚未在该地落户的农民工群体平等享受城镇基本公共服务的问题。2015 年，国务院办公厅印发的《关于支持农民工等人员返乡创业的意见》，明确要通过产业转移带动"农民工等人员返乡创业"。由此可见，基于农民工群体流迁模式多元分化及其社会保护需求异质性的现实，通过差别化的社会政策调适对该群体实行分层分类管理已成为中央决策层解决农民工问题的主导思路之一。

---

① 与农民工群体流迁模式呈多元分化相关的一个事实是，不同流迁模式农民工亚群体的社会保护需求亦呈现出明显的异质性特征。

根据国家统计局发布的《2018 年农民工监测调查报告》，2018 年我国新生代农民工占农民工总量的 51.5%，比 2017 年提高了 1%，新生代农民工群体已经成为农民工这一产业工人大军的主体。基于这一事实考量，2010 年的中央一号文件指出，必须采取有针对性的措施"着力解决新生代农民工问题"。国务院办公厅 2016 年印发的《推动 1 亿非户籍人口在城市落户方案》中，新生代农民工群体被列为全面放开放宽落户限制的重点群体之一。2019 年 1 月，人社部印发了《新生代农民工职业技能提升计划（2019—2022 年）》，该《计划》针对新生代农民工群体特征和时代特点，通过专项政策设计积极回应新生代农民工群体的职业培训需求。

综上所述，一方面，新生代农民工群体的代际特征已引起中央决策层的高度关注；另一方面，由于流入地城镇并不总是流动人口流迁过程的最终归宿，不同流迁意愿新生代农民工群体社会保护需求的异质性问题亦开始进入国家政策议程。

二　研究目标

嵌入研究主题，本书的研究目标可以简洁地概括为：在双向度城镇化战略背景下，农民工个体单向度的生命历程与农民工群体多向度的流迁模式交互导致该群体日趋分化的同时，其细分亚群体社会保护需求位序与需求结构呈现出明显异质性特征。借此现实，本书一方面试图辨析该群体分化现状及不同亚群体社会保护需求位序与需求结构；另一方面，本书将探讨农民工社会政策应如何积极因应、调适以差别化满足高度分化农民工群体异质性的社会保护需求。

三　研究意义

就现实层面而言，在双向度城镇化背景下，基于新生代农民工群体已经成为农民工主体的客观事实，研究和掌握多元流迁模式下新生代农民工群体社会保护需求的异质性特征，对完善农民工社会保护体系具有重要参考作用。与此同时，在代际分化背景下，新生代农民工群体与第一代农民工群体在社会保护需求上存在一定代际差异，动态、准确、灵活地把握其社会保护需求位序与需求结构的异质性对提升农民工社会政策的针对性具有重要指导意义。通过对上述"流迁模式、代际分化与农民工社会保护需求与社会政策因应调适"主题开展实证分析和对策研究,力求使研究成果可以为决策层调适农民工社会政策提供宏观目标、中观原则与微观建构的决策依据,增强差别化农民工社会政策的系统性、针对性、科学性及可操作性,助力政府决策。理论层面上,在"城乡界限淡化和交通条件改善的背景下,流动人口的社会保护需求跨越城乡两栖和多重地域在中国,甚至国际上都是一个值得重视的现象"。① 基于农民工群体流迁模式多元化及代际需求异质性的现实考量,以该日趋分化群体异质性的社会保护需求为研究对象,开展差别化农民工社会政策因应调适的相关研究无疑可以进一步补充和丰富流动人口社会保护问题研究的理论形态。

第三节　理论基础与分析框架

一　本书的理论基础

如图 1-2 所示,本书主要基于生命历程研究范式、政策范式转移理论、发展型社会政策理论以及公民权理论,展开对农民工社会政策调适与农民工社会保护体系建构的相关研究。

(一)生命历程研究范式

生命历程研究范式起源于芝加哥学派学者托马斯(Thomas,W. I.)与波兰学者兹纳涅茨基(Znaniecki,F.)于 1918 年至 1920 年对波兰移民问题的研究。在《身处欧美的波兰农民》一书中,两位学者创新性地使用了生活史、生活记录以及情景定义的研究方法来分析社会变迁和国际(波兰)移民的生活轨迹。该书堪称开创了生命历程研究范式的先河。生命历程与被研究对象的年龄变量密切相关。处于不同年龄段的研究对象在日常

---

① 朱宇、林李月:《流动人口的流迁模式与社会保护:从"城市融入"到"社会融入"》,《地理科学》2011 年第 3 期。

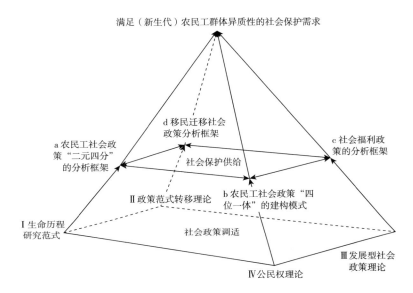

图 1-2　本研究的理论基础与分析框架示意
资料来源：作者根据资料整理。

生活中具有异质性的参与性质与参与结构。生命事件对于研究对象认同和调适自己的社会角色具有能动促进作用。现实中，作为能动个体，许多研究对象在经历某个或多个生命事件之后，相应调适个人权利、义务、规范以及期望。嵌入本研究主题，本课题组可借助生命历程研究范式所常用的原理和概念来剖析（新生代）农民工个体流迁意愿与流迁决策的动态转变过程。

（二）政策范式转移理论

在托马斯·库恩提出的"范式"概念的基础上，彼得·霍尔（Peter Hall）进一步延伸提出了"政策范式"的概念。在彼得·霍尔看来，政策范式意味着政策行动的框架。一般情况下，政策范式具有相当稳定性，但如果其不能持续提供解决挑战的适当方式就会不断弱化，直至出现"范式转移"（paradigm shift）。具体来说，范式转移是一个动态的渐进的过程，包括"第一序列变化、第二序列变化、第三序列变化"三个程度不同的政策变迁过程。

其中,"第一序列变化"限于工具设置层次的变动,而总体政策目标和政策工具本身不变;"第二序列变化"则包括政策工具和工具设置层次的变动,但总体政策目标仍保持不变;"第三序列变化"则属于政策的根本性变迁,是质变的过程,这一类型变化中总体政策目标、政策工具本身以及工具的具体设置均发生了变动。[①] 一般来说,政策的"第三序列变化"较少发生,但其一旦发生了则意味着社会政策范式的转移。

(三) 发展型社会政策理论

发展型社会政策理论的核心是将社会政策视为社会投资而非经济发展的负担。发展型社会政策对于在国家层面上优化社会政策设计的启示主要包括四点:其一,应积极投资于(现期与预期劳动力的)人力资本,特别是增加对教育、医疗、社保等领域的财政投入;其二,社会政策的制定应立足长远,应从中长期战略的高度入手来部署、实施社会政策;其三,从投资的群体来看,应基于"上游干预"的理念加强对儿童的投资,要积极提升社会成员的就业能力,同时要积极投资于家庭,建构家庭友好型社会政策;其四,从服务输送与资金筹集的维度看,发展型社会政策趋向于采取福利多元化的供给模式。基于社会福利政策的分析框架,对农民工群体的社会保护而言,除了要从中长期战略的高度入手来部署、实施农民工相关社会政策之外,其具体启示主要包括三点:其一,在分配基础的维度上,基于"上游干预"的理念,要加强对农村学生的教育投入,构建农民工家庭友好型社会政策;其二,在分配内容的维度上,要增强对"双后生"[②] 等后备劳动力以及尚未进入城镇劳务市场的农业转移劳动力的培训,提升其在城镇的就业能力与报酬水平的预期;其三,基于服务输送与资金筹集的维度,农民工社会保护体系的构建与具体服务的供给要采取福利多元化的供给模式。

(四) 公民权理论

在其代表性著作《公民权与社会阶级》中,T. H. 马歇尔指出,公民

---

① Hall, P. A., "Policy Paradigms, Social Learning and the State: The Case of Economic Policy-making in Britain", *Comparative Politics*, 1993, Vol. 25 (3), pp. 275-296.

② 指初中毕业和高中毕业后未继续求学同时又未工作的年轻人。

权包括"民事权、政治权、社会权"三个维度。就民事权的具体内涵，T. H. 马歇尔认为，其主要包括人身自由、言论自由、财产权、订立有效契约的权利、司法权利等，其直接相关的机构为法院。

如表 1-1 所示，就政治权的维度而言，T. H. 马歇尔认为，政治权主要内涵是要保障社会公民行使政治权利的权利，其直接相关的机构为国会和地方议会。就社会权的具体内涵而言，T. H. 马歇尔认为，其主要包括经济福利与安全、充分享有社会遗产、享受文明生活的权利等内容，与社会权直接挂钩的机构是教育体制和社会公共服务体系。嵌入本项目研究的主题，就农民工群体关注的焦点社会保护权利而言，在民事权的维度上，农民工群体比较关注的权利包括依法签订劳动合同、农民工劳动报酬权、自由迁徙权利、司法诉讼服务的可及性等。在政治权的维度上，农民工群体比较关注的权利主要是该群体的选举权和被选举权。在社会权的维度上，农民工群体比较关注的权利包括就业权利、社会救助权利、社会保险权利、接受培训权利、农民工子女接受教育权利以及住房保障权利等。

表 1-1 T. H. 马歇尔公民权的三个维度

公民权的维度	具体内涵	直接相关的机构	农民工群体关注的焦点社会保护权利
民事权	人身自由；言论自由；财产权；订立有效契约的权利；司法权利	法院	依法签订劳动合同；农民工劳动报酬权；自由迁徙权利；司法诉讼服务的可及性
政治权	行使政治权利的权利	国会和地方议会	农民工的选举权和被选举权
社会权	经济福利与安全；充分享有社会遗产；享受文明生活的权利	教育体制和社会公共服务体系	就业权利；社会救助权利；社会保险权利；农民工接受培训权利；农民工子女接受教育权利；住房保障权利

资料来源：笔者根据 T. H. 马歇尔《公民权与社会阶级》的相关内容嵌入农民工社会保护需求的实际自制而成。

二　本研究的分析框架

如图 1-1 所示，本项目展开具体分析时综合运用了四个具体的分析框架：一是农民工社会政策"二元四分"的分析框架；二是农民工社会政策"四位一体"的建构模型；[①] 三是社会福利政策的分析框架；[②] 四是 Sabates-Wheeler 等（2003）的移民迁移社会政策分析框架。

（一）农民工社会政策"二元四分"的分析框架

在《农民工社会政策及其建构》一文中，童星与张海波将社会保护的内涵嵌入农民工社会政策的"二元四分"结构框架之中。

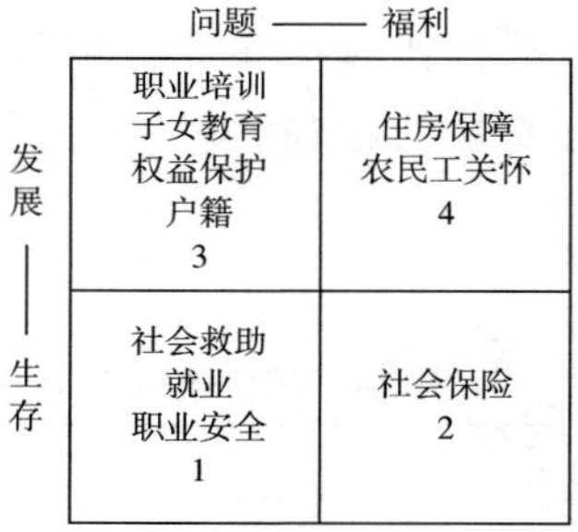

问题 —— 福利

发展 生存	职业培训 子女教育 权益保护 户籍 3	住房保障 农民工关怀 4
	社会救助 就业 职业安全 1	社会保险 2

图 1-3　农民工社会政策"二元四分"的分析框架

资料来源：在童星与张海波（2006）所提出的分析框架的基础之上由笔者略微修改而成。

如图 1-3 所示，两位学者认为，农民工职业培训、农民工社会救助、农民工职业安全、农民工就业、农民工子女教育、农民工社会保险、农民工住房保障、农民工权益保护、户籍制度改革、农民工关怀十个具体社会政策议题在横向上的取向有两种，分别是问题取向与福利取向；而同样的十个议题在纵向上则包括两个阶段，分别是生存型阶段与发展型阶段。[③]

---

① 该建构模型适用于分析细分农民工社会政策的变迁历史、供给现状的形成原因。

② 该分析框架便于开展对细分农民工社会政策文本的解读，同时可使相关政策建议更加清晰化、条理化。

③ 童星、张海波：《农民工社会政策及其建构》，《社会保障研究》2006 年第 1 期。

借此，童星与张海波构建出农民工社会政策的结构框架，该结构框架可以解决既有农民工政策研究的"缺乏系统性"与"重制度、轻价值"以及"缺乏统一的政策框架"等方面的不足之处。我们认为，两位学者的这一框架具有"二元四分"的特点，可称之为农民工社会政策"二元四分"的分析框架。嵌入这一框架之中，我们可以把农民工群体的社会保护需求分为如下四类，分别是："生存—问题"型社会保护需求、"生存—福利"型社会保护需求、"发展—问题"型社会保护需求、"发展—福利"型社会保护需求。相应的，我们认为，农民工社会政策可以对应划分为如下四类："生存—问题"型社会政策、"生存—福利"型社会政策、"发展—问题"型社会政策、"发展—福利"型社会政策。各级政府在资源和条件有限约束的前提下统筹解决社会保护需求类型的先后顺序应分别是：首先要优先解决农民工群体"生存—问题"型社会保护需求，在此基础上解决好该群体"生存—福利"型社会保护需求。最后在积极回应其"发展—福利"型社会保护需求的前提下，再因应解决农民工群体的"发展—福利"型社会保护需求。[①] 其中，"生存—问题"型社会政策主要指就业政策与社会救助政策，"生存—福利"型社会政策[②]主要指有关工作环境规制的社会政策与社会保险政策，"发展-问题"型社会政策主要包括职业培训类社会政策、子女教育类社会政策、权益保护相关政策以及户籍政策，而"发展—福利"型社会政策则主要指住房保障政策以及农民工关怀相关政策。农民工社会政策"二元四分"的分析框架的优点抑或存在价值主要体现在三个方面：首先，其可以将农民工不同的社会保护需求纳入统一分析框架之内，增加了农民工社会政策研究的系统性；其次，农民工在流入地的社会权利被有机分解到各个不同的层面之中，有助于提升社会政策分析的针对性；最后，"二元四分"的分析框架将各农民工社会保护需求类型按照解决急切性高低的先后顺利进行排列，有助于中央和地方各级政府在资源约束性的前置条件下分阶段、分梯次地响应各细分社会保护项目的需求。

---

① 应该指出的是，这一轻重缓急秩序的排列仅是资源和条件相对有限前置条件下的一种次优选择。

② 童星与张海波认为这一"生存—福利"象限内应是"社会保障"，我们认为"社会保障"是比较宽泛的概念，应该用"社会保险"更合适一些。

（二）农民工社会政策"四位一体"的建构模型

在《农民工社会政策及其建构》一文中，如图 1-4 所示，童星与张海波（2006）提出农民工社会政策的建构模型：[①] 两位学者认为，农民工社会政策建构的三个影响因素分别是价值理念、社会认同与制度安排，任何一项农民工社会政策的制定都要达到价值理念、社会认同与制度安排三者之间的平衡。其中，价值理念作为农民工社会政策建构的基础，属于"软性约束"；社会认同作为农民工社会政策建构的保障，属于"主观建构"；制度安排作为农民工社会政策建构的手段，属于"客观建构"。

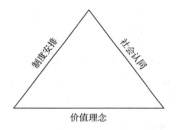

图 1-4 农民工社会政策的建构模型

资料来源：童星、张海波：《农民工社会政策及其建构》，《社会保障研究》2006年第 1 期。

就此，我们认为两位学者所提出的农民工社会政策的建构模型将社会政策的对象排除在影响因素之外，属于独立于农民工群体之外的"三位一体"的建构逻辑。在现实政策环境中，决不能忽视社会政策对象本身——农民工群体的能动作用（整体诉求），同时该群体流迁模式多元化与代际需求异质性的现实（分化需求）同样需要社会政策给予积极因应。进而言之，在农民工群体的"整体诉求"方面，该群体自身的利益诉求与能动作用对于整体及单项农民工社会政策的制定与调适具有强大的促进作用。有如，由于利益诉求渠道有待拓宽，同时自身权益难以得到充分保障，社会张力不断增大，在诉求表达不畅的情况下有些农民工通过非理性的途径表

---

① 童星、张海波：《农民工社会政策及其建构》，《社会保障研究》2006 年第 1 期。

达自身的利益诉求，相关群体性事件时有发生，已成为影响社会良性运行与协调发展的一大隐患。

农民工群体的"分化需求"方面，基于新生代农民工群体已经成为农民工主体的客观事实，不同流迁意愿新生代农民工群体异质性的社会保护需求对完善农民工社会保护体系具有重要参考作用。同时，农民工群体在社会保护需求上存在一定代际差异，掌握新生代农民工与第一代农民工社会保护需求位序与需求结构的异质性对提升农民工社会政策的针对性具有重要指导意义。因此，如图 1-5 所示，我们认为农民工社会政策调适、建构的四个影响因素分别是农民工群体自身（整体诉求与分化需求）、价值理念、社会认同与制度安排。而任何一项农民工社会政策的制定都要达到抑或实现农民工群体自身（整体诉求与分化需求）、价值理念、社会认同与制度安排四者之间的相对平衡与妥协的状态。

图 1-5　农民工社会政策"四位一体"的建构模型
资料来源：在参考童星与张海波（2006）研究的基础上由笔者自制。

（三）社会福利政策的分析框架

社会福利政策的分析框架是美国社会政策学家 Neil Gilbert 与 Paul Terrell 在参考 Burns E. M. 所著的 *Social Security and Public Policy* 一书的相关研究之后所提出来的。如图 1-6 所示，该分析框架从"各个维度内的选择范围""支持它们的社会价值""支持它们的理由或假设"三个多样化的视角来具体考察"社会分配的基础""社会福利的类型""服务输送策略""筹资方式"四个具体选择维度。

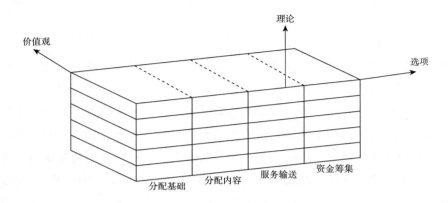

图 1-6 社会福利政策的分析框架①

资料来源：Neil Gilbert、Paul Terrell：《社会福利政策导论》，华东理工大学出版社，2003，第 84 页。

就本研究而言，社会福利政策的分析框架能够将农民工具体社会保护项目如社会保险中的各个细分保险项目（如城乡居民基本养老保险、企业职工基本医疗保险等）的相关制度设计、运行实施等许多方面串联起来展开多维度的分析和比较。该分析框架具有比较明显的动态性、延续性的特点，有利于在分析某个具体社会保护项目时做到理论探讨和具体实践相结合。为便于表述，我们将"社会分配的基础""社会福利的类型""服务输送策略""筹资方式"四个选择维度简化称为"分配基础""分配内容""服务输送"，以及"资金筹集"。其中，"分配基础"负责回应具体社会保护项目的"对象"如何确定的问题；而"分配内容"则负责解释具体社会保护项目的"内容形式"；而"服务输送"维度则更多关注的是具体社会保护项目的服务应该采取何种"输送系统"以便提升服务输送的效率的问题；"资金筹集"维度则更多考虑的是资金的"来源和渠道"的问题。

（四）Sabates-Wheeler 的移民迁移社会政策分析框架

在其移民迁移社会政策分析框架之中，Sabates-Wheeler 等（2003）把

---

① 意即后文中的政策框架。

国际移民处于相对弱势地位的成因归结为四个方面的因素：① 第一是时间因素；第二是空间因素；第三是社会政治因素；第四是社会文化因素。就时间因素来说，移民的具体迁移过程包含不同时间段，因每个阶段需要面临不同的风险，不同时间段其弱势性成因与表现不尽相同。就空间来说，移民的过程意味着在空间上要"背井离乡"，面对健康和医疗等服务不足、社会机会缺失、社会资本缺乏等诸多社会保护供需失衡的问题和困难，迁移者在风险管理上面临不确定性的多元挑战。就社会政治因素而言，由于缺乏流入地政府的政治承诺，国际移民需要面临诸多制度层面的约束，往往处于被排斥、被剥夺、被歧视的弱势困境之中。就社会文化因素而言，由于和处于主流地位的流入地居民在价值、规范以及习俗上迥异，制约了移民群体在流入地的就业表现，有如移民通常面临难找工作、"同工不同酬"、行业准入等问题，同时社会文化因素所带来的社会保护需求难以得到满足的问题亦是困扰移民的难题之一。虽然 Sabates-Wheeler 等（2003）的移民迁移社会政策分析框架主要应用于对国际移民群体的研究，但造成该群体处于相对弱势地位的四方面因素均类似于我国农民工群体在陌生的城市社会中面临不利局面的主要成因。对本课题而言，该分析框架有助于明晰农民工流动过程中弱势性的成因，进而有助于提升农民工社会政策调适、建构的针对性。

如图 1-7 所示，在提出国际移民弱势地位形成的"时间维度""空间维度""社会政治维度"以及"社会文化维度"的基础上，Sabates-Wheeler（2003）等提出了国际移民的社会保护机制。Sabates-Wheeler 等（2003）提出的国际移民社会保护机制既包括由政府和市场提供的正式社会保护制度，也包括政府和市场之外提供的非正式社会保护。同样的，农民工社会保护体系的构建完善既需要来自政府和市场的正式政策安排与制度因应，也需要来自政府和市场之外的援手和帮助。因此，Sabates-Wheeler 等（2003）提出的国际移民社会保护机制，对本课题研究建构起更加因应农民工流迁模式与代际分化需求，更加具有弹性化与灵活性的社会保护体系具有明显的参考价值与启示意义。

---

① 笔者转引自黄晨熹《迁流、弱势和社会保护：流动人口社会政策研究》，《劳动经济评论》2013 年第 1 期。

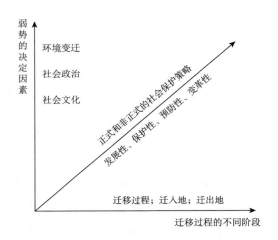

图 1-7 Sabates-Wheeler 等的移民迁移社会政策分析框架

资料来源：黄晨熹：《迁流、弱势和社会保护：流动人口社会政策研究》，《劳动经济评论》2013 年第 1 期，笔者略有调适。

第四节　研究思路、主要内容、研究方法与技术路线

一　研究思路

如图 1-8 所示，就总体来说，本研究依循"辨析需求→经验启示→政策调适（满足需求）"的研究思路展开。其中，"辨析需求"方面，在双向度城镇化背景下，本书以"新生代农民工群体代内流迁模式多元化"和"'流动中'与'已返乡'农民工群体代际分化"的双重事实为逻辑起点，实证辨析多元流迁模式下新生代群体异质性的社会保护需求偏好，继而对"流动中"新老农民工群体与"已返乡"新老农民工群体异质性的社会保护需求偏好展开剖析。"经验启示"方面，主要是通过对国际劳工组织体面劳动倡议的政策框架与中国 DWCP 的基础上得出有助于农民工社会保护体系调适建构的若干启示。"政策调适（满足需求）"，指本书对国家层面

上应如何以"终身—全程"式农民工社会保护体系（宏观目标）为依归基于"七大"原则（中观原则）来进行农民工细分社会政策的调适（微观建构）展开较为系统、深入的研究，通过差别化的社会政策建构来满足农民工群体异质性的社会保护需求。

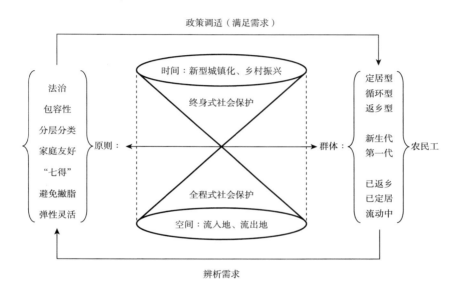

图1-8　本书的研究思路

资料来源：作者根据资料整理。

二　主要内容

本书第一章是导论部分。本部分系统阐述了研究背景、研究意义，同时在展开国内外文献综述的基础上，逐一介绍本项目的研究思路、技术路线、研究方法、研究创新与不足之处。同时，本部分还界定了"农民工""新生代农民工""返乡农民工""流迁模式多元化""社会保护"等诸多概念。

本书第二章基于对苏州、泉州、温州与东莞2250名新生代农民工群体的调查，对该群体多元化的流迁模式展开分析，在此基础上，本课题组对不同流迁意愿新生代农民工的主要特征展开统计描述。继而，基于龙岩、南平与三明三地 56 名返乡农民工的深度访谈，动态展示部分新生代农民工从"离乡进城"到"离城返乡"的决策过程，借此打破新生代农民工均希望在城市定居或者长期生活的"刻板印象"。

本书第三章主要是开展多元流迁模式下新生代农民工群体异质性的社会保护需求的实证分析。本章通过对东南沿海四市 2250 名农民工调查数据的分析，首先揭示了新生代农民工群体的社会保护现状，指出该群体在社会保护诸多方面的状况均不容乐观。在辨析该群体社会保护现状的基础上，本章还基于农民工社会政策的分析框架，在"生存—问题"型、"生存—福利"型、"发展-问题"型、"发展—福利"型四个象限中对多元流迁模式下新生代农民工群体社会保护需求的异质性位序与结构展开具体分析。

本书第四章基于福建省六市的调研，对"流动中"农民工群体与"已返乡"农民工群体社会保护需求的代际差异展开分析。首先，本课题组以泉州、厦门与福州市三地 1096 名流动农民工群体为考察对象，对第一代与新生代农民工群体社会保护需求的代际差异进行比较。继而，本课题组在分析龙岩、南平与三明三地 480 份返乡农民工有效调查问卷数据的基础上，对第一代返乡农民工群体与新生代返乡农民工群体社会保护需求的代际差异展开比较。

本书第五章的主要内容是对国际劳工组织（ILO）的体面劳动议程的政策框架、体面劳动的国别计划（基于中国 DWCP 文本的分析）及其对我国农民工社会政策调适建构的启示展开具体分析。

本书第六章以"终身—全程"式农民工社会保护体系为依归，来展开对农民工社会政策调适因应的研究。本部分首先基于农民工社会政策调适的宏观目标——"终身—全程"式农民工社会保护体系的建构理由展开分析，继而对农民工社会保护体系的"终身"属性与"全程"属性分别进行诠释。最后基于"终身—全程"式农民工社会保护体系的宏观目标，依循农民工社会政策调适的中观原则，嵌入农民工社会政策"二元四分"的分析框架之中，本课题组逐一提出细分农民工社会政策调适的 45 条微观建构建议。

三 研究方法

本课题主要基于以下研究方法展开研究。

（一）问卷调查法

为掌握新生代农民工群体流迁意愿分化及不同流迁模式下新生代农民工社会保护需求异质性相应数据，同时掌握流动与返乡农民工社会保护需求代际差异的最新数据，本课题组分别于 2018 年 4 月至 5 月奔赴苏州、泉州、温州与东莞四市开展问卷调查，掌握了 2250 名新生代农民工群体真实流迁意愿以及多元流迁模式下该新生代农民工群体社会保护异质性需求结构与需求位序的第一手数据。本课题组还于 2018 年 6 月至 7 月赴福建省龙岩、南平、三明等山区地市，对此三地已返乡农民工展开问卷调查，获得了 480 名已返乡农民工群体社会保护需求代际差异的相应数据。此外，本课题组于 2018 年 7 月下旬至 8 月奔赴福建省福州市、厦门市与泉州市，对此沿海三市流动农民工群体开展问卷调查并获取第一手数据，在分析了 1096 份新老农民工有效调查问卷的基础上，对此三市农民工群体社会保护需求的代际差异展开比较。此三次问卷调查均由本课题组成员及部分社会学专业在读研究生完成，每次调查均根据问卷采取一对一的方式展开，为提高调查数据的真实性与准确性，每次调查前均对调查员展开培训。

（二）深度访谈法

为动态展示部分新生代农民工从"离乡进城"到"离城返乡"的决策过程，借此打破新生代农民工均希望在城市定居或长期生活的"刻板印象"，2018 年 6 月上旬至 7 月中旬，本课题组对龙岩、三明、南平三地展开问卷调查时，对龙岩市新罗区 WA 乡、三明市宁化县 SB 乡以及南平市下辖武夷山市 XC 镇 56 名返乡农民工展开深度访谈。访谈对象的确定采取滚雪球与偶遇相结合的方式选取。同时，本课题组在苏州、泉州、温州与东莞四市针对新生代农民工群体开展问卷调查之后也针对此群体以及部分公务员、企业主、企业 HR 管理人员进行了深度访谈。同样，在龙岩、三明、南平三地针对第一代与新生代流动农民工群体开展问卷调查之后，本课题组也对这两个异质性群体以及部分公务员、企业主、企业 HR 管理人员进行了深度访谈。

（三）比较分析法

本课题的主题是研究多元流迁模式下新生代农民工群体社会保护需求的异质性，因此对三个不同流迁意愿新生代农民工亚群体社会保护需求的比较分析是本书的重点之一。通过对三个新生代农民工亚群体的比较，揭示了"定居型"新生代农民工亚群体、"返乡型"新生代农民工亚群体、"循环型"新生代农民工亚群体在户口迁移意愿、人口基本特征、就业方面需求、社会保险方面需求、子女教育方面需求、权益保护方面需求、职业培训方面需求以及住房保障方面需求的异质性。流动农民工群体社会保护需求的代际差异也是本课题研究的重点内容之一，因此对第一代流动农民工与新生代流动农民工社会保护需求的比较分析也是本书的重点之一。通过对不同代际流动农民工的比较，辨析了第一代流动农民工与新生代流动农民工在生活状况、就业状况、社会交往与身份认同、权益保障方面存在的种种差异。同样，返乡农民工群体社会保护需求的代际差异也是本课题研究的重点内容，因此对第一代返乡农民工与新生代返乡农民工社会保护需求的比较分析也是本书的重点内容。通过对不同代际返乡农民工的比较，本书揭示了第一代返乡农民工与新生代返乡农民工在回流动因、回流地点、培训情况、发展能力等诸多方面存在的诸多差异。

（四）文本分析法

本书第五章采用了文本分析的方法，对《社会正义宣言》《体面劳动指标》等国际劳工组织的体面劳动议程政策框架相关文本、中国DWCP文本展开文本分析，借此对我国调适农民工社会政策提供具体启示。

四　技术路线

本研究的技术路线如图1-9所示。

在研究初期，本项目的研究重点是嵌入课题研究的具体情境之中，并确立分析框架与理论基础。基于新生代农民工群体已经成为农民工群体主

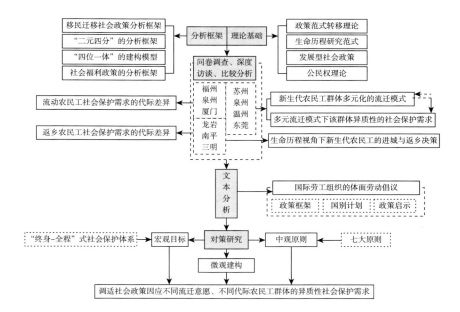

图 1-9 本研究技术路线

资料来源：作者根据资料整理。

体的事实，对于农民工群体流迁模式多元化及其社会保护需求异质性位序与结构的分析主要基于东南沿海苏州市、泉州市、温州市与东莞市的 2250 名新生代农民工调查数据展开。对于农民工群体代际分化及新老农民工群体社会保护需求异质性的分析则建立在对福州、泉州与厦门等福建省内三沿海市 1096 名流动农民工与 480 名新老返乡农民工的调查问卷与深度访谈基础之上。

基于我国与国际劳工组织的良好合作基础，对于国际劳工组织体面劳动倡议的分析可以使得本课题对农民工社会政策的调适建议更加符合中国 DWCP 的相关要求。对策研究部分的重点也是本书的重点，是提出农民工社会政策调适的宏观目标、中观原则以及微观建构。意即，建构起"终身—全程"式农民工社会保护体系，基于该体系本课题确立农民工社会政策调适的"七大"原则，并提出以流迁模式多元化与代际需求异质性为依归的 45 条细分农民工社会政策调适建议。

第五节　研究创新与不足之处

一　本书的创新之处

（一）在"研究时间"的维度上，本书在全新的政策环境下展开（新生代）农民工流迁意愿分化及代际分化背景下农民工群体异质性社会保护需求及差别化社会政策调适的相关研究

在推进新型城镇化与实施乡村振兴战略双重国家战略的宏观背景下，流入地城市与流出地农村对农民工群体的推力与拉力均发生了显著变化。一方面，《国家新型城镇化规划（2014-2020年）》明确指出，到2020年常住人口城镇化率与户籍人口城镇化率分别要达到60%与45%左右，在"尊重意愿"的前提下，要"努力实现1亿左右农业转移人口和其他常住人口在城镇落户"。就具体推进策略而言，该《规划》明确指出，不仅要放开对小城镇落户的限制，还要放宽对大中城市落户条件的限制性规定。同时，该《规划》亦明确规定，对于已经在城镇就业与居住但是尚未落户的农业转移人口，要逐步解决其在城镇享受基本公共服务的问题。由此可见，大力推进具有落户意愿的农民工群体在城镇落户已经成为国家战略，同时推进其他没有落户意愿抑或具有落户意愿但尚不具备落户条件的农民工群体均等化享受城镇基本公共服务亦成为新型城镇化的既定政策方向。由此可见，流入地城市对农民工群体的拉力大增，而推力不断减小。另一方面，《乡村振兴战略规划（2018-2022年）》在为我国农村发展带来历史性机遇的同时，对于"返乡型"农民工群体特别是基于发展机会驱动的主动返乡型农民工群体而言，"鼓励农民就地创业、返乡创业""为返乡下乡人员创新创业提供便利服务""吸引更多返乡人员入园创业"无疑在释放政策利好。此外，随着产业转移，传统农村非农就业机会的增多、农村社会保护体系的不断健全等，农村对被动返乡型农民工群体的吸引力亦大大增加。由此可见，流出地农村对农民工群体的拉力大增，同时推力亦不断减小。在新型城镇化与实施乡村振兴战略双重国家战略的背景下，在农

民工群体特别是新生代农民工群体的居留意愿以及多元流迁模式下，该群体社会保护所呈现出的异质性需求位序与需求结构，都值得深入跟踪研究。在此全新的政策环境下，本书对苏州、泉州、温州与东莞2250名新生代农民工群体流迁意愿及不同流迁模式下新生代农民工群体异质性社会保护需求展开问卷调查，同时对福建省内三个沿海城市流动农民工群体社会保护需求的代际差异与福建省内三个山区城市已返乡农民工群体社会保护需求的代际差异展开实证调研。基于以上实证研究内容，本课题组就农民工社会政策的调适展开系统、深入的对策研究，最终成果可以为决策者提供宏观层面、中观层面以及微观层面的决策依据。

（二）在"研究群体"的维度上，本课题组摆脱了仅针对新生代农民工群体谈该群体的社会保护建构之道的窠臼，亦跳出了只针对流动中的农民工群体谈该群体的社会政策调适之术的桎梏

本书的主体为新生代农民工群体，同时对于"农民工"概念的界定是指"户籍仍在农村，同时在户籍所在乡镇地域外从业6个月以上的劳动者"，即处于"流动"状态的农民工，但是在具体研究群体设定中，本课题组摆脱了仅针对新生代农民工群体谈该群体的社会保护建构之道的窠臼，亦跳出了只针对流动中的农民工群体谈该群体的社会政策调适之术的桎梏。

在具体研究过程中，在本书第二章、第三章中，我们对新生代农民工群体流迁意愿展开问卷调查，同时基于有效问卷数据，对多元流迁模式下新生代农民工群体社会保护的异质性需求结构与需求位序展开分析。基于农民工群体流迁模式多元化与代际需求异质性考量，在本书第四章中，本课题组对流动农民工群体社会保护需求的代际差异展开比较分析，通过与第一代流动农民工社会保护需求偏好的比较分析，剖析了流动新生代农民工群体异质性的社会保护需求。而同样在第四章中，我们对返乡农民工群体社会保护需求的代际差异展开比较分析，通过与第一代已返乡农民工群体社会保护需求偏好的比较分析，澄清了新生代已返乡农民工群体异质性的社会保护需求。基于生命历程理论与发展型社会政策理论，在对策建议部分，我们将新生代农民工群体视为农民工群体的"中游"群体，同时将农民工群体的"上游"群体与"下游"群体及其社会保护问题作为本课题的研究对象。其中"上游"群体指农村学生和尚未进城务工的农村劳动力，而"下游"群体指已经退出

城镇劳动力市场的老龄农民工。同时，本书所提出的社会政策调适的相关建议亦不仅仅针对农民工群体的"中游"状态——仍在流入地城镇流动务工的农民工群体，该群体的"上游"状态——已经在流入地定居的"已定居农民工"以及流动农民工群体的"下游"状态——真实情境中已经返回家乡的"返乡农民工"及其社会保护问题同样是我们的研究对象。通过对新生代农民工群体的"上游"群体、"中游"群体以及"下游"群体与农民工群体的"上游"状态、"中游"状态以及"下游"状态的分析，在洞悉各农民工亚群体异质性社会保护需求的基础上，本书第六章通过建构"终身—全程"式农民工社会保护体系为依归，来展开农民工社会政策调适因应的研究。

（三）在"研究空间"的维度上，本书通过对典型农民工流入地的问卷调查和深度访谈获取了第一手的数据和资料

东南沿海苏、闽、浙、粤四省各自所辖经济强市苏州、泉州、温州与东莞分别是"苏南模式""晋江模式""温州模式""珠三角模式"的发祥地（之一）。此四市民营经济发达，吸纳（新生代）农民工数量众多，近年来在农民工社会政策方面具有许多创新举措，选择此四地作为调研区域具有较大典型意义。基于如上事实考量，本课题组选取东南沿海苏州、温州、泉州与东莞四个农民工密集流入地区展开实证研究，通过对四地新生代农民工群体流迁意愿及不同流迁意愿下新生代农民工群体社会保护需求的异质性展开调研、调查问卷与深度访谈，借此收集农民工社会保护现状及社会政策因应状况的第一手数据和资料。

（四）在"研究产出"的维度上，本书提出了农民工社会政策调适的宏观目标、中观原则与微观建构

借鉴 Sabates-Wheeler 等（2003）提出的移民迁移社会政策分析框架，基于时间因素考量，农民工个体在不同生命阶段会面临不同的风险，而且前期的经历会对后期产生深刻印象。因此，农民工社会保护体系应将农民工的"上游"群体、"中游"群体以及"下游"群体纳入农民工社会保护体系框架之内。基于空间因素考量，农民工个体在复杂而多变的流迁全程中面临社会保护不足的问题和困难。因此，农民工社会保护体系应将农民

工的"上游"状态、"中游"状态以及"下游"状态均纳入农民工社会保护体系框架中。因此，本书第六章提出将"终身—全程"式农民工社会保护体系作为农民工社会政策调适的宏观目标，该社会保护体系可以覆盖农民工个体在不同生命阶段的异质性社会保护需求偏好，也能覆盖农民工群体在不同流迁状态的异质性社会保护需求偏好。基于此宏观目标，本研究提出农民工社会政策调适的中观原则。遵循宏观目标与中观原则的相关要求，本书最终提出农民工社会政策调适的45条微观建构建议。此45条微观建构建议对于各级政府相关部门完善农民工差别化细分社会政策的决策具有一定的参考价值。

二　本书的不足之处

本书的不足之处主要体现在以下三个方面：第一，囿于研究经费与研究时间考量，本书未能对"新生代已定居农民工群体"与"第一代已定居农民工群体"社会保护需求的异质性展开实证研究。第二，国家统计局公布的《2018年农民工监测调查报告》显示，在新生代农民工群体中，"80后"新生代农民工占50.4%，"90后"新生代农民工占43.2%，"00后"新生代农民工占6.4%。囿于研究精力，本书亦未能对"80后""90后""00后"新生代农民工群体社会保护需求的异质性展开实证分析。第三，为研究第一代返乡农民工群体与新生代返乡农民工群体社会保护需求的代际差异，本课题组在福建省内返乡农民工群体较多的龙岩、南平与三明三个山区市展开问卷调查，最终获取有效样本480份。然而，颇为遗憾的是，同样囿于研究经费与研究时间，本课题组未能针对中部和西部省市已返乡农民工群体展开深度访谈与大样本问卷调查。

第六节　本书概念的界定

1. 农民工

1984年，中国社会科学院张雨林研究员在其发表于《社会学通讯》的文章中首次提出了"农民工"这一概念。借鉴国家统计局历年发布的《农民工监测调查报告》的概念界定，本书所谓的"农民工"是指"户籍仍在农村，同时在户籍所在乡镇地域外从业 6 个月以上的劳动者"。同时，本书不就其受教育水平做相关限定。就"农民工"这一称谓，一些学者认为其已经成为乡—城流动人口的一种职业标签，甚至是一种等级标签，应该取消这一"具有歧视性意味"的称谓。就此，本书课题组认为这一概念仍有保留的必要。其具体原因有四个：第一，"农民工"的称谓已约定俗称，为社会公众所广知与接受；第二，"农民工"的称谓并不是造成农民工在城市社会中相对弱势地位的根本原因，如何通过社会政策调适建构为该群体提供能够覆盖其流迁全程与完整生命周期的社会保护体系才是当务之急；第三，在农民工群体仍作为一个独特的群体存在，农民工问题尚未根本解决之前，无论是政策研究、政策制定抑或政策执行都需要有一个较为准确的称谓来指代该群体，从而增强政策的针对性，以便更好地为农民工群体服务；第四，在操作层面上难以找到可以替代"农民工"的词汇。有学者建议用"新市民""异地务工人员""外来务工者"等称谓来替代"农民工"，但是这些称谓既包括"乡-城流动人口"也包括"城-城流动人口"，其指代性并不准确。有学者建议使用"进城就业农民"的概念，但就农民工群体的实际流向而言，有三分之二的农民工群体是在城市转移就业，另外三分之一则是在乡镇就业，所以"进城就业"的概念界定也并不完全准确。还有学者建议直接使用"乡-城流动人口"，但这一概念并没有突出农民工群体流动的"就业驱动"属性，同时亦存在与"进城就业农民"等概念类似的指代不清的问题。

2. 新生代农民工

在农民工概念的基础上，本书以 1980 年 1 月 1 日为界限，将该日及以后出生的（年龄大于 16 周岁）农民工称为新生代农民工。

3. 返乡农民工

本书对于返乡农民工概念的界定主要包括以下三个细分条件：一是在空间上，该农民工已回流到其户籍所在地的县及县以下区域范围（乡镇或者村）内居住和生活；二是在时间上，该农民工返回家乡的时长已经超过 6 个月及以上；三是在个人的主观意愿上该农民工未来将不考虑再次离乡外出务工。

4. 双向度城镇化

所谓"双向度城镇化"是指"城镇化"与"逆城镇化"的双向度共振，这一具有中国特色的城镇化推进模式既可以激活乡村振兴的动能，又可以破解城市病的魔咒。① 由此可见，通过"共振机制"与"互嵌机制"，② 双向度城镇化为推进城镇与乡村的共同繁荣、发展提供了"中国方案"。正因为如此，在 2018 年 3 月举行的十三届全国人大一次会议上，习近平总书记在参加广东代表团审议时指出，"城镇化、逆城镇化两个方面都要致力推动。城镇化进程中农村也不能衰落，要相得益彰、相辅相成"。嵌入本书主题，双向度的城镇化在内容上具有两个维度，其一是城镇化的维度，随着《国家新型城镇化规划（2014-2020 年）》的顺利实施，通过各类要素在城镇的聚集和流动，全体农民工在城镇实现就业获取社会保护的同时，部分有意愿有条件的农民工可以在城镇落户，而部分无意愿或者有意愿没条件的农民工则可以享受均等化的城镇基本公共服务。其二是逆城镇化，通过《乡村振兴战略规划（2018-2022 年）》的顺利推动，乡村振兴与新型城镇化同频共振，包括返乡农民工群体在内的各类生产要素向乡村流动，成为促进乡村内生发展不竭的新动力。

5. 多元流迁模式

多元流迁模式是本书展开差别化农民工群体异质性社会保护问题研究的切入点。如图 1-10 所示，所谓多元流迁模式包括"主观流迁意愿"和"实际流迁行为"两个维度。其中，"主观流迁意愿"指尚在流入地城镇处于流动状态中的农民工关于未来流迁决策的主观判断，包括"打算在城镇定居""计划返乡定居"，以及"继续循环流动"的三元分化。相应的，本课题组将农民工群体划分为"定居型"农民工群体、"循环型"农民工群体以及"返乡型"农民工群体三大类。③ 基于新生代农民工正逐渐成为

① 陈再齐、李超海：《城镇化与逆城镇化共振，实现城镇高质量发展和乡村振兴》，《南方日报》2018 年 4 月 9 日，第 2 版。

② 陈再齐、李超海：《城镇化与逆城镇化共振，实现城镇高质量发展和乡村振兴》，《南方日报》2018 年 4 月 9 日，第 2 版。

③ 为了确定农民工个体的真实流迁意愿，本书第二章在针对流动新生代农民工群体的调查问卷中本课题组设置了如下问题：如果可以自由选择，您将来的去留决定是：A. 在流入地定居；B. 继续工作一段时间后选择某个城镇定居；C. 继续工作一段时间后返乡定居；D. 继续在流入地和流出地之间循环流动；E. 难以确定。为便于分层分类对农民工群体展开研究，本书将选择"在流入地定居"和"继续工作一段时间后选择某个城镇定居"的农民工视为打算在城镇定居的群体，称之为"定居型"农民工群体；将选择"继续工作一段时间后返乡定居"的农民工视为计划返乡定居的群体，称之为"返乡型"农民工群体；将选择"继续在流入地和流出地之间循环流动"以及"难以确定"的农民工视为打算继续循环流动的群体，称之为"循环型"农民工群体。

农民工主体的客观事实，在本书第二章《"扎根""无根"抑或"归根"：新生代农民工群体多元化的流迁模式》中，基于流迁模式多元分化的现实，本书课题组将新生代农民工群体划分为"定居型"新生代农民工群体、"返乡型"新生代农民工群体以及"循环型"新生代农民工群体。"实际流迁行为"则指现实中农民工个体已经实际发生的流迁行为，包括"已经在城镇定居""已经返乡定居"，以及"继续循环流动"的三元分化。相应的，本书课题组将农民工群体划分为"已定居"农民工群体、[①]"流动中"农民工群体[②]及"已返乡"农民工群体[③]三大类。

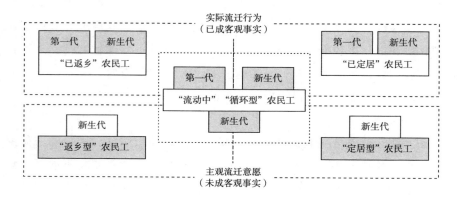

图 1-10 多元流迁模式与代际分化背景下本书研究群体示意
资料来源：作者根据资料整理。

基于代际分化的视角，还可以将"已返乡"农民工群体划分为"新生代返乡农民工群体"与"第一代返乡农民工群体"两类。而"流动中"

---

① 就概念界定而言，已定居农民工群体在取得流入地城镇户籍正式成为市民之后，已自动失去了农民工的身份而贴上了市民的标签。现实情境中，由于该群体在城市社会融入、土地"三权"保障以及在城市定居后的可持续生计问题等均与流动农民工群体以及其他市民群体存在一定异质性。因此，从流迁全程社会保护的角度出发，"定居型"农民工实现在城镇落户、定居之后的权利保障问题（同身份、同待遇）是农民工社会保护问题的"上游"问题。

② "流动中"农民工群体抑或"循环型"农民工群体较为特殊，由于该群体长期处于"流而不迁"的状态之中，因此其既在"主观流迁意愿"范围之内，又可列入"实际流迁行为"之中。

③ "已返乡"农民工群体返乡后自动失去"农民工"的标签与身份，已不属于农民工群体的一部分。但由于该群体本身及其社会保护需求与未进城务工农民存在一定异质性，因此"已返乡"农民工群体的社会保护问题亦可视为农民工社会保护问题的"下游"问题。

农民工群体则可划分为"新生代流动中农民工群体"与"第一代流动中农民工群体"两类。①此外，亦可以基于代际分化的事实，将"已定居"农民工群体细分为"新生代已定居农民工群体"与"第一代已定居农民工群体"两类。②

6. 农民工的"上游"群体、"中游"群体、"下游"群体③

基于发展型社会政策与生命周期理论，所谓农民工的"上游"群体指预备进入劳动力市场的农村"两后生"以及义务教育阶段学生。农民工的"中游"群体指新生代农民工群体。农民工的"下游"群体是指仍在流动中的第一代农民工以及退出劳动力市场的老龄农民工。

7. 农民工的"上游"状态、"中游"状态、"下游"状态④

农民工的"上游"状态指已经在流入地定居的"已定居农民工"，其户籍意义上的身份应是城市居民或"新市民"。所谓农民工的"中游"状态指流动中的农民工群体。而农民工的"下游"状态则是指真实情境中已经返回家乡的"返乡农民工"群体，就其职业身份而言，返乡农民工实质上是农民。

8. 社会保护

20世纪90年代初以来，越来越多的重要国际组织、政府组织和学者用社会保护（Social Protection）的概念来取代社会保障。作为联合国下属的专司人权和劳工权益促进的专门机构，国际劳工组织对于社会保护这一概念的内涵是：所谓社会保护是指通过政府行动与社会对话得以实现的一系列政策措施，其目标是保证所有女性和男性都能享受到尽可能安全的工作环境，同时获得充分的社会服务以及医疗服务；基于生命历程理论，每个人在面临疾病风险、失业风险、生育风险、伤残风险、丧失家庭主要劳动力风险以及丧失或者减少收入的风险时，能够经由社会保护体系得到足

---

① 根据约定俗成的命名方式，本书后续将"新生代流动中农民工群体"与"第一代流动中农民工群体"分别简称为"新生代农民工"与"第一代农民工"，而不再特别强调其仍处于流动状态这一客观事实。

② 囿于研究篇幅，本项目未将"已定居农民工群体"（新市民群体）列为问卷调查的对象，仅在本书第六章《农民工社会政策调适：以"终身—全程"式农民工社会保护体系为依归》中分析该群体的社会保护问题。

③ 相关内容详见本书第六章。

④ 相关内容详见本书第六章。

够维持生计的保障待遇。在内涵之外，许多国际组织正积极扩大社会保护概念的外延，它们在政策框架中，社会保护不仅包括传统社会保障制度所涵盖的内容和项目，而且将许多以前不被认为是社会保障体系范围之内的政策内容也涵盖在社会保护概念之内。有如，在联合国（UN）的定义中，除了传统社会保障领域常见的老年保护、家庭和儿童保护、失业保护、健康保障、疾病以及伤残保护之外，还将住房保护、社会保护研究和开发、其他未分类的社会排斥保护等非传统社会保障项目列在社会保护的框架之内；在经合组织（OECD）的分类标准中，增加了积极的劳动力市场项目、住房保护以及其他社会政策领域；而欧洲委员会则同样在传统的社会保障项目之外，将其他未分类的社会排斥保护以及住房保护列入社会保护的框架之中；而世界银行则从减贫的角度阐述了该组织对于社会保护外延的认识，该组织认为，社会保护不仅包括为应对各类风险而向低收入者所提供的各种津贴和救助，还应包括对预期与即期的劳动力进行人力资本投资，如对医疗卫生以及教育的投资等，以求通过此类积极干预措施，帮助社区、家庭以及个人更好地管理与应对风险。考虑到这一概念的包容性和开放性特征，基于社会保护概念较为宽泛的内涵与外延，本书根据实际研究，需要在不同实证章节采用不同的测量指标测量多元分化农民工群体异质性的社会保护需求。

第二章

"扎根""无根"抑或"归根":
新生代农民工群体多元化的流迁模式

第一节 数据来源和样本描述

本书中所谓的新生代农民工是指离开本县进入城市打工或经商等从事非农业生计的农村户籍人员,他们皆出生于20世纪80年代后,也就是所谓的"80后""90后"及部分"00后",截至调查时间结束,其年龄在16~38岁①之间,即所谓城市社会中的"农村人""外地人""年轻人"。众所周知,东南沿海苏、闽、浙、粤四省所辖经济强市苏州、泉州、温州、东莞分别是"苏南模式""晋江模式""温州模式""珠三角模式"的发祥地(之一),民营经济发达,吸纳新生代农民工数量众多,因此本研究选择此四地进行实地调查、深度访谈,具有较明显的典型意义。

---

① 本项目的问卷调查与深度访谈始于2018年4月15日,于同年5月30日结束,历时一个半月。因此,截至调查期末,本项目研究对象的年龄上限为38周岁。此外,在本次调查中我们发现,亦有年龄低于16周岁的青少年乡—城流动人口在玩具制造、五金加工等传统劳动力密集型企业打工,基于该群体的敏感性考量,我们只对这一群体进行了个别访谈,了解他们的生存状况与现实需求,并不把他们作为本次问卷调查的对象。因此,本课题组四市问卷的调查对象年龄严格界定在16周岁至38周岁之间。

表 2-1　苏州、泉州、温州、东莞四地调查样本基本特征

单位：人

	N	%		N	%
性别			是否独生子女		
男	1215	54	是	778	34.6
女	1035	46	否	1472	65.4
年龄			婚姻状况		
16~20 周岁	268	11.9	未婚	936	41.6
21~30 周岁	1154	51.3	有配偶	1224	54.4
31~38 周岁	828	36.8	离异或丧偶	90	4
教育程度			在外打工时间		
小学及以下	208	9.2	一年以下	164	7.3
初中	898	39.9	1~5 年	1019	45.3
中专及高中	635	28.2	5~10 年	726	32.3
大专及以上	509	22.6	10 年以上	341	15.1

资料来源：作者根据资料整理。

　　基于历史与现实考量，本书第二章与第三章所使用的研究数据皆来源于课题组 2018 年 4 月至 5 月在苏州、温州、泉州、东莞四市新生代农民工比较集中的开发区、工业园区以及商业、服务业比较密集的市中心区等地开展的问卷调查以及随后开展的深度访谈。本次调查的调查对象均为调查时在此四市工作达 6 个月及以上、16~38 周岁的新生代农民工。考虑到此四地同为制造业发达、新生代农民工密集的东南沿海经济发达地市，因此本课题组将每个城市的调查样本数量均设定为 600 份，合计样本总数为 2400 份。其中有效样本数为 2250 份，问卷总体有效率为 93.75%。有效样本数的分布情况如下：苏州市 564 份、温州市 550 份、泉州市 566 份、东莞市 570 份。在各城市的 600 份样本中，均有 300 份是来自工业、贸易和服务行业当中员工规模在一百人以上的正规就业的新生代农民工，另外 300 份则是非正规就业的新生代农民工，其具体职业主要包括管理不规范的小企业、小作坊当中非正式就业的人员、搬运工、街头小贩、摩的司机以及各种临时工。统计结果表明，尽管正规就业与非正规就业的新生代农民工在某些具体特征上存在一定异质性，但就总体而言，他们有许多相类似的特

征：年轻、以初高中文化为主、来自农村。在本次调查中，正规就业人员与非正规就业人员的抽取都严格按照新生代农民工在其就业的主要职业类型中的具体分布进行，操作过程中采取配额抽样与随机拦截相结合的办法来进行。表2-1比较直观地将四个城市总的有效样本特征直观地呈现出来，后文将不再赘述。深度访谈的对象主要包括任职于苏州、温州、泉州、东莞四市人力资源和社会保障局、工会、基层法院、住建部门的8名公务员，此四地的4名企业主，此四地的4名企业人力资源管理者，以及此四地的12名正规就业的新生代农民工与12名非正规就业的新生代农民工。

第二节　新生代农民工群体流迁模式的多元分化

一　新生代农民工群体流迁模式的多元分化——基于苏州、温州、泉州与东莞调查的分析

参考朱宇和林李月（2011）的既有研究设计，为了辨析新生代农民工群体的流迁意愿，在问卷中我们设置了有关定居意愿的如下问题：如果可以自由选择，您将来的去留决定是：A. 在流入地定居；B. 继续工作一段时间后选择某个城镇定居；C. 继续工作一段时间后返乡定居；D. 继续在流入地和流出地之间循环流动；E. 难以确定。本书将选择"在流入地定居"和"继续工作一段时间后选择某个城镇定居"的新生代农民工视为打算在城镇定居的群体，后续研究将其合并称为"定居型"新生代农民工；[①] 将选择"继续工作一段时间后返乡定居"的新生代农民工视为计划返乡定居的群体，后续研究称之为"返乡型"新生代农民工；[②] 将选择"继续在流入地和流出地之间循环流动"以及"难以确定"的新生代农民工视为打算继续循环流动的群体，在后续研究中将其合并称为"循环型"新生代农民工。[③] 如表2-2所示，通过对苏州、温州、泉州、东莞四市2250名新生

---

① 该新生代农民工群体的目标是"扎根"，意即在某个城镇定居"落地生根"。
② 该新生代农民工群体的目标是"归根"，意即返回流出地农村"叶落归根"。
③ 相对"定居型"群体与"返乡型"群体，"循环型"新生代农民工群体长期处于流而不迁、流而不返的"无根"状态之中，这种生存状态有些学者称为"漂泊无根"。

代农民工调查问卷的分析，我们发现与不少学者与社会大众对新生代农民工"定居城市愿望强烈"的"刻板印象"不同，在流入地城市定居并非多数新生代农民工的共同选择。当被问及他们的定居意愿时，25.3%的新生代农民工选择"在流入地定居"，10.4%的调查对象选择"继续工作一段时间后选择某个城镇定居"。34.6%的新生代农民工选择"继续工作一段时间后返乡定居"。此外，还有8.9%的调查对象选择"继续在流入地和流出地之间循环流动"，其余20.8%的新生代农民工则认为"难以决定"。由此可见，在本次调查的2250名新生代农民工中，"定居型"新生代农民工共803人，占样本总数的35.7%；"返乡型"新生代农民工有778人，占样本总数的34.6%；"循环型"新生代农民工合计669人，占本次调查有效样本总数的29.7%。

表2-2　苏州、温州、泉州、东莞四地新生代农民工群体的定居意愿

单位：人

农民工类别	定居意愿	N_1	%	N_2	%
"定居型"新生代农民工	在流入地定居	569	25.3	803	35.7
	继续工作一段时间后选择某个城镇定居	234	10.4		
"返乡型"新生代农民工	继续工作一段时间后返乡定居	778	34.6	778	34.6
"循环型"新生代农民工	继续在流入地和流出地之间循环流动	200	8.9	669	29.7
	难以决定	469	20.8		
合计		2250	100	2250	100

资料来源：作者根据资料整理。

对本次调查有效样本数据进一步分析我们还发现，户籍制度本身并不是造成新生代农民工群体在苏州、泉州、温州与东莞的定居意愿偏低的主要原因。为了辨析新生代农民工群体的户口迁移意愿，在问卷中我们设置了有关户口迁移意愿的如下问题：如果可以自由选择，您将来有关户口迁移的决定是：A. 全家迁到流入地；B. 自己一个人迁到流入地；C. 保留老家农村户口；D. 继续在流入地和流出地之间循环流动；E. 难以决定。如表2-3所示，在本次调查中，有高达56.4%（1269人）的新生代农民工选择保留老家农村户口。有20%（451人）的新生代农民工表示要将全家

户口都迁到流入地,还有12.7%(285人)的新生代农民工表示只将自己一个人的户口迁到流入地;此外,还有10.9%(245人)的调查对象表示难以决定。在访谈中,我们发现,选择保留老家户口的具体原因是多样的。但是通过办理居住证已经能够让许多农民工享受到均等化的公共服务无疑间接鼓励了农民工群体保留老家户口。就此,我们认为,这恰恰是社会进步的表现。换言之,将户籍与其所承载的福利脱钩是户籍改革的正确方向,值得肯定。

> 我老家是在江西,20岁出来,现在和老公在泉州14年了。这几年一直是在江西和泉州这里来来回回。户口我还放在江西老家,现在老大已经五年级了,在泉州这里上小学。公立的。老二才读幼儿园,以后读书也没有问题。你问我为什么不把户口迁过来,因为现在都说老家农村户口值钱啊,我和老公都没这个打算。在这里主要是打工赚钱,然后让孩子把书读好。反正只要有居住证落不落户都能让小孩子读书,要读好的小学的话你把户口放进来也没用,当地泉州人都很难。老家的地肯定是要留着的,现在种是没人种,但这是最后的命根子,肯定不会丢的(访谈记录:QZ—NMG01—2018.4.29)。

表2-3 苏州、温州、泉州、东莞四地新生代农民工群体的户口迁移意愿

单位:人

迁户选择	N	%
全家迁到流入地	451	20
自己一个人迁到流入地	285	12.7
保留老家农村户口	1269	56.4
难以决定	245	10.9
合计	2250	100

资料来源:作者根据资料整理。

如表2-4所示,当将落户到苏州、泉州、温州与东莞的前提条件设置为"需要放弃家乡土地"时,选择"全家迁到流入地"的农民工的比例从20%下降到12.8%,而选择将"自己一个人迁到流入地"的比例也从12.7%下降到8.1%。而表示要"保留老家农村户口"的调查对象则从

56.4%上升到66.7%，此外"难以决定"的新生代农民工也从10.9%上升到12.4%。在多例访谈中，我们感受到了新生代农民工对于家乡土地的重视，国家在《推动1亿非户籍人口在城市落户方案》等多个方案、文件中关于维护进城农民土地"三权"的决定无疑是非常正确且必要的。

表2-4　需要放弃家乡土地才能落户前提条件下苏州、温州、泉州、东莞
四地新生代农民工群体的户口迁移意愿

单位：人

迁户选择	N	%
全家迁到流入地	287	12.8
自己一个人迁到流入地	183	8.1
保留老家农村户口	1501	66.7
难以决定	279	12.4
合计	2250	100

资料来源：作者根据资料整理。

　　我是福建的。现在在这里茶叶店打工，到这里五年了。以后的打算是自己也开一家茶叶店。老公在这里工厂做事。我们的户口还放在老家。我们在这里是买了房子的。我们孩子刚上小学一年级，去年九月份的时候因为孩子的读书问题我们有去政府上访。因为我们老家有茶山，舍不得把户口移到这里。有房子没户口，教育局说我们的条件和积分不够，孩子没办法去上公立学校，只能去农民工子弟学校上学。上访了也没用，现在还是去不了公立学校（访谈记录：DG—NMG02—2018.5.20）。

这样的调查结果无疑表明了户籍制度本身并非新生代农民工群体在城市定居的主要阻碍因素，即使包括新生代农民工群体在内的所有乡-城与城-城流动人口都可以自由选择户籍地，也并非所有的新生代农民工都会如一些学者和社会大众所预料的那样会选择在流入地城市定居。换言之，新生代农民工群体在户口迁移模式的选择上同样呈现出多元化的趋势。本次对四地新生代农民工群体的调查表明，新生代农民工群体难以或不在苏州、泉州、温州与东莞等城市定居并非全是由户籍制度壁垒造成的。实际

上，在双向度城镇化背景下，选择定居城镇、返回家乡抑或是选择继续循环流动皆是该群体的每一位成员根据自身的条件所做出来的理性而现实的选择。换言之，基于流迁模式多元化的事实，新生代农民工群体内部已经分化出"定居型"新生代农民工、"循环型"新生代农民工与"返乡型"新生代农民工三个亚群体，"扎根""无根"抑或"归根"都是新生代农民工个体根据自身实际的能动选择。正因为如此，有关新生代农民工群体社会保护问题的研究不能简单地基于城市融入的角度来分析，而应建立在对多元流迁模式下新生代农民工群体多元而又独特的社会保护需求的全面把握基础之上。

在朱宇与林李月（2011）有关流动人口迁移意愿多元分化影响因素的研究中，两位学者指出乡-城流动人口落户意愿较低，其中的一个可能影响因素是其工作的不稳定性。就此，在针对苏州、温州、泉州与东莞四地新生代农民工群体的调查中，我们同样设置了有关新生代农民工打工至今更换工作情况的问题。如表2-5所示，根据四地对新生代农民工调查的有效样本数据显示，仅有12%（269人）的受访新生代农民工没有更换过工作，而高达88%（1981人）的新生代农民工更换过工作。具体来说，34.1%（768人）的受访对象更换过一次工作，22.3%（501人）的新生代农民工更换过两次工作，16.3%（367人）的被访者更换过三次工作。此外，还有15.3%（345人）的调查对象表示更换过四次以上工作。由此可见，新生代农民工群体工作的不稳定性比较强，由于该群体相对年轻，对于个人的定位尚不清晰，同时受到劳动力市场的不稳定性以及个人学历、技能制约等多方面影响，工作具有不稳定性与临时性的特点，"短工化"就业趋势明显。经过开展问卷调查结合深度访谈，我们了解到，新生代农民工群体劳动合同的签订率有待提高，特别是其中未婚的"90后"群体，由于没有家庭负担，经常保持频繁流动的状态。基于这一现实，新生代农民工群体的流迁模式远比一些学者预设的从乡村向城镇单向迁移更为复杂、多变。

表2-5　苏州、温州、泉州、东莞四地新生代农民工打工至今更换工作情况

单位：人

更换工作次数（N）		%
0	269	12

续表

	更换工作次数（N）	%
1	768	34.1
2	501	22.3
3	367	16.3
> 4	345	15.3
合计	2250	100

资料来源：作者根据资料整理。

他们都说我是旅游打工族来的。大哥，你知道什么是旅游打工族吗？这几年我都是边旅游边打工的。北上广深我都去过了，现在在苏州。反正白天我就上班，晚上我就出去玩。周末我是不加班的，累死。周末也出去玩，苏州几个园林我都玩得差不多了，接下来该再换一个地方了。我听说你们福建省会厦门很漂亮，也想去厦门玩玩。为什么这样？因为年轻，年轻无极限。反正家里也不用我寄钱，自己过得去就好了，不要变成三和大神就好。干五天阔以①玩两天。以后的事情再说了（访谈记录：SZ—NMG02—2018.4.17）。

二 不同流迁意愿新生代农民工的主要特征

新生代农民工群体的人口学特征、社会经济特征与其流迁意愿之间存在高度关联性。如表2-6所示，通过对苏州、泉州、温州与东莞四地2250名新生代农民工流迁意愿及其多方面特征的交叉分析，我们可以发现不同流迁意愿新生代农民工群体的差异性特征。

（1）不同年龄段新生代农民工群体的流迁模式存在差别。通过对苏州、泉州、温州与东莞四地2250名新生代农民工调查数据的分析，我们发现，在流迁模式上，新生代农民工并非均质化的群体。30周岁以下的新生

---

① 根据被访者录音整理，为"可以"之意。根据笔者在三和人才市场对"三和大神"群体的访谈，"日结一天，阔以玩三天"既是该群体的自嘲，亦是不少"三和大神"真实的日常生活写照。

代农民工特别是其中的"90后"新生代农民工群体倾向于在城镇定居，而31岁以上的新生代农民工则更倾向于返回家乡定居。对此现象或趋势的经典解释主要认为，由于"90后"新生代农民工群体很少有从事农业生产的技术和经验，因此他（她）们多不愿意从事农业生产，这一群体比单纯的"80后"新生代农民工群体更加向往城市生活。此外，基于生命历程的分析视角，年龄稍大的新生代农民工在城镇经历了多年工作、生活之后，先后经历了结婚、生育等具有特殊意义的生命事件，面对高房价、低收入情境下"进城难"的现实以及后续可以预期的失业、生病、养老等生活需求，理性决策之后打算返回家乡。

（2）新生代农民工群体中的未婚群体更倾向于在城镇定居。如表2-6所示，在2250名新生代农民工中，未婚者有936名，其中42%倾向于在城镇定居，而1314名已婚者中则仅有31.2%的人倾向于在城镇定居。其原因主要是因为未婚者多为25岁以下的"90"后新生代农民工，由于年轻还没有面临婚姻、生育等即将影响其个人轨迹的生命事件，家庭和生活的压力相对较轻，他们在城镇定居的愿望比较强烈。

（3）新生代农民工群体中的女性群体更倾向于在城镇定居。如表2-6所示，本次调查中女性农民工有1035人。其中有42.1%（436人）倾向于在城镇定居。而与之相比，1215名男性新生代农民工群体中仅有30.2%（367人）倾向于定居城镇。这一差别同样与年龄相关。本次调查统计数据显示，2250名新生代农民工中的女性年纪较轻，且未婚比例超过50%。因此，较之于年龄较大且已婚者比例较高的男性群体，她们更倾向于在城镇定居。

表2-6 不同流迁意愿下新生代农民工群体的人口基本特征

单位：%，人

		"定居型"新生代农民工（N=803）	"循环型"新生代农民工（N=669）	"返乡型"新生代农民工（N=778）	合计
总平均（N=2250）		35.7	29.7	34.6	100
年龄	16~20周岁（N=268）	36.6（N=98）	35.1（N=94）	28.3（N=76）	100
	21~30周岁（N=1154）	37.2（N=429）	27.6（N=319）	35.2（N=406）	100
	31~38周岁（N=828）	33.3（N=276）	30.9（N=256）	35.7（N=296）	100

续表

		"定居型"新生代农民工（N=803）	"循环型"新生代农民工（N=669）	"返乡型"新生代农民工（N=778）	合计
婚姻	未婚（N=936）	42（N=393）	33.5（N=314）	24.5（N=229）	100
	已婚①（N=1314）	31.2（N=410）	27.2（N=355）	41.83（N=549）	100
性别	男（N=1215）	30.2（N=367）	37.4（N=454）	32.4（N=394）	100
	女（N=1035）	42.1（N=436）	20.8（N=215）	37.1（N=384）	100
文化程度	小学及以下（N=208）	37.9（N=79）	15.4（N=32）	46.6（N=97）	100
	初中（N=898）	30.1（N=236）	44.7（N=263）	44.4（N=399）	100
	中专及高中（N=635）	35.9（N=228）	35.1（N=223）	29（N=184）	100
	大专及以上（N=509）	51.1（N=260）	29.7（N=151）	19.2（N=98）	100
月收入	2000元以下（N=21）	28.6（N=6）	33.3（N=7）	38.1（N=8）	100
	2000~3000元（N=378）	23.3（N=88）	44.2（N=167）	32.5（N=123）	100
	3000~4000元（N=674）	26.6（N=179）	37.7（N=254）	35.7（N=241）	100
	4000~5000元（N=768）	36.7（N=282）	20.8（N=160）	42.5（N=326）	100
	5000元以上（N=409）	60.6（N=248）	19.8（N=81）	19.6（N=80）	100
在外务工时间	1年以下（N=164）	30.5（N=50）	32.3（N=53）	37.2（N=61）	100
	1~5年（N=1019）	34.25（N=349）	34.25（N=349）	31.5（N=321）	100
	5~10年（N=726）	37.2（N=270）	25.9（N=188）	36.9（N=268）	100
	10年以上（N=341）	39.3（N=134）	23.2（N=79）	37.5（N=128）	100

注：①包含离婚或丧偶。
资料来源：作者根据资料整理。

（4）基本上，文化程度越高的新生代农民工其在城镇定居的主观意愿越强。如表2-6所示，初中学历的新生代农民工群体中仅有30.1%的被调查者倾向于选择定居城镇，而选择返回家乡的则高达44.4%；而中专和高中学历的新生代农民工则更倾向于选择定居城镇，本次调查中该细分群体有35.9%倾向于定居城镇，还有35.1%选择循环流动；而具有大专及以上学历的新生代农民工群体则具有比较强烈的定居城镇的意愿，本次调查中，该细分群体中有51.1%的受访者表示要定居城镇，反之，表示要返回家乡的只有19.2%。良好的受教育水平往往与个人禀赋和能力挂钩，并最终体现在对未来生活地点的选择上。比较值得关注的是，本次调查中文化程度仅为小学及以下的新生代农民工群体中有37.9%选择了定居城镇，此外选择返回家乡的高达46.6%，而选择"循环流动"的则只有15.4%。

（5）月收入水平越高的被调查对象其定居城镇的意愿越强烈。如表2-6所示，月收入在5000元以上的新生代农民工群体中，有高达60.6%的人选择在将来定居城镇，而选择返回家乡的只有19.6%，选择"循环流动"的亦只有19.8%；而月收入在4000元至5000元之间的新生代农民工群体中，倾向于定居城镇的比例下降到36.7%；月收入3000元至4000元之间的新生代农民工则其定居城镇的比例进一步下降到26.6%，而选择"循环流动"和"返回家乡"的比例则分别是37.7%与35.7%。此外，月收入在2000元到3000元之间的新生代农民工仅有23.3%选择未来定居城镇。由此可见，经济收入水平确实是乡-城流动人口也是其中的新生代农民工群体决定是否在城镇定居的重要影响因素。此外，本次调查中，月收入少于2000元的新生代农民工仅有21人，由于样本过小，不对其流迁意愿展开具体分析。

（6）本次针对2250名新生代农民工群体调查的统计数字显示，在外务工时间越长的新生代农民工群体选择定居城镇的比例越高。如表2-6所示，在城镇工作1年以下的新生代农民工群体仅有30.5%选择定居城镇；工作1年到5年的新生代农民工中有34.25%选择定居城镇；在城镇打工时间为5年到10年的新生代农民工中，有37.2%的受访者表示将来要定居城镇，仅有25.9%的受访者表示要"循环流动"；而在城镇务工时间在10年以上的资深打工者则有39.3%的人表示要定居城镇，"循环流动"者仅有23.2%。对此现象的一个可能解释是，在城镇打工时间越长，则打工者能比较好地融入城镇生活，其资深的家庭条件和经济条件都比较成熟、稳定，相对来说更有能力在城镇定居。

第三节 乡关何处：生命历程视角下新生代农民工的进城与返乡决策

一 问题的引出

近年来，借助生命历程理论所常用的原理和概念来剖析农民工个体流迁意愿与流迁决策的转变过程已经逐渐成为一些学者比较青睐的切入农民工问题研究的方式。有如景晓芬、马凤鸣（2012）通过对珠三角地区（农民工输入地）和重庆（农民工输出地）的调查，展开对农民工个体留城和返乡意愿变化的研究。而袁松、余彪与阳云云（2009）则以湖北省沟村为例，对该村农民工决策返乡的历程展开生命历程视角的分析。此外，张世勇（2014）以 H 县 Y 镇为例，基于生命历程理论对该镇新生代农民工返乡决策发生的历程做了详细的分析。上述研究特别是张世勇的系列研究对于本课题组展开生命历程视角下新生代农民工进城与返乡决策的研究具有比较明显的借鉴意义，特别是其运用生命历程理论中轨迹、转变和持续等时间性概念体系[1]对新生代农民工个体展开的生活史的描述具有研究方法应用方面的创新。当然包括张世勇的研究在内，相关主题的不少研究均存在一个比较明显的不足之处：他（她）们比较敏锐地捕捉到了（新生代）农民工由于生命事件的发生而"被迫"离城返乡的决策过程，同时他们的研究亦充分证明同一个农民工因为经历与年龄的增多，会因为一些生命事件的发生而能动性地去反思自己的应然角色并重新对个人应该扮演的角色进行再定位。然而，在调查和访谈中，我们发现农民工并非是"被迫返乡"，"主动返乡"群体亦不在少数。换言之，张世勇等学者基于生命历程理论对农民工返乡决策的研究相对忽视了农民工主动返乡的可能性。意即，他们更多看到了城市的推力，而相对忽视了农村的拉力；他们看到了农民工因为生活成本与家庭需要被迫回流的现象，而相对忽视了农民工因发展机会与稳定生活而主动返回家乡的现象。

如前文所述，农民工群体并非均质化的整体，其内部的分层分类已日趋明显。有如，尚在流入地处于流动务工状态的新生代农民工群体依据其流迁意愿的不同可以划分为"定居型新生代农民工""返乡型新生代农民工""循环型新生代农民工"。而已经返乡的新生代农民工群体返乡的具体原因亦是不同的，包括"发展机会""稳定生活""生活成本""家庭需要"等具体动因，而根据回流原因的不同可以将返乡农民工群体分为"主动返乡型农民工"与"被动返乡型农民工"两大类。其中，"被动返乡型农民工"可分为"生活成本考量型"与"家庭需要考量型"两大类。而

---

① 张世勇：《新生代农民工逆城市化流动：转变的发生》，《南京农业大学学报》（社会科学版）2014 年第 1 期。

"主动返乡型农民工"又可以分为"发展机会驱动型"与"稳定生活驱动型"两大类。[1] 特别是在推动双向度城镇化的时代背景下，在充分展示"被动返乡型"新生代农民工流迁意愿转变的同时，基于生命历程理论常用的转变、轨迹和持续等原理和概念，同时基于"过程的、动态的视角"来分析"主动返乡型"新生代农民工流迁意愿转变的过程有助于我们进一步理解新生代农民工群体流迁模式呈多元分化的动态原因。[2] 换言之，本节的研究目的在于通过动态展示部分新生代农民工从"离乡进城"到"离城返乡"的决策过程，借此打破新生代农民工均希望在城市定居或长期生活的"刻板印象"。

二　概念界定和案例来源

（一）概念界定

本节对于返乡农民工的范围界定主要包括以下三个条件：一是调查对象户籍地在龙岩、三明或南平，并且已返回到其户籍地址所在地的县及县以下区域范围（乡镇或者村）内居住生活；二是调查对象已经返回家乡时间超过 6 个月及以上；三是调查对象在个人的主观意愿上未来将不考虑再次离乡外出务工。本节对于新生代返乡农民工的概念界定除了以上三个条件外，还必须是 1980 年 1 月 1 日之后出生且初次外出年龄在 16 周岁以上者。

（二）案例来源

本节的案例来源于 2018 年 6 月上旬至 7 月中旬本书对龙岩、三明、南平三地展开问卷调查时对龙岩市新罗区 WA 乡、三明市宁化县 SB 乡以及南平市下辖武夷山市 XC 镇返乡农民工的深度访谈。访谈对象的确定采取滚雪球与偶遇相结合的方式选取。基于沟通便利考量，本书课题组先从龙岩市新罗区 WA 乡、三明市宁化县 SB 乡以及南平市下辖武夷山市 XC 镇分

---

[1]　本书第四章《流动与返乡农民工群体社会保护需求的代际差异》将对此展开详述。

[2]　前文中，我们有关新生代农民工流迁意愿的研究更多属于一种静态的发现而非一种动态的推演。

管计生（卫生）工作的乡镇领导处获得各乡镇返乡农民工较多的三个村（合计九个村）名单，再从这九个村负责计生（卫生）工作的村干部手中获得其掌握的返乡农民工名单。按照所获取名单随机排序打电话预约，如果电话沟通中受访对象比较配合便登门与之交谈。一般每位访谈对象的访谈时间在两个小时到三个小时之间。考虑到返乡农民工对于本村其他返乡务工者较为熟悉，一般询问之后都会向我们推荐若干名返乡农民工。按照这一方法，本课题组先后从龙岩市新罗区 WA 乡访问到返乡农民工 18 名，三明市宁化县 SB 乡访问到返乡农民工 21 名，南平市下辖武夷山市 XC 镇访问到返乡农民工 17 名，合计访谈返乡农民工 56 名。56 名返乡农民工中，第一代农民工 36 名，新生代农民工 20 名。[①] 其中男性受访者 34 名，女性受访者 22 名。由于本节内容主要是研究新生代返乡农民工的进城与返乡决策，因此主要是使用 20 名新生代返乡农民工的访谈资料。在 20 名新生代农民工中，男性 13 名，女性 7 名。在系统梳理本阶段深度访谈获得的新生代返乡农民工生活史资料的基础上，本课题组借鉴张世勇（2014）有关逆城市化新生代农民工群体的研究范式，尝试开展一种回顾性的质性研究，[②] 同时与张世勇（2014）的既有研究展开横向比较。

三　研究个案的生活史

（一）离乡进城："外面的世界很精彩"

问：当初怎么想到要出去打工的？

就这一问题的回答，返乡新生代农民工主要将进城打工的典型动因归结为以下几类："村里反正也是没办法待的，不如出去打工挣点钱""留在老家没事做""世界那么大，我想去看看""想在外面历练历练"，以及

---

① 在访谈对象确定过程中，我们了解到第一代返乡农民工倾向于回流到老家农村，而新生代农民工倾向于回流到老家县（镇）。这与本书第四章有关返乡农民工群体回流地点的代际差异的相关研究是相吻合的。在电话联系过程中，由于工作相对较忙，居住在县镇特别是县里的返乡农民工接受访谈的比例较低，也正是因为如此，在本阶段访谈中，第一代农民工相对较多，而新生代农民工数量相对较少。

② 张世勇：《新生代农民工逆城市化流动：转变的发生》，《南京农业大学学报》（社会科学版）2014 年第 1 期。

"同群体的示范效应"① 等。杨菊华教授认为，"青年人群的流动由以经济动因为主向经济、社会、发展等多种动因转变"。② 在访谈中，我们了解到新生代农民工考虑外出务工的动因确实主要还是经济层面或者说是"谋一个出路"，但是在访谈中我们感受到新生代农民工外出务工的动因是多元且复杂的。有如Y所言，其外出动因既有经济层面的，"村里反正也是没办法待的，不如出去打工挣点钱"；也有向往外面世界层面的，"厦门漂亮，鼓浪屿那里好玩"；还有"同群体的示范效应"层面的，"我的很多初中同学都是初中毕业就出去各个地方打工了……我们村很多年轻人都去厦门打工"。此外，作为一个不能继续接受高等教育的年轻人，虽然没有具体的发展规划但是Y对于未来的期望和打算还使他觉得外出务工"闯一闯说不定能有机会"。

> Y说：2005年高中毕业考大学没考上，2006年补习了一年还是没考上。自己想想，就我这个脑子，再补也没用。读高四太苦了，读高五更不敢想。还有，我读高中三年是寄读生，花了好几万寄读费。把家底都掏光了，自己心里也不好受。在家，有时候看着邻居的眼光都觉得怪怪的。你想想看，一个大小伙子，考学不成，整天窝在家里是怎么回事？说起来很惭愧，我是因为读了高中到20岁才出去打工的。我的很多初中同学都是初中毕业就去各个地方打工了。考学没有希望，如果再不走肯定会被唾沫星子淹死。村里反正也是没办法待的，不如出去打工挣点钱。就去打工好了。反正我们这里年轻人没读高中的早就出去打工了。窝家里肯定是没什么名堂的，出去闯一闯说不定能有机会。后来就是找地方，说去哪里？我们村很多年轻人都去厦门打工。一是离老家近，二是大家都知道厦门漂亮，鼓浪屿那里好玩，企业也比较多。还有一个就是老乡都在那里，过去了能互相照应一下。
>
> Z说：穷人的孩子早当家吧。我家的家境一般，上面两个姐姐都

---

① 张世勇：《新生代农民工逆城市化流动：转变的发生》，《南京农业大学学报》（社会科学版）2014年第1期。

② 杨菊华：《近30年青年流动人口变动趋势》，《中国社会科学报》2017年5月3日，第6版。

很早嫁人了，她们自己日子也只是凑合过得去，不可能当什么"扶弟魔"。家里就我一个儿子，从小我就知道以后父母都要靠我。我读书还可以，但是初中毕业考了中专没有继续去读高中，现在想想可能是错了。但是家里人都没什么文化，也没有人告诉我应该去读高中，然后去考大学。懵懵懂懂去读了中专后才发现国家早就不包分配了，以后毕业了就是要出去找工作去打工。世界上没有后悔药，既然来了，就好好学呗。学一点能用的东西总比什么都不懂去社会上到处碰壁强。平时我就比较注意认真学一点应用性强的东西，然后学校的实践、操作类课程也比较认真去学。2003 年过完年我跟几个平时学习比较好的同学被学校推荐到深圳龙华的一个外资厂去实习，适应了一段时间后就是在这里正常上班。毕业了以后，还可以，就正式在这个厂里开始打工。反正出去就是历练一下自己，无论如何，家里这个担子最后是要挑起来的。

J 说：我是在一个技校读了快一年，整天就在玩游戏，后来就没学了，反正也没学到什么东西。后来就留在老家没事做呢。我爸整天唠叨说我一天到晚无所事事挣不着钱。后来老爸老妈说要不去学车吧，学一门技术总是好的。我就决定当司机，然后拿了驾照。家里凑了钱买了一部车开始在县里跑黑车。跑了一段时间，小地方除了过年好点没什么生意，很难做下去。过年的时候姐姐和姐夫回来说，你这样也不行，要不跟着去北京在店里帮忙。当时想着去北京多好啊！外面的世界很精彩，我从小除了有一次到省城没去过别的地方，心想，这下机会总算是来了。我们村早些年跑去北京的现在好几个在北京做茶叶生意，并且做得很大。他们都在北京发达了，买了好几套房，也都有好车。人家都是带几包茶叶过去就闯出来的，我就想起我爸当年其实也有机会，就是胆子太小，别人叫他一起去北京不敢去，叫他在老家把茶叶产量做大别人在北京包销他也不敢，后面就再也没有机会了。当时就想先跟着姐夫帮他打工，后面有办法再自己慢慢积攒资金和人脉一点点自己做起来。

从 Y、Z 和 J 三位新生代农民工关于当初外出务工原因的回答可以看出，虽然三人的受教育履历，个人家庭状况，对外出打工目标的认识上均存在差异，但是在他们三人的身上都背负着重重期待。十几年前，在非农就业机会相对较少的福建山区老家，就乡村社会的期望而言，一个不再继续升学的年轻人的出路多半是外出打工。而 Y、Z 和 J 三人均是男性，更是背负着家庭对于未来"主心骨"的诸多期望。正因为如此，Y 待家里的时候会觉得"有时候看着邻居的眼光都觉得怪怪的"，而 Z 则说"从小我就知道以后父母都要靠我"，又有如 J 被其父亲所唠叨的"一天到晚无所事事挣不着钱"，因此，就生命历程的视角而言，"外出打工"是微观的生活情境为他们三人设定的共同的社会路线。在 Y、Z 和 J 三人中，就外出打工目标的认识各不相同，其中 Y 和 J 比较明显具有被生活推着走、"被迫"离家进城的"盲目性"。相对而言，Z 对于个人将承担的责任有比较清楚的认识，同时对于将外出打工这一生命事件有一定的心理预期和实践准备。此三位新生代农民工在正式进入劳动力市场前的预备阶段所处的不同状态为其后续进城打工生活状况埋下了伏笔。[①] 相对而言，在心理调适与实用技能积累上准备较为充分的 Z 后续发展比较顺利，而"被迫"背井离乡的 Y 与 J 在城市的打工生涯则比较坎坷。[②] 无论如何，离乡进城的序幕已经拉开，新生代农民工迎来了"外出打工"这一人生中极其重要的一个生命事件。

（二）打工生活：从"外面的世界很无奈"到"我还是学了不少东西"

问：你觉得刚出来打工的时候感觉怎么样？

新生代农民工到城里打工后，因个人在劳动预备阶段状态不同，加之

[①] 在本课题组针对 Y、Z、J 三位新生代农民工进城务工期间不同发展状态具体原因的讨论中，就业预备阶段的长短及该阶段的不同表示被课题组成员反复提及。从某种意义上说，Z 就读中专的三年都是为外出打工在做积极的准备和积累，而 Y 在外出打工前两年始终处于高考备考的状态。对 J 而言，外出务工原本并没有在其个人的发展规划之中或者说其个人并没有什么职业规划，一开始被父母催着去学开车，后面被姐夫带着去北京帮忙，始终处于消极应对的状态。此现象给农民工培训相关社会政策制定的一个启示是，应该基于前馈控制的理念，拉长城乡劳动力"培训链"，在中小学阶段就应该普及与强化职业规划方面的教育，农民工流出地也要加强对农民工劳动预备阶段的培训。

[②] 有学者的研究表明同样只接受中等教育的新生代农民工中，就读普通高中的农民工其整体职业表现不如接受中等职业教育的农民工。本课题组针对福建省内沿海三市与山区三市农民工的相关分析结果亦支持这一研究结论。

所进入的企业有所差别，对于打工生活的体验开始出现了一些分化。但就总体而言，短暂的兴奋期过后，繁重的劳动强度，快节奏的工作要求，较长的加班时间以及城市高企的生活成本都使他们感觉"上班很累，很辛苦""也赚不到两块钱""工作节奏比较快""发现自己很难有什么发展"等偏负面评价词汇频现。

Y说：真正到了厦门才知道，这里是很漂亮，可是跟我没有关系。进厂以后，每天生活的世界很狭小。基本上整天就是三点一线，车间到饭堂再到宿舍，最多周末放假了去下超市。上班很累，很辛苦。特别是我刚进这个工厂的那段时间市场行情很火爆，单子很多，忙不过来。天天基本上是开足马力两班倒，一天干十个小时，白天早上八点就上班，晚上八点半才下班。中午吃饭一个小时，傍晚吃饭一个小时，休息时间很少。晚班从晚上八点半开始干，凌晨一点多才能休息一下，到第二天的时候早上八点半才下班。一开始以为大公司比较规范，多劳多得，多干一点靠加班能多赚一点钱，后来才知道平时加班都不算（加班工资）的，周末的时候加班才算。我们厂流水线是按照计件来算工资的，刚进工厂的时候做得慢，主管会骂；做得东西质量不过关被贴红色单子影响入库，主管也会骂人；如果累得不小心睡过头了更是会被骂个狗血淋头。现在才知道什么叫"外面的世界很无奈"，又累，也赚不到两块钱。下了班要么什么事情都不想做躺在床上，顶多就跟同事一起打个牌，喝下酒，吹吹牛皮，发发牢骚。

Z说：到深圳那个外资厂待遇还算可以的，就是工作节奏比较快，公司管理层要求也比较高，压力也大。还好我实习的时候基本上已经适应了，事情也都能做得来。制造业加班肯定是有的，而且不少，但是管理还算是比较规范的。说实话，一个人在外面打工很不容易，但是我觉得在这里我还是学了不少东西。比方说，我学会了摆正心态能脚踏实地地做好每一件事。又比方说，要怎么做好现场管理，提升良品率。还有，就是懂得了跟同事保持良好的沟通，与人为善很重要。我们车间主管看我手脚比较麻利，人缘也好，总体表现不错，一年多以后就把我提升成了组长。

J说：一开始到北京很高兴。平时帮帮忙，有空的时候就自己出去玩玩，北京这么多条地铁线我都坐过了。反正是在店里，都是自己人。平时就帮着姐夫和我姐理货和送货。店里是卖茶叶，做这行关键是脑子要灵活，嘴巴能说，最好腿脚勤快。我从小嘴笨，我姐说我又不是属猪的为什么脑子不够灵活。跑业务跑不来，只能在店里打点杂。后来姐夫买了一辆车，我就帮着开车送货。做时间长了，发现自己很难有什么发展，在店里也帮不上什么忙。关键是以后开店根本没可能。你看看，我姐夫的这个店，光店租每年就三十几万一年。一年365天，平均每天一睁眼就要出去1000多块钱，还没包括人工、吃住什么的，这个也要十几万最少了。最早想跟着学做生意以后自己做起来的路看来是走不通了，压力太大，想了一段时间，就跟我姐说不想再做了。他们俩商量了以后决定把小货车卖了然后给我买了一辆SUV，让我在北京干老本行去跑滴滴。

Y、Z和J到城里打工后，个人对于打工生活的主观体验开始产生分化。Z由于在劳动预备阶段对于打工生活准备较为充分，同时其思想较为成熟，很快适应了企业的要求与工作节奏，他自我感觉到"在这里我还是学到不少东西"，并在一年多以后得到了职务上的提升。而对Y而言，从以读书备课为主业"纯学历教育"的普通高中校园直接进入以"三点一线""多劳多得""计件工资"为标签的制造业工厂令其较难适应和转变，身心疲惫之余让他明白了"外面的世界很无奈"的现实。J则比较特殊，他并非是到劳动密集型企业上班，而是为自己姐姐、姐夫帮工，相对来说在家人的庇护之下其工作、生活压力会小一些。但在北京从事销售行业所要求的"脑子要灵活，嘴巴能说，最好腿脚勤快"的硬条件与"光店租每年就三十几万……平均每天一睁眼就要出去1000多块钱"的资金要求使得J意识到在北京"以后开店根本没可能"。对Y和J而言，通过进城打工改变自身命运的梦想破灭了，其生命历程进入了以"徘徊与挣扎"为特征的全新状态之中。

（三）反思现状：从"做普工没什么名堂"到"是不是回老家找找机会"

问：工作一段时间以后情况怎么样？

如《孟子》所云，"天将降大任于斯人也，必先苦其心志，劳其筋骨，饿其体肤"。作为陌生城市里的"年轻人、外地人、农村人"，对新生代农民工群体而言，不经历在外打工的痛苦、迷茫和历练，很难成熟起来。因此，度过最初的打工阶段之后，对现状不满的 Y 开始了频繁的跳槽打短工生涯。但是跳槽与打短工对其个人待遇的改善和职业生涯的发展并没有质的提升，身心疲惫且两手空空的他开始逐渐意识到在流水线做普通操作工人只是"不用润滑油的活机器"，"每天都在重复昨天"，很难有什么发展，即"进厂是不会有什么前途的""做普工没名堂"。

> Y 说：第一家厂干了三四个月，太累太辛苦。我就跳到了海沧的另一个厂，情况也好不到哪里去。后来几年因为各种原因又换了几个地方。也不是我自己想跑来跑去，我是看清楚了，进厂是不会有什么前途的。你看下，现在的厂都是两班倒的，旺季的时候一天 24 个小时赶量，人就跟机器一样，不用润滑油的活机器。每天都一个动作，每天都在重复昨天。反正在厂里，要么你为机器活着，要么你是活着的机器。跟很多同厂的老员工聊天，他们都说，"做普工没什么名堂"，你也不要想靠什么技术提升来到管理层，很难。因为每天干的活都没有技术含量的，你想想，流水线上的工作岗位，只要随便给你讲讲，就可以上岗干活了。一点技术都没有，我们就像是一个小小的螺丝钉，随便来个新人都可以把你当掉。还有就是钱太少，一个月只有 3000 来块钱左右。厦门什么都贵，租个海沧的房子就要一千多，还有电话、买衣服、交通、人情什么的，偶尔还会生病，一个月下来都花得光光的。也二十五六了，不能一直这样过下去。

对 Z 来说，总体情况比较顺利。相对早熟的他在做好日常工作的同时一直在积极地为个人的发展筹划。他先通过"圆梦计划"提升了自身的学历层次，在投资于自身人力资本的同时亦为自己在外打工能得到提升和发展谋得了一定筹码。但难能可贵的是，Z 经过反复思考后意识到"工厂生活总体就是比较枯燥的"，长期在外打工并非自己最理想的选择，较为成熟的心智使他能动性地去分析、思考宏观环境的变化以及个人的处境与未来前途的走向，继而萌生了"是不是回老家找找机会"的想法。在"反复掂量"之后，Z 将返乡创业作为未来发展的重要选项，并为此积极进行准备。

  Z 说：虽然上班很累，但做事情我还是比较认真的，毕竟是饭碗。我是一直在想长期的路要怎么走比较好。2012 年的时候，我发现广东那里有搞一个"圆梦计划"可以让我们读大专，我就考了华南师大，2014 年的时候顺利毕业了。毕业以后我自己就想，来广东快十年了压力还是比较大，如果能通过打工一路升上去，算是一条路。从我的情况来看，好像也可以，我毕业当年就升了车间主管，工资加了一半还多，但是长期在厂里好像不是我想要的，主要是工厂生活总体就是比较枯燥的。后来看到网上有介绍一些在外面打工的人回老家创业的报道，我就很有兴趣。在读大专的时候老师有讲 SWOT 分析，我就自己分析了一下。觉得自己是不是回老家找找机会。为什么会这样想，你看，一个是优势，我家里还是有这个条件的，一个是房子很大，家里老房子前面有一块旱田基本闲着，什么都没种，然后我们家有好几片茶山，附近交通特别好。离市区又不算太远。另一个是弱势，我在企业打工是不会有大的发展的，很难靠技术和管理上升到比较高的位置。还有就是机会，我反复掂量，现在农村有很多政策，回老家会给一些优惠贷款支持啊，培训啊什么的，还有一些创业的帮助。另外，现在城里人很喜欢乡下的生活，往往又只有周末才有空，所以我家离市区不远刚刚好。最后就是挑战，主要是自己要动起来，不能懒吧。后来自己下了班就经常用手机上网去学一些东西，比如要怎么做生意搞推销，怎么开网店，怎么做管理，五花八门都看。

  而 J 不在姐姐、姐夫的店里帮工之后，转而在北京跑起了滴滴。先后两年在京跑滴滴的经济压力与种种不如意让他心生退意，意识到随着年龄的增长"这么耗着也不是个事，总归不是长久之计"。这说明 J 的心态已经发生了变化，从为了寻求一个出路远赴北京，继而萌发出自己开店把生意做起来的梦想，到做生意的梦想破灭转而开滴滴。在开滴滴过程中，面对前途的高度不确定性，他对个人在京几年的生活进行了一定的反思。

J说：在北京跑滴滴也跑了两年。好的时候跑一天有 500 左右的流水，就算每天都出车，也就 15000 一个月。但是你要知道，这个一万五，滴滴公司是要抽掉一部分的。然后油钱一天要去掉百十来元，一个月下来只剩大几千了。但是车要保养，还有车险、车损什么的要付。你想，车钱十几万是我姐夫出的，这些总不能再让人家给出吧。还有现在摄像头那么多，到处拍，一下来个超速，一下不小心压线了，一下又来一个违停，都要吃个罚单，一天就白干了。七扣八扣就剩五千不到。还有就是乘客都是大爷不好伺候。按照公司的规定，什么都是我们的错，没办法顾客是上帝嘛。这些还不算什么。最怕的是抓滴滴，最怕那些钓鱼的，万一被抓到就要罚一到三万，好几个月白做了。我有时候就边开车边在想，来北京这么多年了，这么耗着也不是个事，总归不是长久之计。

如上所述，随着年龄的增长和社会阅历的增加，在城里打工几年后，Y、Z 和 J 对个人的打工生活状态和今后发展可能均进行了梳理和思考。访谈中，Y、Z 和 J 均流露出随着年龄的增长生活压力不断变大的焦虑感。他们口中所言"也二十五六了，不能一直这样过下去""来广东快十年了压力还是比较大""来北京这么多年了，这么耗着也不是个事"，表明到了一定年龄之后新生代农民工都会比较能动地考虑自己的未来。在年龄不断增大、心智不断成熟的同时，也预示着他们马上又将迎来新一轮生命事件的到来。

（四）生命事件：从"这几年事情太多了"到"这才是我应该做的"

在其有关新生代农民工逆城市化流动的相关研究中，张世勇（2014）曾指出，结婚生子作为重要生命事件会促进新生代农民工改变对打工的看法。[①] 为印证这一观点，本课题组在访谈提纲中针对已婚新生代返乡农民工设置了如下问题。

---

① 张世勇：《新生代农民工逆城市化流动：转变的发生》，《南京农业大学学报》（社会科学版）2014 年第 1 期。

问：你是因为什么事情想到要回家的？是在结婚前还是结婚后？

Y 说：在外面你打工压根省不了钱。尤其是结了婚以后，想在厦门活下来很难，更不要说拖家带口的。后来想着觉得能不能搞小吃这个行业，虽然挺累的，但其实还挺赚钱。就想能不能回老家，去沙县找个小吃店里当下学徒，跟人家学学怎么做，怎么卖，然后盘算着回自己县里面也弄个店慢慢来开。否则就要这样打一辈子苦工。后来家里出了事（Y 的大弟弟因故去世），我赶紧跑回去。料理完后事，从火葬场出来的时候，我觉得自己什么都想通了。什么成功啊，金钱啊，梦想啊，其实都是过眼云烟。全家人能健健康康的，特别是能多陪陪父母，能有口饭吃就很好了。想想我父亲也真是不容易。那样一个农民，读书的时候在乡下肯花好几万找关系让我寄读，可惜我自己不懂得珍惜。补习一年也没认真去念，都经常和朋友一起打牌什么的。家里出了这么个事，我觉得他头发快白光了，人老了好多。可怜天下父母心，现在打工也没打出名堂，想想我还是回去好了。他们还在的时候多陪陪他们，比什么都好。

Z 说：2014 年底我结了婚，老婆是同一个县隔壁镇的，在我们公司另一个厂打工。她比较了解我，也很支持我对以后生活的打算。2015 年我们决定继续一起在外面打工，为今后做事情攒钱，白天上班，晚上我就经常跟老婆两个在一起琢磨想到底能回老家做点什么？有了这个目标，我就经常上网然后跟同学、老乡、朋友聊这些东西。我还经常在手机上看一个电视节目，叫《致富经》的，很有意思。都是讲别人怎么样不怕困难，一次一次去创业，最后终于成功的，里面有很多启发。想来想去，就是想看别人都有什么成功的模式可以学过来。有一次看到一个节目是介绍农田综合开发的。一对大学生夫妻放弃了城里高薪的工作，回老家边养鸡养鸭，然后再做休闲农庄，让城里人周末了能过来玩，过来吃饭，然后还种了很多水果，客人到他们农庄还能去采水果。做得很成功。虽然看了很多期那个节目，但这个让我特别兴奋特别开心，我觉得自己找到一条合适的路了。自己老家的房子、田、茶山、空地都能用起来，他们做的这个我也可以干。比起打工，我觉得这才是我应该做的。跟我老婆商量，说人家名牌大学的毕业生都去农村创业,我们干嘛不回去?她说你是当家的,你来定吧,你决定回去的话,我就跟你回去。跟我爸妈打了几次电话说了我的打算,他们就说,反正外面打工也是累,要不你就回来做做看吧。

J说:跑滴滴原本算勉强能混口饭吃。后来北京搞清理整顿,说不让外地人开滴滴,我就寻思着是不是该回老家了。这几年事情太多了。一开始是认识了我老婆,两个人还合得来,后来就结婚了。不久老大(大儿子)就出生了。父母去北京待了一段时间,断了奶以后让父母带回乡下。每个月要给他邮寄奶粉和纸尿裤什么的,好贵,每个月都要2000多块钱。平时就视频聊聊。想孩子但是没办法,老婆经常自己抹眼泪。后来没多久我老爸他老人家体检出得了胃癌,晚期,没办法做手术了,化疗了几次,家里前前后后花了快10万,因为是农村医保,报销得不多。后来,他自己发现情况了,人很快不行了,走了。家里就剩我妈一个。这时候老二(二儿子)又要出生了,家里更是没办法了,总不能两个孩子都扔家里然后给我妈带着吧。算是彻底没辙了。家里总不能没个男人吧?只能回来。

由Y、Z和J的如上论述可以很清楚地看到结婚、生子这样的生命事件在新生代农民工的流迁意愿决策中具有重要的作用。但新生代农民工最终做出历程返乡的决策往往是多重因素叠加之后的最终决定。有如,Y之所以决定返乡,首先是因为"做普工没什么名堂",同时生活成本太高,"想在厦门活下去很难";其次是因为结婚对个人生活轨迹的冲击和影响;最后是家人去世这一突发性生命事件的发生最终使Y做出了返回老家学做沙县小吃,以后在老家县城里开店的决定,转变了个人人生轨迹。对J而言,其最终离开北京返回老家同样是多重因素驱动的结果。首先是其赖以谋生的职业(开滴滴)面临着清理整顿,可持续生计遇到困难;其次是因为结婚、生子这两件生命大事的影响,面临亲子两地分居的局面,使得J夫妇不断质疑自己继续留京的必要性,而J父亲患病及因病去世这一生命事件最终使J夫妇做出了离京返乡的决定,因为"家里总不能没个男人吧"。对Y和J来说,驱使他们离开流入地向流出地回流的主要原因在于"生活成本""家庭需要""稳定生活"三者的叠加,基本上可将他们归入"被动返乡型"农民工群体的行列之中。而对Z而言,其之所以返乡更多是自身能动思考与学习①基础上理性决策的结果。现实中，Z 通过"圆梦计划"获得大专学历之后在企业得到了岗位提升，在三个新生代农民工中他是最有可能在流入地城市定居的。但思维较为活跃的 Z 没有按照遵循社会大众刻板印象中的"新生代农民工倾向于在城市定居"的轨迹行动，反之他敏感地捕捉到国家对于实施乡村振兴的决心与投入②即将使农村迎来历史性的发展机遇。相对 Y 和 J 而言，Z 夫妇返乡的动因在于"发展机会"，Z 属于典型的"发展机会驱动型"返乡农民工。

（五）离城返乡："家里有家里的好处"到"觉得自己回来是对的"

问：你觉得在农村的生活怎么样？以后还想出去打工吗？

Y 说：回在家里先是在县里做了沙县小吃，不大顺，后来又做了几个行当虽然都没赚到什么钱，但是现在是不会想出去了。为什么？我给你算两本账，一个是经济账，每年来回奔波要车票，到厂里住得不好，想要舒服一点要在外面租房子，很贵。家里万一有事想请假很难，请了假又要奔波，跑来跑去，又要扣工资。还不如在家里，钱是进得少，但也出得少。所以（再出去打工）经济上不划算。还要算亲情账，你常年在外面跑，家里老人家管不了，有个头疼脑热他们不跟你说，搞不好就弄出大事来了。网上很多是鸡汤，但有一句话是对的。越长大你会发现，普通人最离不开的还是家里人，是亲情。我现在不求有多富贵，只要家人都无病无痛无灾的身体健康就很好。幸福

---

① 许多学者视阈中的生命事件仅限于独立生活、工作、结婚、生育、父母重病或亡故等，更多是基于年龄增长而需要被迫去面对或者经历的，这类生命事件可统称为"传统型生命事件"。嵌入本研究的具体情境中，本课题组经过对 56 名农民工的访谈，发现有些农民工的返乡决策并非基于"传统型生命事件"，而是个人经过能动思考与学习后的结果。这类群体以"发展机会驱动型农民工"与"稳定生活驱动型农民工"为主。经讨论后本课题组认为除了"传统型生命事件"外，一些新生代农民工自身的能动思考与学习对其做出定居或者返乡决策有着重要作用，有如访谈中的 Z 便是如此。经过对受访对象的访谈与比较，本课题组成员经常感慨 Z"开窍得早""人很聪敏""善于思考"。为此，我们将能动思考与学习列为"能动型生命事件"，这类事件揭示了新生代农民工返乡决策的个人能动逻辑。

② 2018 年中央 1 号文件的发布，标志着乡村振兴战略成为国家战略。Z 做出返乡决定是在 2015 年 9 月，最终返乡是在 2015 年 10 月。

不是来自权、名和利，而是来自家庭，来自家人，特别是有孩子以后这种感觉更强烈。以前那样没有孩子还好，现在有孩子的，自己带着很麻烦，一整天都上班没空管。扔家里也麻烦，一个是老人家比较溺爱，容易比较自我，或者比较孤僻。我们村里很多留在村里的小孩要么很内向，要么脾气很独。另外作业什么的都没办法管。所以你看看，亲情也是一本账，这个有时候不是钱能算的过来的。

Z说：回来以后才发现要把这个事情做好不容易，但是我们两个都不怕吃苦，也吃了很多苦嘞。现在情况基本跟我当时预想的差不多，当然有遇到几个难关，后来又有了小孩，晚上要带孩子很辛苦。但是我们都咬着牙挺过来了。过程很不容易的，但是很值得。回来快三年了，做了几件事情，一是就是把茶山利用起来，以前都是自己采茶叶，费时费力。现在到采茶季前就有很多客人在QQ群、微信群里预订，他们过来采，采完以后我帮着晾晒，然后快递给他们，他们有的自己喝，有的送人。毕竟是自己采的茶叶，味道很不一样。二是把家里的旱田挖起来了变成鱼塘，也投了鱼苗，现在开始出鱼了，客人过来可以钓鱼，钓完鱼以后我还能提供地方加工。他们可以自己做，也可以我帮他们做。三是把农家乐做起来了，家里门前的一大块空地种了很多草莓，每年都会长很多。老房子稍微修整了一下，一楼、二楼可以放好几张桌子，客人玩完以后有饭吃。这三年下来，一年比一年好，今年开始赚的钱比打工那个时候会好一些。觉得自己回来是对的。最近，我城里的大姐夫还出了主意，让我学做茶膳，这样可以把茶山和农家乐连在一起，比较有特色。

J说：现在怎么说呢？再出去肯定是没办法了，马上老三又要出来了。这次希望是个女儿。这两年在家也没闲着。幸好家里还有茶山，每年清明左右就去摘茶，可以摘好一段时间。我们这里茶还是很不错的，很有名。我主要摘的是老婆家的野生茶叶，很偏的山上。纯天然无污染的，要开车半个小时，然后走路半个小时才能摘。但是价格很好。我家离镇里很近，我们镇是全国很有名的茶叶市场，我最近在想，不摘茶叶的时候能不能靠着这个市场做一点生意，应该会有机会。我老婆在家除了带孩子，就是料理一下我们家的菜地。现在青菜、葱蒜什么的她都可以自己种，不要买。现在觉得老家也挺好的。

水很干净，空气也好。有时候想想，北京好是好，对脑子灵有能力有关系的人来说是天堂，对我们来说是太遥远了。拖家带口的整天飘着不合适。

由此可见，作为"被动返乡型农民工"的 Y 和 J 在经历了在外打工生活的磨炼之后，对于个人能力、自身需求以及未来的发展走向有了比较清晰的认知。对 Y 来说，"亲情也是一本账，这个有时候不是钱能算的过来的"，对 J 而言，"拖家带口的整天飘着不合适"，都表明他们已经充分认识到，外出打工并不能使他们过上更好的生活。相比在城市的漂泊无着的状态，在农村才是更适合他们的选择。而作为"主动返乡型农民工"的代表，Z 做出返乡决定完全是因为"发展驱动"，Z 在返乡之后成功经营农家乐，亦表明他当时做出的返乡创业的决定确实是经过深思熟虑的。对 Z 而言，"这三年下来，一年比一年好，今年开始赚的钱比打工那个时候会好一些"，外出打工更是没有必要。

在其有关新生代农民工逆城市化流动的相关研究中，张世勇（2014）指出，从"离乡进城"到"离城返乡"的转变过程中，新生代农民工经历了如下心态轨迹的变化：① 初次外出时他们对未来充满期待和向往，同时对打工生活的目标是浪漫与不确定的。而在打工初期，该群体由于工作繁忙、经常加班、经济压力大等原因，会导致产生失望和懊悔的情绪。在打工中后期，由于意识到做普通工人没前途，他们会通过跳槽等方式考虑自己未来的出路。最终，由于结婚、生子等生命事件的发生，他们最终决定返回农村老家。在家乡，由于需要承担家庭责任，他们相对更加理智，更加明白自己的生活期望和社会归属所在。如前文所述，张世勇研究中关于新生代农民工心态轨迹变化的描述无疑是高度契合被动返乡型农民工 Y 和 J 的。然而其研究的不足之处在于，他看到了城市的推力，而相对忽视了农村的拉力；他看到了农民工因为生活成本与家庭需要被迫回流的现象，而相对忽视了农民工因发展机会与稳定生活而主动返回家乡的现象。换言之，Z 这类主动返乡型农民工，特别是其中的"发展机会驱动型农民工"

---

① 张世勇：《新生代农民工逆城市化流动：转变的发生》，《南京农业大学学报》（社会科学版）2014 年第 1 期。

群体的存在被忽视了。

如表 2-7 所示，Z 从"离乡进城"到"离城返乡"的心态轨迹发生了如下变化：由于在就读中专时即明确日后将赴外地打工，且经过实习期间的过渡和适应，Z 初次外出打工时对打工生活较为适应。作为家中独子，对 Z 而言，打工与浪漫和不确定性无关，其外出务工的目标很明确，就是为了历练自我，同时便于承担家庭责任。如 Z 自己所述，在打工初期他同样需要面对人在异乡独处的苦楚，"一个人在外面打工很不容易"，但是 Z 能以较为积极的心态应对工作的高压力，在钻研业务的同时懂得努力搞好人际关系，在较短的时间内获得了职务的提升。在打工中后期，一方面 Z 在努力提升个人学历的同时获得了职务的晋升，但 Z 很清楚"长期在厂里好像不是我想要的"。为此，他没有和基本同龄的 Y 和 J 一般陷于"挣扎和徘徊"，而是理性分析农村发展环境的变化与个人后续发展的优劣势、机会与挑战，从而坚定了返乡创业的决心。此外，很有意思的是，与 Y 和 J 不同，驱动 Z 最终做出返乡决策的生命事件有两个，其一是结婚，属于"传统型生命事件"；其二是个人长期以来对返乡创业"利好"的理性认识与思考，属于"能动型生命事件"。与 Y 和 J 不同的是，结婚这一事件本身并不意味着负担，除了家人身体比较健康之外，很幸运的是，Z 的妻子很认同 Z 返乡创业的想法。从某种意义上说，Z 的妻子通过支持 Z 返乡创业将影响 Z 做出返乡创业决策的两件生命事件紧密联系在了一起。在返回家乡后，Z 经过近三年的创业取得了初步成功，其初次外出时"历练一下自己""家里这个担子最后是要挑起来的"的目标已基本实现。由此可见，无论是被动返乡抑或主动返乡，新生代农民工经历了在外打工的历练与诸多生命事件之后，有可能"扎根"城市，也可能"归根"故里。① 但其背后的决策逻辑在于在哪里让他（她）们感觉生活会更舒适、体面，② 他（她）们的生活期望和社会归属就会倾向于哪里。③

---

① 本次的访谈对象限于已返乡新生代农民工，因此未能列入定居型新生代农民工的案例。

② 这种舒适与体面更多是新生代农民工个体对于生活质量的一种主观感受，类似于西方经济学中的个人收益最大化假设。但此处的收益并非完全是物质利益，有如访谈中 Y 所言，"经济账"之外的"亲情账"对其返乡后不再外出的决策具有至关重要的作用。

③ 张世勇：《新生代农民工逆城市化流动：转变的发生》，《南京农业大学学报》（社会科学版）2014 年第 1 期。

表 2-7　新生代返乡农民工心态轨迹对比

	返乡新生代农民工分类	
	Y 和 J：被动返乡型农民工	Z：主动返乡型农民工（发展机会驱动型）
初次外出	心态：充满期待和向往	心态：平和，积极准备
	目标：浪漫与不确定	目标：出去打工历练，承担家庭责任
打工初期	心态：失望和懊悔	心态：摆正心态，人缘好，总体不错
	状态：工作繁忙，经常加班，压力大	状态：经常加班，压力大；工作晋升
打工中后期	心态：挣扎和徘徊	心态：做到理性分析、思考、决策
	状态：跳槽；意识到打工没前途，考虑出路	状态：工作晋升；学历提升；网络学习
驱使其做出返乡决策的生命事件	事件 1：意识到做普工没前途；事件 2：结婚、生子；事件 3：家人去世	事件 1：意识到返乡有前途；事件 2：结婚
返乡后	心态：心智更成熟，更加现实；承担家庭责任	心态：理性；心智成熟
	状态：事业一般，基于亲情和现实不想再出去	状态：在农村事业发展顺利主观上不会再外出

资料来源：作者根据资料整理。

四　新生代农民工返乡的生命历程解释

（一）家庭收益逻辑

家庭收益逻辑是分析新生代农民工流迁决策的重要分析视角。家庭收益以经济收益为重要组成部分，但经济收益并非家庭收益的全部。作为社会的细胞，如何让一个家庭实现良性运行、协调发展才是家庭收益逻辑的核心内涵，也是每个家庭成员特别是成年家庭成员内化于心并付诸行动的应然选择。其背后的原因在"关联的生命原理"，该原理是生命历程理论的重要组成部分，这一原理的内涵可以简述为每一代人都会受到别人特别是家人生命事件的影响。面对这些生命事件的影响，如何通过家庭与个人的能动选择，让家庭收益实现最大化是每个家庭以及家庭的每个成员需要正确面对和处理的。换言之，为了实现家庭收益最大化，每个家庭成员都应当做出符合家庭对其角色期待的行为选择。如何通过个人的能动选择让生命事件在恰当的时间①发生是社会也是家庭对于家庭成员的期待。在正确的时间做正确的事即是对于这一期待的高度凝练。

对于新生代农民工 J 而言，在技校辍学之后，社会和家庭对于 J 的角色期待是承担起其作为成年人的经济责任，改善家庭的经济状况，"工作"或者"做工"是这一时间节点上 J 应当发生的生命事件。由于 J 辍学后"留在老家没事做"使得个人角色与家庭收益之间形成了冲突，源于此，J 的父亲"整天唠叨说我一天到晚无所事事挣不着钱"。为了让 J 的行为符合社会和家庭的期待，后续能有机会改善家庭收益，J 的父母决定让 J 学车，因为"学一门技术总是好的"。而 J 学车之后开黑车的工作经历虽然并不成功，但至少开启了"工作"这一生命事件。换言之，拿驾照、开黑车无疑是符合家庭对 J 的角色期待的。考虑到尚未外出打工时 J 家庭所处的生命周期，② 增加经济收入是增进家庭收益的最迫切形式。由于开黑车较难帮助增加家庭经济收益，姐夫让 J 到北京帮工的邀请无疑是 J 及其家庭所需要的。而 J 在对赴北京打工充满期待的同时亦和社会与家庭对其角色期望相契合。虽然先是帮工，后面转而跑滴滴的打工生活并不顺利，"七扣八扣就剩五千不到"，但 J 外出打工的决策在经济上减轻了家庭负担符合彼时 J 家庭收益逻辑。然而，在外打工几年之后一开始的"结婚、生子"，后续 J 父亲生病、去世等生命事件的发生使得 J 家庭对于收益的界定产生了变化。"总不能两个孩子都扔家里给我妈带着吧""家里总不能没个男人吧？"表明在经济责任之外，J 需要承担更多的家庭照顾与照料的责任。换言之，由于 J 家庭生命周期发生了显著变化，其家庭所需的收益已从单纯性的经济收益转化为综合性的家庭收益。正是上有老（J 爷爷奶奶和母亲），下有小（J 的儿子）的家庭照料需求让 J 又一次实现了生命轨迹的转变，而 J 做出的返乡决策无疑符合家庭对其角色的期待，在促进家庭综合收益最大化的同时亦符合中国人的家庭责任伦理。

---

① 所谓恰当的时间往往与家庭生命周期直接关联。

② 其时 J 未婚，J 的父母身体比较健康。

（二） 生命事件逻辑

如图 2-1 所示，在生命历程视角下新生代农民工从进城打工到返乡（或定居）过程中可能会经历一些具有重大意义的人生事件，有如，"失业、破产、结婚、生子、离婚、遭遇工伤或意外事故、（有关返乡或定居的）能动思考、家庭背负巨额债务、自己生病、家人生病、家人死亡"，等等。

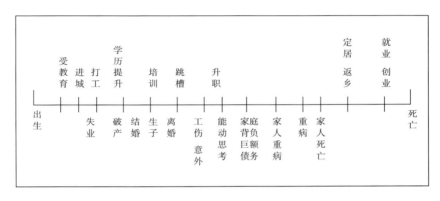

图 2-1 生命历程视角下新生代农民工的进城与返乡决策
资料来源：作者根据资料整理。

较之第一代农民工，新生代农民工群体较年轻，在初次外出打工时多数没有经历过具有时间节点意义的人生事件。有如，本课题组针对苏州、泉州、温州与东莞 2250 名新生代农民工的调查数据即显示，截至调查问卷结束之前，有效样本中仍有 41.6% 的新生代农民工处于未婚状态。这意味着这些"年轻人、农村人、外地人"群体中的多数人在城市务工过程中将难以避免遇到一些生命事件，而这些生命事件的发生将或多或少地改变他（她）们既定的生活轨迹。本次访谈的 20 位新生代农民工中有 14 位在外地务工过程中结婚，其中 10 位在务工过程中至少生育了一个孩子。20 人中，还有 11 人经历了家人①重病或者去世的生命事件，其中 8 人的家庭里有家人去世。上文中，Y 和 J 均先后经历了结婚、生子与家人去世等多重

---

① 这里家人指父母、兄弟姐妹或者配偶、子女。

生命事件。显而易见的是，各类生命事件单独或者交织发生使得新生代农民工在经历悲欢离合的同时亦改变了自身在家庭中的角色，其肩上的责任往往使他（她）们不再抱有一些不切实际的幻想，心态渐渐趋向成熟。如前文所述，Y 和 J 的被动返乡更多受家人去世与结婚生子等生命事件的影响。相对来说，Z 的主动返乡则主要与个人能动思考与积极行动有较为紧密的联系。

（三）城乡推拉逻辑

新生代农民工做出"离乡进城"抑或"离城返乡"的决策，可以理解成作为微观层面的行为主体的新生代农民工感知城乡的推力与拉力中和之后的"余力"偏向城市抑或偏向农村后的能动反应，这一能动反应就是城乡推拉逻辑。长期以来，出口导向型的劳动力密集型企业在东南沿海省份可谓星罗棋布，而广大中西部农村地区由于非农就业的机会相对较少相对比较凋敝。在城市拉力与农村推力的共同作用之下，资本对"手"的海量需求与农村剩余劳动力用"脚"投票的结果制造出了一批又一批的农民工。然而，作为城市的"农村人、外地人"，随着农村的推力和城市的拉力而流迁到城市的农民工群体面临着对他们而言并不友善的"农民工生产体制"，该体制由两个部分组成，其一是"工厂专政体制"；其二是"拆分型劳动力再生产体制"。[①] 其中，"低福利、低收入、低尊严"与"高强度、高压力、高要求"为特征的"工厂专政体制"让他们难以实现在城市"体面劳动"的目标。而"拆分型劳动力再生产体制"则将原本应该均在城市展开的工作、养家、养育、奉亲与养老的生命历程机械分割成为在城市工作，在农村养家、养育、奉亲与养老。作为城市的"年轻人、农村人、外地人"，自我意识觉醒、成长环境与第一代农民工迥异的新生代农民工面临的是与第一代农民工相同的"农民工生产体制"。"利空"的叠加使得城市对于新生代农民工的推力日渐显现出来。而另一方面，随着农业税的取消、农村社会福利的不断完善以及劳动密集型产业日趋向中西部地区转移随之而来的非农就业机会的增多，农村对新生代农民工群体的吸引

---

① 清华大学社会学系课题组：《新生代农民工与"农民工生产体制"的碰撞》，《中国党政干部论坛》2013 年第 11 期。

力日增。2018 年中央 1 号文件的出台使得乡村振兴战略成为国家战略，乡村振兴的前提是"推动城乡要素自由流动、平等交换"，作为要素中的一种，具有一定资金、技术和在外打工经历的农民工如果能返乡创业、就业，对于乡村振兴大计而言无疑具有极大的促进作用。所有这些"利好"因素的叠加释放使得农村对于新生代农民工群体的拉力日趋增强。不经意间城乡之间已经完成了推力与拉力此消彼长的转换，而这一转换则构成了返乡新生代农民工最终做出返乡决策的时空背景。

上文中，Y、Z 与 J 从"离乡进城"到"离城返乡"的决策过程均契合了城乡推拉逻辑。对 Y 而言，高考补习再次落榜后，其口中的"村里反正也是没办法待的，不如出去打工挣点钱"这句话充分彰显了 Y 作为应试教育失意者所面临的农村的推力与城市的拉力。不夸张地说，此时城市潜在的非农就业机会给了 Y 一条退路与希望。进入厦门务工后，"农民工体制"令 Y 吃尽苦头。首先，"工厂专政体制"让 Y 吃尽了苦头，如其所言，"平时加班都不算（加班工资）的，周末的时候加班才算""刚进工厂的时候做得慢，主管会骂""要么你为机器活着，要么你是活着的机器"，在"工厂专政体制"下，"体面劳动"成为奢望，不想沦为机器的 J 开启了频繁边打短工边跳槽的"非常"生活。"工厂专政体制"下作为单身汉的 J 还能一个人在城市苟活着，但是随着"结婚以及弟弟去世"等生命事件的发生，"拆分型劳动力再生产体制"又对 Y 继续在城市"讨生活"的意愿造成了巨大冲击。工作在城市，"养家""奉亲"在农村的现实使 Y 感觉"结了婚以后，想在厦门活下来很难，更不要说拖家带口的"。此时，城市的推力与农村的拉力最终使 Y 做出"打工也没打出名堂，想想我还是回去好了"的返乡决策。

（四）个人能动逻辑

如前文注释所言，除了"传统型生命事件"外，一些新生代农民工自身的能动思考与学习对其做出定居或者返乡决策有着重要作用。为此，我们将能动思考与学习列为"能动型生命事件"，这类事件揭示了新生代农民工返乡决策的个人能动逻辑。在与龙岩、南平与三明三地 20 名新生代返乡农民工的访谈中，本课题组先后遇到 4 位"主动返乡型"新生代农民工，他们皆为"发展机会驱动型"群体，在返乡后陆续开启了创业的尝试。为澄清该亚群体与其他新生代农民工在返乡决策上的区别，我们提出了如下问题。

问：你最初是怎么想到要回老家创业的？

L说：我出去目的很明确，就是为了回来创业。我外婆家几个远房舅舅都是去外面打工攒钱后回来开厂的。都做得不错。记得以前小时候，过年去他们家拜年很感慨，为什么人家可以住得那么好。最早自己是想好好读书以后把日子过得好一点，但是我们镇上中学教育质量很一般，能考上县一中的很少。这条路走不通怎么办？想自己创业不可能，一是年纪太小，二是没有钱。最主要还是没有能力。后来就想还是要出去打工，一个是可以积累一点经验，学一点东西回来。还有就是省一点钱，如果要自己做，我爸妈肯定会支持一点，但是大头还是要靠自己。在外面这七八年，累是很累，有的累也是自己找的，想多学一点。后来有攒了一点钱，以前同学说有个厂想转手问我接不接，我回来看了一下觉得还可以就回来了。说实话，也是不容易。前前后后搞了七八年，总之，我自己有一个感悟就是想到才能做到。我这个算不算你们经常说的不忘初心？

S说：以前出去打工也是稀里糊涂，哪里想到什么创业？什么叫创业我都不知道。就在外面做事做了几年，也没多大意思，没赚到什么钱。我们厂在福清，一年到头没怎么放假，好处是过年可以放20多天。去年过完元宵，乡里面有通知说有个电子商务的培训，想去听的都可以报名。我就报名了，反正也是不要钱的，听完以后觉得好像也不是很难，以后有机会也可以做。回去上班以后有一次到同事家串门看到他们两口子在吃风鸭，我问了一下居然是我们老家的WA风鸭。我才知道，这个东西居然有这么多人喜欢吃。我就想到，我们老家这个风鸭有一百多年历史了，味道确实很好，就是知道的人还不够多。我就想能不能在淘宝上开一个店？一开始只是下了班兼职做一做，后来有了一点销量觉得可以做下去，跟家里人商量以后就回来了。

由L、S以及Z做出返乡决策的经历我们可以看到，新生代农民工对自身命运和前途的能动思考对其返乡抑或定居的决策具有重要作用。在开启本次访谈之前，令课题组成员颇为疑惑的是，在同样的双向度城镇化背景下，面临类似的农村拉力和城市推力，经历着相似的结婚、生子之类生命事件，承担着同样沉重的为人父母、为人子女的责任，有些新生代农民工为什么选择被动返乡，而有些新生代农民工返乡则更多是为了个人创业发展需要，还有些新生代农民工则选择继续循环流动抑或在城市定居。访谈之后，我们认为，"家庭角色逻辑""生命事件逻辑""城乡推拉逻辑"在某种程度上均属于"外在"因素，而属于"内在"因素的个人能动逻辑可以解释这一差异。本次访谈中，如 L 所言，基于其儿时对贫富生活方式巨大差别的深刻体验，"出去目的很明确，就是为了回来创业"以改善个人生活境遇，为了实现个人回来创业的目标，他能动性地意识到"还是要出去打工，一个是可以积累一点经验，学一点东西回来。还有就是省一点钱"，最终通过打工积累经验和资金以接手别人加工厂的方式实现了个人的创业初衷。而如前文所述，Z 在打工之前即对个人家境与身为独子"以后父母都要靠我"的现实有比较清醒的认识，其一开始外出打工并没有清晰的返乡创业的念头与计划，但是随着时间的推移，他发现"工厂专政体制"下枯燥的工厂打工生活就长期来说并不适合自己。为此，他有意识地"经常跟老婆两个在一起琢磨想到底能回老家做点什么"，或者借助互联网寻找相关信息，"网上有介绍一些在外面打工的人回老家创业的报道，我就很有兴趣"，正是由于个人积极主动地寻求返乡创业的具体项目，他才发现了《致富经》里介绍的农家乐项目，并最终将该项目作为自己返乡创业的切入点。与 Z 类似，作为女性，S 外出打工一开始"稀里糊涂的什么叫创业我都不知道"，但由于在春节期间偶然参加了一个电子商务培训同时在串门的时候看到同事"他们两口子在吃风鸭"，看似偶然获得的创业项目其实最终能促使 S 返乡创业还在于 S 自身的能动性，有如 S 所说，通过参加培训"觉得好像也不是很难，以后有机会也可以做"，而发现风鸭受欢迎后觉得"我就想能不能在淘宝上开一个店？"由此可见，S 本身具有比较强烈的创业意愿。如 L 所言，"想到才能做到"，基于个人能动逻辑，如 L、Z、S 这样的新生代农民工没有消极等待生命事件的降临，他（她）们通过个人的能动性找到了合适的创业项目，并在发展机会驱动之下走上了返乡之路。

五　生命历程视角下新生代农民工的进城与返乡决策对农民工社
　　会政策调适的启示

对于宏观制度变迁层面的研究必须建立在作为微观层面的行为主体的分析和把握的基础之上。嵌入本研究主题,农民工社会政策体系的调适、建构必须建立对农民工个体的心理动机与实际行动有充分把握的基础之上。在本节内容中,课题组基于生命历程理论常用的转变、轨迹和持续等原理和概念同时,基于"过程的、动态的视角"来分析"被动返乡型"与"主动返乡型"新生代农民工个体流迁意愿转变的过程。生命历程视角下新生代农民工的进城与返乡决策对农民工社会政策调适有四个方面的启示,这四个启示可简要概述为"拎得清""出得去""过得好""回得来"。

(一)　拎得清

"拎得清",意指各级政府应当正视并且尊重新生代农民工流迁模式多元分化的现实。本课题组通过对龙岩市新罗区 WA 乡、三明市宁化县 SB 乡以及南平市下辖武夷山市 XC 镇共 20 名新生代农民工的深度访谈展示其流迁意愿转变的过程,以"过程的、动态的视角"表明在城市长期定居并非所有新生代农民工的共同选择。应该看到,在新型城镇化与实施乡村振兴的双重国家战略下,促进城乡要素双向自由流动已成各方共识,亦已成为国家政策的一部分。在不同的文件、通知中,"充分尊重群众自主定居意愿""必须尊重农民意愿""充分尊重农民意愿""坚持尊重群众意愿"等类似措辞的频繁出现表明,中央决策层已经敏锐捕捉到农民工流迁模式多元分化的现实并且正视、尊重这一现实。为此,在国家决策层面,一方面通过下发《国务院办公厅关于做好农民进城务工就业管理和服务工作的通知》《推动 1 亿非户籍人口在城市落户方案》等文件鼓励农民工进城就业的同时要求大多数城市放宽对农民工落户的限制;另一方面,通过《国务院办公厅关于支持农民工等人员返乡创业的意见》以及多部委《关于实施农民工等人员返乡创业培训五年行动计划(2016—2020 年)的通知》等文件的出台鼓励农民工返乡创业就业。在此背景下,人口流入地政府和人口流出地政府对于"在城市实现稳定就业"的同时"缴纳社保"的农民工群体去留态度上其实存在某种"竞合关系"。在亟待加强对流动人口协作管理的同时,对人口流入地政府而言,作为人的生产要素"实现稳定就业同时缴纳若干年社保"的农民工群体无疑是增强本区域经济竞争力所需要的。为此,流入地政府将该类农民工群体列为允许落户的重点政策对象。对农民工流出地政府而言,在城市务工期间具有一定资金、技术与各方面经验积累的农民工如果能返乡创业、就业无疑对促进乡村发展具有生力军的作用。如前文所述,新生代农民工群体的流迁模式呈多元分化之势,定居、返乡抑或循环流动都是新生代农民工个体根据自身实际情况做出的理性选择。因此,各级政府应该在正视并尊重其个人流迁意愿选择的同时,通过社会政策的调适让农民工社会保护体系更加完善,足以覆盖农民工的流迁全过程,同时,可覆盖其整个生命历程。

(二) 出得去

"出得去",意指人口流出地政府要积极创造条件促进新生代农民工外出务工的同时适应打工生活。在生命历程理论的视阈中,个人生命的不同阶段是相互关联的,个人生命前期的生活经历会对后期生活造成显著影响。换言之,上一阶段的生活质量对下一阶段有着非常重要的影响或决定作用。[1] 本课题组针对龙岩市新罗区 WA 乡、三明市宁化县 SB 乡以及南平市下辖武夷山市 XC 镇 56 名返乡农民工的深度访谈结果表明,提升务工者受教育水平特别是接受职业教育有助其提升外出务工就业质量。本课题组针对苏州、泉州、温州与东莞 2250 名新生代农民工的问卷调查数据亦证明良好的受教育水平往往与个人能力和收入水平相关,并最终体现在对未来生活的把控能力上。前述 Y、Z 与 J 三位新生代农民工在外出打工前都有接受过中等教育。其中,Y 在外出打工前就读普通高中,Z 外出打工前就读职业中专,而 J 在外出前则从技校辍学。三人后期的打工生涯及返回农村之后的表现都表明接受过职业中专教育的 Z 发展最为顺利。由此可见,流入地政府要积极加大对公共教育的投入,基于前馈控制理念与生命历程理论,流出地要突出抓好幼儿园、小学、中学以及中等职业教育,同时要抓好就业技能培训,切实提升农村剩余劳动力的素质。同时,各地尤其是

---

① 徐月宾、刘凤芹、张秀兰:《中国农村反贫困政策的反思》,《中国社会科学》2007 年第 3 期。

农民工密集流出地要根据本地现实，在初高中阶段普及"职业规划教育进课堂"活动，而中央财政应侧重对流出地人力资源培育与教育事业发展的转移支付力度。此外，在访谈中，我们了解到外出打工作为个人重要生命事件之一，其最初适应状况如何对其后续打工生涯有着重要影响。为此，流入地政府与企业要针对外来农民工特别是其中的新生代农民工开展心理辅导、引导培训与岗前培训，帮助其尽快适应从农民到工人，从求学者到工作者的轨迹转变。

（三）过得好

"过得好"，意即流出地与流入地政府要加强对"生命事件"的干预与介入完善农民工家庭的社会保护。基于生命事件逻辑，Y 与 J 这两位新生代农民工在外出打工期间先后经历了"结婚、生子、家人病故"等"被动型生命事件"。基于家庭收益逻辑，新生代农民工个体面临工作在城市而"养病""育儿""奉亲"在农村的现实，家庭发生变故后，其家庭收益结构发生了变化，返回家乡充当家庭"主心骨"更多承担起家庭照料责任成为不少新生代农民工做出返乡决策的重要动因。应该说，正是在多重"被动型生命事件"以及家庭收益最大化的综合考量之下，Y 与 J 被迫做出了"离城返乡"的决定。应当看到的是，现行社会政策体系对于普通中国家庭特别是流动人口家庭仍不够友好。有如 J 所言，其父亲"化疗了几次，家里前前后后花了快 10 万。因为是农村医保，报销得不多"。而从 Y 所述的亲情账来看，一方面"你常年在外面跑，家里老人家管不了，有个头疼脑热他们不跟你说，搞不好就弄出大事来了"，另一方面，"以前那样没有孩子还好，现在有孩子的，自己带着很麻烦，一整天都上班没空管。扔家里也麻烦"。从新生代农民工 Z 成功创业的经历来看，除了个人能动逻辑，其本身具有比较强烈的创业动机外，Z 比 Y 和 J 较为幸运的一点是，在其初次外出务工（2004 年）至返乡创业初获成功（2018 年）的十四年间其父母及家人身体均比较健康是一个不容忽视的重要因素。换言之，Z 较少受到"被动型生命事件"的负面影响。因此，如何通过农民工社会政策的调适，同时加强对该群体的人文关怀与心理辅导，构建起更为完善的农民工社会保护体系，对新生代农民工及其家庭加强应对"被动型生命事件"的能力至关重要。

（四）回得来

由 Z、L 以及 S 三人做出返乡决策的经历我们可以看到，新生代农民工之所以选择返乡创业有天时、地利与人和三个方面的原因。所谓"天时"指宏观政策背景，随着新农村建设和城镇化建设、农业现代化和新型工业化协调发展时代的到来，激发农村创新创业活力已经成为实施乡村振兴战略的重要抓手。2015 年《国务院办公厅关于支持农民工等人员返乡创业的意见》等政策文件的出台，对于有意返回农村创业的农民工群体无疑属于实质性利好。本次访谈中，Z 和 L 均是 2015 下半年返回家乡创业；而 S 则是 2016 年底返回 WA 镇创业。因此，流出地政府应当抓住各种契机对农民工及其留守家属展开返乡创业扶持政策、返乡创业典型人物的宣传，同时积极推介合适农民工返乡创业的具体项目，为农民工将来返乡创业种下种子。所谓"地利"指创业者创业地（亦是流出地）的政策、地理、人文以及资源环境要素。本次访谈中，S 之所以能返乡创业的两个关键要素都与地利有关，一是"乡里面有通知说有个电子商务的培训，想去听的都可以报名"，二是"我们老家这个风鸭有一百多年历史了，味道确实很好"。而 Z 之所以一直怀揣返乡创业梦想也是因为"自己老家的房子、田、茶山、空地都能用起来，他们做的这个我也可以干"这一地利优势。此外，接受深度访谈的 J 虽然没有创业，但是其收入来源中很重要的一块是茶叶，且"我主要摘的是老婆家的野生茶叶，很偏的山上。纯天然无污染的"，无疑也属于地利的产出之一。由此可见，流出地政府应当积极利用传统节日等农民工集中返乡期间加大当地民俗物产以及资源优势、电子商务技能、地方优惠返乡创业就业政策等方面的培训与宣传，让农民工明白在当地返乡创业就业的优势所在。所谓"人和"指基于个人能动逻辑，新生代农民工对自身命运和前途的能动思考对其返乡创业就业决策具有重要作用。综上所述，流出地应通过多种形式的创业、就业培训与宣传，积极创造条件促进新生代农民工返乡创业、就业。

在推动双向度城镇化的时代背景下，基于生命历程理论常用的转变、轨迹和持续等原理和概念，同时运用"过程的、动态的视角"来分析新生代农民工流迁意愿转变的过程，有助于我们进一步理解新生代农民工群体流迁模式呈多元分化的具体动因。在返乡新生代农民工群体中，有一部分是因为生活成本与家庭需要被迫回流，还有一些是因为发展机会与稳定生活需要主动返乡。基于生命历程理论，"家庭收益逻辑""生命事件逻辑""城乡推拉逻辑""个人能动逻辑"的有机组合可以比较好地解释异质性新生代农民工群体差异化的返乡决策。本节的研究有助于打破新生代农民工均希望在城市定居或长期生活的"刻板印象"。生命历程视角下新生代农民工的进城与返乡决策对农民工社会政策的调适有四点启示：一是拎得清；二是出得去；三是过得好；四是回得来。

第三章

多元流迁模式下新生代农民工群体
异质性的社会保护需求

第一节　新生代农民工群体的社会保护现状
——基于东南沿海四市的调查

基于发展型社会政策与生命周期理论，就业、职业安全与职业培训等具体社会保护项目对处于流迁状态中的新生代农民工群体具有特殊意义。此外，由于住房需求是人类生存和发展的最基本需求之一，系统考察新生代农民工群体在流入地城镇的住房保障状况对于掌握该群体的社会保护现状具有重要意义。因此，在对苏州、泉州、温州与东莞四地2250名新生代农民工群体社会保护现状的调查过程中，本课题组特别关注该"外地人、农村人与年轻人"群体的就业、职业安全、职业培训与住房保障情况。

一　新生代农民工群体就业方面的社会保护状况不容乐观

就业是民生之本。虽然许多学者认为，第一代农民工进城是为了"打工赚钱，回家盖房"，而新生代农民工则更多是为了"增长见识，拓展视野"。但笔者的前期研究表明，经济因素驱动仍然是新生代农民工群体进城打工的最重要原因。然而，作为一项"生存—问题"型的社会保护需求，新生代农民工群体在就业方面的社会保护状况并不乐观。

（一）新生代农民工群体的劳动强度大，劳动时间长

依据现行《劳动法》的第四章第三十六条之规定，劳动者每天工作时间应不多于 8 个小时，每周工作时间应少于 44 个小时。同时，用人单位应当确保劳动者每周能有 1 天休息时间。而国内许多学者的既有研究成果表明，农民工群体存在工作时间严重超长的问题。那么在社会公众刻板印象中"吃不了苦""比较自我""经常逃工"的新生代农民工群体在劳动时间上是否显著降低呢？有关对苏州、泉州、温州与东莞四地 2250 名新生代农民工调查数据的统计表明，在月休息时间方面，每月能休息 8 天及以上的新生代农民工仅有 266 人，占总数的 11.8%；每月休息时间为 4 天到 8 天的新生代农民工有 456 人，占总数的 20.3%；还有 50.4%（1134 人）的新生代农民工每月休息时间少于 4 天（含 4 天）。此外，还有 17.5%（394 人）的新生代农民工没有休息日。在月休息时间不容乐观的同时，在日平均工作时间方面同样如此。本次问卷数据显示，达到《劳动法》规定的每天工作时间少于 8 个小时的新生代农民工仅有 701 人，占总数的 31.2%；每天工作时间为 9 个到 10 个小时的有 1122 人，占样本总数的 49.9%；而每天工作时间为 11 个到 12 个小时的新生代农民工有 315 人，占总数的 14%。此外，还有 5% 左右的新生代农民工（112 人）每天工作时间 12 个小时以上。超长的日工作时间与有限的月休息时间表明在代际更替的情况下，农民工群体劳动强度大、时间长的现象仍然没有改变。

（二）新生代农民工群体的劳动合同签订率偏低，合法权益难以得到保障

如表 3-1 所示，对苏州、泉州、温州与东莞四地 2250 名新生代农民工调查数据的统计表明，本次调查中，有 1461 名新生代农民工已签订劳动合同，占被调查者总数的 64.9%；还有 35.1%（789 人）未签订任何形式的合同。而在未签订合同的 789 人中，有 361 人表示没有签订合同的原因是因为"企业未签"，有 194 人表示是"自己不愿意签"，剩余 234 人则表示没有想过要签订劳动合同这回事。当问及签订劳动合同是否有必要时，63.6% 的新生代农民工选择"有必要"，32.4% 的被访者选择"没有必要"，还有 4% 的人选择"不知道"。值得关注的是，本次调查中，认为签

订合同"有必要"的新生代农民工为 1431 人（63.6%），而实际签订合同的人数为 1461 人（64.9%），认为签合同有必要的比例低于有签订合同的比例，说明新生代农民工群体自身的权益保障意识亟待加强。经过与企业人力资源管理者以及选择"自己不愿意签"或"没想过这个事"的新生代农民工的访谈，我们了解到，从其自身角度来说，未签订劳动合同的原因主要有以下几点：首先，部分新生代农民工对劳动合同的重要性仍然了解不够，认为签了合同"束手束脚"要走的时候不方便；其次，有部分受访者是"旅游型"与"候鸟型"打工者，有签订劳动合同至少需要提前一个月通知公司方能办理离职手续，对他（她）们入职和离职不利；最后，在访谈中，我们了解到有部分新生代农民工是由于在务工的过程中经历过签订了合同而自身权益仍然没有得到保障的情况，因此认为"签了合同也没用"。自 2008 年 1 月 1 日至今，《劳动合同法》已经施行逾十年，然而，即便是被社会公众认为是"维权意识比较强"的新生代农民工群体的劳动合同签订率仍然有待提高。一旦发生劳动纠纷，未签订合同者的权益保障将难以得到保障。"建立劳动关系，应当订立书面劳动合同"的法律条文不能只停留在书面上。

　　一些员工对这个合同的理解不是很到位，只是说我让他签他就签，不签也可以。但是我们这里周围，还存在很多不签合同的情况。就是进来（企业）就上班，不做了就算工资。因为我们做得都是外贸的单，[1] 进来我就要跟他们讲解，签合同是必经之路。如果不做，提前一个月辞职就可以，我们可以给你算工资。还是有一些人，在签合同的时候会抱怨说，为什么这么复杂？这么麻烦？别人的厂都不用签合同，也不要签这么多（年）。他们不签大部分是因为要走的原因，怕公司不让他们走。还有就是怕麻烦，我们不仅签合同还要做人事档案，这个档案还关系到他们的家庭成员。很多员工在签的时候就会问，哦，为什么要填这些？我们会跟他（她）们解释，这份合同和这份人事登记表，存在公司这里，别人不会知道。万一碰到什么事情的

---

[1]　访谈中我们了解到许多外商对于生产企业的员工管理（如合同签订）、工作环境、员工福利等有比较细致严格的管控规定，在此背景下，许多以外销为主的企业的劳动合同签订率比较高。

时候可以找到你们家属。有的员工在签（合同）的时候总是会讲，为什么要签呢？我们要出去的时候会不会不让我们出去？我都会跟他们解释说，现在签了这个合同，如果说在这一周内，你们做不好，公司也是有权不选择你，有权让你们走。如果你们做得好，公司跟你们签两年。如果要提前离职，提前一个月辞职，公司也是所有的工资都会算好给你们。很多员工就是怕不算工资给他们或是为啥的（访谈记录：QZ—QYGL01—2018.4.30）。

表 3-1　苏州、温州、泉州、东莞四地新生代农民工劳动合同签订情况

单位：人

相关指标		N	%
签订劳动合同情况	已签订	1461	64.9
	未签订	789	35.1
没有签订劳动合同的具体原因是什么	企业不签	361	45.8
	自己不愿意签	194	24.6
	没有想过这个事	234	29.6
您个人认为是否有必要签订合同	有必要	1431	63.6
	没有必要	729	32.4
	不知道	90	4

资料来源：作者根据资料整理。

（三）新生代农民工群体在求职渠道有所拓宽的同时仍比较依赖原有社会网络

在本次调查中，就新生代农民工群体的求职渠道，共设置"亲友介绍""毕业分配或者校推""招聘类网站、App、微信等""自己闯""劳务市场或中介""政府的劳务输出"等选项。由于试调查中，我们注意到新生代农民工群体对于招聘类网站、App、微信、QQ 群等新媒体的喜爱和应用因此增加了"招聘类网站、App、微信等"的选项。通过对 2250 名新生代农民工调查数据的分析，如表 3-7 所示，不同流迁意愿的新生代农民工群体其最主要的求职渠道仍然是"亲友介绍"。其中，"定居型"亚群体通过"亲友介绍"方式求职的比例为 43.1%，而"循环型"亚群体较高，达

到 53.5%，"返乡型"亚群体通过"亲友介绍"求职的比例最高，达到 64.1%。这一数据显示，与第一代农民工类似，新生代农民工群体在求职的时候仍然比较依赖其原有的社会网络，这也说明地缘、血缘、业缘关系仍在根深蒂固地影响着该群体的社会交往。值得注意的是，选择"政府的劳务输出"方式求职的农民工数量很少，这说明新生代农民工更多的是自己主动外出，经由输出地政府组织而赴外地就业的农民工数量偏少，其具体原因仍有待加强考察。① 此外，在新生代农民工群体中，通过"劳务市场或者中介"找工作的比例也比较低，在访谈中，我们了解的主要原因有两个：一是在招聘信息传播方式日趋多元化的时代，劳务市场或者劳务中介的影响日渐式微；二是由于常有中介侵害农民工求职权益事件的发生，该群体间不断传播的诸如"中介很坑""黑中介费用很高""某某某又被中介骗了""中介介绍的工作不靠谱"等舆论与信息使得新生代农民工群体对通过这种方式求职持高度警惕的态度。此外，我们还发现，随着智能手机在新生代农民工群体中的普及，"招聘类网站、App、微信等"等便捷、免费的新媒体招聘方式成为新生代农民工求职的主渠道之一。其中，"定居型"新生代农民工有 22.2% 的人选择这一求职渠道，"循环型"亚群体则只有 14.9%，使用这一渠道比例最低的是"返乡型"亚群体，仅为 8.7%。

> 中介千万不能去。我就被骗过一次。介绍了一个电脑公司，说好了免车费和体检费，还包吃住，7 天就可以借支。还说是可以坐着上班，一日三餐免费。宿舍什么的有数字电视、冰箱、洗衣机、冷暖空调、独立卫生间，结了婚还有夫妻房。工资和福利什么的也还可以的。好家伙，交了中介费过去一看，条件根本没那么好。后来我就说不干了，想退中介费，那边就翻脸不认人了。真是花钱买教训。以后打死我也不走中介了（访谈记录：SZ—NMG04—2018.4.18）。

---

① 在新型城镇化与乡村振兴双重国家战略背景下，输出地政府如何开展"劳务输出"工作的决策是一个值得跟踪、调研的问题。换言之，在农民工总量增速放缓的背景下，输出地地方政府如何平衡鼓励农民工返乡创业与转移农村剩余劳动力之间的关系值得后续开展跟踪研究。

二　新生代农民工群体同样面临多方面的职业安全问题

有关工作环境规制的社会保护需求主要是指职业安全方面的保障问题。对苏州、泉州、温州与东莞四地2250名新生代农民工调查数据的统计表明，新生代农民工群体与第一代农民工群体一样，在工作中面临定期体检福利覆盖率有待提升、女员工孕期和哺乳期内特殊保护不足以及对有害身心健康的工作环境防护措施不到位等多方面的职业安全问题。

参见表3-2，本次调查数据显示，54.2%的新生代农民工（1219人）表示单位有定期安排他们进行身体检查，45.8%的调查对象（1031人）表示单位没有定期为他们进行身体健康检查。就"单位女性在孕期、哺乳期内是否享受特殊保护"这一问题，69.4%的新生代农民工（1561人）表示单位女性在孕期、哺乳期合法享有特殊保护，还有30.6%的受访者（689人）表示单位女同事在孕期、哺乳期没有享受到应有的特殊保护。当被问及"您所从事的工种、岗位是否有害身体健与心理健康"时，35.1%受访者（789人）的回答是肯定的，剩余的64.9%则表示所从事的工种和岗位并不影响身心健康。这说明还是有相当一部分新生代农民工在从事着有害身心健康的工作。

表3-2　苏州、温州、泉州、东莞四地新生代农民工职业安全现状

单位：人

相关指标		N	%
单位是否定期安排体检	有	1219	54.2
	无	1031	45.8
单位女性在孕期、哺乳期内是否享受特殊保护	是	1561	69.4
	否	689	30.6
您所从事的工种、岗位是否有害身体与心理健康	是	789	35.1
	否	1461	64.9
若存在有害环境，单位是否采取相应保护措施	保护措施比较完备	134	17
	采取了部分保护措施	359	45.5
	随便采取一些措施	165	20.9
	没采取任何防护措施	131	16.6

资料来源：作者根据资料整理。

　　那么面对这一社会保护需求，所在用人单位是否有为新生代农民工采取足够的防护措施呢？从本次调查的有效样本数据来看，当被问及"若存在有害环境，单位是否采取相应保护措施"时，从事有害身心健康工作的789名新生代农民工中，仅有134人（17%）表示"保护措施比较完备"，359人（45.5%）表示单位仅仅"采取了部分保护措施"，还有165名调查对象（20.9%）表示单位只是"随便采取一些措施"。此外，还有131名受访者（16.6%）表示面对有害工作环境"没采取任何防护措施"，这说明新生代农民工在工作中身心健康存在很大的安全隐患。从以上多个维度可以看出，生存型的问题取向政策对新生代农民工群体的社会保护力度明显不足。

三　新生代农民工群体的职业培训需求尚难得到满足

　　"发展-问题"型社会政策主要包括职业培训类社会政策、子女教育类社会政策、权益保护相关政策以及户籍政策等。以职业培训为例，课题组针对苏州、泉州、温州与东莞四地2250名新生代农民工调查数据的统计表明，在其流出地参加过培训的新生代农民工有594人，仅占该群体总数的26.4%。这个比例比我们的预期明显偏低。从我们针对流出地相关政府部门管理人员与新生代农民工群体的访谈得知，其可能原因有供需两个方面：从供给方面看，流出地政府针对外出务工人口的培训工作力度有待加强。从需求方面看，许多新生代农民工在访谈中表示对培训和学习有比较高的热情与参与意愿，但是并不知道在其流出地有哪些具体的培训项目可以参加。当然，不容忽视的是，也有一部分新生代农民工从思想上对培训的重要性认识不足。值得注意的是，初次外出时间越短则参加过输出地各类培训新生代农民工的比例越高。初次外出打工时间在1年之内的164名新生代农民工参加输出地培训的有61人，占总数的37.2%。就此，我们认为2014年是一个分水岭。当年，《国务院关于进一步做好为农民工服务工作的意见》（国发〔2014〕40号）颁布实施，该意见明确指出，要通过"建立健全考核评估机制"，督促输入地和输出地政府努力"实施农民工职业技能提升计划"。

表 3-3　苏州、温州、泉州、东莞四地新生代农民工在流入地接受培训情况

单位：%

指标	N	%
接受培训情况		
本单位组织的培训	658	29.2
政府部门组织培训	135	6
自己个人报名培训	455	20.2
未参加过任何培训	1248	55.5
接受培训次数		
0 次	1248	55.5
1~2 次	456	20.3
3~4 次	348	15.5
5 次及以上	198	8.7
参加过的培训主题		
与工作直接相关	538	53.7
个人技能素质提升	464	46.3

资料来源：作者根据资料整理。

　　从我们县的情况看，虽然略有回流，这几年农民外出务工的势头一直没有减下来。去年县里面统计过，外出务工的农民接受超过 15 天正规培训的人数很少，我们觉得原因主要包括三个方面：一是农民工，包括其中的年轻人，对技能培训的重要性认识不够。不少人，人虽然年轻，但是观念比较保守，视野不够宽，从思想和行动上对培训不够重视，让他们去培训请都请不来。二是培训本身还是缺乏吸引力，在内容设计上，很多培训内容还是搞一些种植、养殖技术，实际上县里很多农民是要外出打工的，他们更需要的是能和外面企业接轨的实用性技术；三是老大难的问题，针对农民工这个群体的技能培训资金还是不够用（访谈记录：LY10-WZQ-2018.06.18）。

　　如表 3-3 所示，本次调查中，到苏州、泉州、温州和东莞后仍然没有在流入地接受过培训的新生代农民工有 1248 人，占总数的 55.5%。有

44.5%的新生代农民工（1002 人）在此四地接受过各类培训。在接受过培训的新生代农民工群体中，参加本单位组织的培训的人数为 658 人，占被调查对象 2250 人这一总数的 29.2%；接受政府部门组织培训的农民工有 135 人，仅占总数的 6%，此外，还有 455 人（20.2%）自己个人报名[①]参加培训。在接受过培训的 1002 人中，参加过 1~2 次培训的新生代农民工有 456 人；参加过 3~4 次培训的新生代农民工有 348 人；而参加过 5 次及以上培训的则只有 198 人。

由此可知，政府相关部门组织的培训仍然偏少，大多数培训是企业自行组织的和个人自己报名参加的，而且从培训次数上看仍然偏少。为了解新生代农民工参与培训的主观意愿，我们在问卷中设置了"您会考虑参加各类有助提升个人技能或者素质的培训项目吗？"2250 名新生代农民工中，有 81.6%的受访者（1836 人）表示愿意参加。问及不愿意参加培训的具体原因，选择不愿意参加培训的 414 名新生代农民工中，有 29.5%的受访者（124 人）表示"工作忙，没有时间"；有 14%的被调查者（58 人）认为"培训费很贵"而不愿意参加。值得注意的是，经过深度访谈，我们发现许多新生代农民工在培训内容和培训方式上有一定的要求。本次调查中，有 24.2%的新生代农民工（89 人）认为，之所以不参加培训是因为"培训都是填鸭式的很无聊"，还有 20.8%的调查对象（85 人）指出不参加的原因是"培训内容不是我需要的"。此外，有 12.1%的调查对象（50 人）则表示"目前的技能已经足够，没必要参加"，剩余的 8 人则是由于其他方面的原因选择不参加培训。

> 我为什么不爱培训？主要是没时间。早上工作 4 个小时，下午工作 4 个小时，晚上还工作 3 个小时，加起来一天基本上要 11 个小时。不加班是不行的，才 2000 块钱过都过不下去。一个月休息两天，你不会叫我这两天去培训吧？还有就是公司那个培训经理很无聊的，整天

---

① 在试调查中，我们发现不少农民工不同程度参加了"基于手机的移动学习系统方式"的学习。因此，本次调查中，将"基于手机的移动学习系统方式"（包括网络直播课程、在线网课等）纳入"自己个人报名培训"范畴之内。本次调查中，采取"自己个人报名参加培训"的 455 人中，有 121 人参加"基于手机的移动学习系统方式"的培训，占该类培训组织方式的 26.6%。也正因如此，本次调查数据中"自己个人报名参加培训"的比例较高。

要不就是讲公司制度，这个不能做，那个不能做，这个罚款，那个罚款，唠叨来唠叨去，烦死人了。要不就是照本宣科讲什么 5S 管理，基本上是在念书，照他这样子讲，还不如我自己看书更快。还有就是讲的东西基本上只有在这个企业有用，什么公司规章制度，企业文化，机器的维护、保养和使用什么的。换了一个公司，学的很多东西都用不上。我以后是想回去的，还是想学一点实用的技术，比如能让我考个资格证能加工资的，或者说怎么开淘宝、微店把东西卖出去的。在公司这些都不可能教给你的（访谈记录：WZ—NMG01—2018.5.12）。

四　新生代农民工群体尚难以进入流入地城镇主流住房保障体系

（一）新生代农民工群体的居住方式以"住单位宿舍"与"租赁房屋"为主

与朱宇及其研究团队 2008 年针对福州、厦门、泉州三地流动人口群体住房状况的研究结果类似，本课题组对苏州、温州、泉州、东莞四市 2250 名新生代农民工调查问卷的数据表明，"住单位宿舍"与"租赁房屋"仍然是新生代农民工解决个人住房问题的主要方式。在 2250 名调查对象中，"住单位宿舍"的新生代农民工共有 1136 人，占样本总数的 50.5%；选择以"租赁房屋"的方式解决住房问题的新生代农民工则有 829 人，比例为 36.8%；以"亲朋提供"方式解决在流入地城镇居住问题的新生代农民工仅有 28 人；在 2250 名新生代农民工中，"自购住房"者仅有 110 人，仅占调查对象的 4.9%。此外，还有 147 名新生代农民工的住房获取方式为"其他"，[①] 占总数的 6.5%。由此可见，新生代农民工群体的居住方式以"住单位宿舍"与"租赁房屋"为主，两者共计 1965 人，占总数的 87.3%。而以"亲朋提供""自购住房"这两种有助于该群体融入流入地城市社会的方式解决居住问题的新生代农民工则非常稀少。

经过与新生代农民工群体的访谈，我们得知该群体很难通过购买限价

---

① 此开放式问题的回答主要集中在"自己搭建棚屋""住旅馆里""睡大街上""住在车里""在肯德基和麦当劳过夜""住在船上""住在公厕边上""住在墓园里"等。

房与经济适用房、租赁廉租房等方式来解决在流入地的住房保障问题，其主要原因在于许多城市的住房保障体系仍与城镇户口紧密挂钩。但本课题组的研究表明，对（新生代）农民工群体而言，城市户口的吸引力正不断降低，而农村户籍的含金量则不断提高。与第一代农民工类似，许多新生代农民工由于考虑到农村户籍（土地）隐含着的宅基地、集体经济分红、土地承包权等"农村户籍福利"而不愿意获得城镇户籍，[①]"落地未生根"成为新生代农民工群体在流入地城镇的真实居住与生活状态。

> 咱是在制达[②]打工好几年，家里是四口人。我，婆娘，娃是大的，在外面读书，还有个女子就在这里念。现在租在工厂附近，民房，两个房间，主要厂子就在跟前，方便上班。也想过申请廉租房，到处打听要怎么办？一个乡党好心帮着去问了，说制达有廉租房和政策性房[③]可以去填表。但是要有好几个条件，廉租房第一个就是要有制达地方的城镇户口，还要住五年以上，家庭每个人收入不能超过七千五百，肯定不成，咱没有（制达）户口，咱也不会考虑这个（指落户到流入地城镇），老家的地咋办？现在城里的户口我看还没有农村的户口好嘞，咱转成城里户口好像也没什么用，都一样，老家里地都没了，不合算。还有就是工资也超过了。政策性房听说工资收入条件没那么严格，咱这种外面来打工的交社保八年以上也能申请，咱明年就满八年了，但是又说要有中级职称，咱就一个普通打工的，去哪里可以弄制达职称（访谈记录：QZ—NMG04—2018.4.30）。

（二）新生代农民工群体的居住条件相对较差

借鉴李祥德（2008）对于福州、厦门、泉州三地流动人口居住条件的评价指标，本课题组同样使用"人均使用面积"与"住房质量指数指标"

---

①　随着户籍制度的改革，在针对国有企事业单位职员群体的访谈中，我们还了解到一个颇为类似的现象：由于许多城市人事主管部门对于新招录的公务员与事业单位职员不再要求转移户籍，许多原籍在老家农村的新招录公务员与事业单位职员选择将户籍保留在老家农村。
②　意为这里。
③　指的是政策性租赁房。

两个具体指标来评价苏州、温州、泉州、东莞四市新生代农民工群体的居住条件。如图 3-1 所示，"人均使用面积"指包括居住空间、厨房、卫生间等设施在内合计所占空间的人均值，该指标经常被国内学者用来衡量人口的住房状况；"住房质量指数指标"则是综合考虑了房屋在"电/液化气、自来水、住房用途、厨房、厕所、洗澡设施"六个方面的定性描述进而形成该指数指标（$Y = \Sigma Xi/9$）。

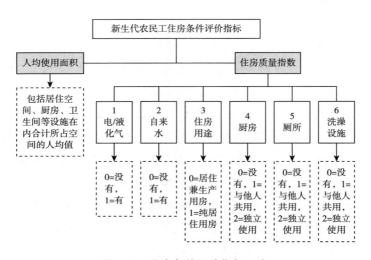

图 3-1　住房条件评价指标示意

资料来源：作者根据资料整理。

苏州、温州、泉州、东莞四市 2250 名新生代农民工的调查数据显示，本次调查中该群体"人均使用面积"为 16.01 平方米，[①]"住房质量指数"为 0.65。与流入地城镇居民相比，新生代农民工群体的住房条件普遍较差，主要表现为：住房面积较小，住房质量偏低，房屋内的基本生活设施不够完善。在访谈的过程中，我们发现许多新生代农民工倾向于选择群租房的方式解决住房问题，而这类群租房往往集中于城乡接合部附近的大规模工地、劳务市场的附近，这些新生代农民工的聚集地往往生活环境较差，安全性令人堪忧。

---

① 2018 年，城镇居民人均住房建筑面积 39 平方米。

我在这住了几年，比较要命的是没有独立卫生间。一起群租的一共十七八个人一起用一个厕所，每天早晚都要排很长队。我们这里冬天还是很冷的，好在有装热水器，但是这个楼总共只有两个热水器，很多人洗完澡忘记把插头拔掉，插座被烧过很多次。这个地方还有一个不好的地方就是房子实在太旧了，管线老化很严重，经常停水停电，水槽也堵得要死，加上通风不好，经常有臭味飘出来。我也不想住这里，但是没办法，窝在这里主要是比较便宜，离工厂也近（访谈记录：SZ—NMG05—2018.4.20）。

（三）新生代农民工群体的住房满意度相对较高

与流入地城镇的本地居民相比，新生代农民工的住房条件普遍较差。但令本课题组成员颇为诧异的是，对苏州、温州、泉州、东莞四市 2250 名新生代农民工调查问卷的数据表明，该群体的住房满意度相对较高。如表3-4 所示，课题组针对四地的调查数据显示，2250 名新生代农民工中对流入地住房条件"很满意""比较满意"的共有 764 人，占调查对象总数的33.9%，而对住房条件的满意度为"一般"的占 34.3%。此外，有 22.1%的调查对象表示对流入地住房条件感到"不满意"，仅有 9.7% 的调查对象对流入地住房条件感到"非常不满意"。

表 3-4　苏州、温州、泉州、东莞四地新生代农民工对住房条件的满意度

单位：人

	很满意	比较满意	一般	不满意	非常不满意
N	208	556	772	496	218
%	9.2	24.7	34.3	22.1	9.7

资料来源：作者根据资料整理。

经过与新生代农民工群体的访谈与课题组讨论，我们认为，在住房条件普遍较差的情况下，新生代农民工群体之所以对流入地城镇住房满意度相对较高有两个方面的因素：第一，是需求层面的因素。与第一代农民工群体相类似，新生代农民工群体在务工地选择住房时主要考虑的因素在于是否方便他们上下班，相对而言，住房的条件和面积等"舒适性因素"不

是该群体在选择住房时的主要考量因素。如表 3-5 所示，有高达 44.7% 的调查对象（1006 人）表示，他们在务工地选择住房时的主要考虑因素是"方便上下班"，而有 30.6% 的调查对象（688 人）则比较关注"住房条件（面积）"，此外有 20.2% 的受访者（455 人）解决个人在流入地城镇住房方式时比较关注房租的高低。在本次调查中，将"子女教育"作为选房因素的新生代农民工仅占调查对象的 4.5%。而苏州、温州、泉州、东莞四市的调查问卷数据表明，"住单位宿舍"与"租赁房屋"是新生代农民工群体解决个人住房问题的主要方式。而这两种住房方式恰恰较好地满足了该群体"方便上下班"的核心利益诉求。

表 3-5　苏州、温州、泉州、东莞四地新生代农民工在务工地
选择住房时的主要考虑因素

单位：人

考虑因素	N	%
方便上下班	1006	44.7
房租	455	20.2
住房条件（面积）	688	30.6
子女教育	101	4.5
合计	2250	100

资料来源：作者根据资料整理。

第二，是参照体系的因素。经过本课题组成员的深入访谈，我们发现，在衡量自身对流入地城镇住房条件满意度时，新生代农民工群体倾向于将自己的住房条件与同类群体相比较。换言之，他们没有将参照对象位移到流入地城镇居民群体。相对而言，新生代农民工群体内部的住房条件差别不多，因此他们的相对剥夺感较弱，这也导致他们在实际住房条件较差的同时却有着较高的住房满意度。

第二节　"生存—问题"型社会保护需求的异质性

新生代农民工进入城市后首要考虑的问题就是要解决就业问题。只有

解决了就业，接下来才能抽身考虑选择住房类型，考虑是否在打工地城市定居，是否参加社会保险，参加何种社会保险，等等。如前文所述，许多有关新生代农民工群体的研究有一个共同的不足之处在于将新生代农民工看作一个均质化的整体。但其实该群体已经在内部发生了分化，不同的划分标准之下的亚群体在许多方面表现出异质性特征。有如，该群体可以基于其流迁模式的分化划分为"定居型"新生代农民工、"返乡型"新生代农民工与"循环型"新生代农民工。基于就业政策的重要性与独特性考量，我们试图通过对苏州、泉州、温州与东莞四地 2250 名新生代农民工调查数据展开分析，辨析不同流迁意愿下新生代农民工群体异质性的就业特征。进而言之，如果本研究发现不同流迁意愿的新生代农民工亚群体所面临的就业问题存在差异性，那么其对于细分就业社会政策的需求必然是异质性的，继而后续与农民工相关就业社会政策的调适就必须充分考虑到该群体流迁模式多元分化的现实。

一　多元流迁模式下新生代农民工群体就业层次的异质性

对苏州、泉州、温州与东莞四地 2250 名新生代农民工调查数据的分析表明，"定居型"新生代农民工、"返乡型"新生代农民工与"循环型"新生代农民工的职业构成有所不同。如表 3-6 所示，在 2250 名新生代农民工群体中，从事"制造业工人"职业的总人数是 1316 人，占 58.5%。① 其中，"循环型"新生代农民工中有 453 人从事该职业，占该亚群体总数的 67.7%，是三个亚群体中最高的；"返乡型"新生代农民工中有 454 人从事该职业，占该亚群体总数的 58.4%；而"定居型"新生代农民工中从事该职业的人数为 409 人，比例仅为 50.9%，是三个亚群体中从事该职业比例最低的。与此相对应的是，从事公司管理人员、销售、企业文职人员等相对需要较高文化水平和综合素质的岗位从业者中，"定居型"新生代农民工从业的比例比"返乡型"与"循环型"均高出不少。这表明，"定居型"新生代农民工群体在流入地所从事的职业层次较高。进一步言之，

① 这一比例明显高于笔者的人数，其原因可能是调研地点的选择问题。因为苏州、泉州、温州与东莞皆是制造业相对发达的区域，在此四地的乡-城流动人口也更多在制造业就业。

如果能通过各种培训提升新生代农民工的综合素质，则有利于提高他们的就业层次，将最终有助于他们在流入地定居。①

表 3-6　多元流迁模式下新生代农民工群体从事制造业工人职业的比例

单位：人

	N	%
"定居型" 新生代农民工（N＝803）	409	50.9
"返乡型" 新生代农民工（N＝778）	454	58.4
"循环型" 新生代农民工（N＝669）	453	67.7

资料来源：作者根据资料整理。

二　多元流迁模式下新生代农民工群体求职渠道的异质性

如表 3-7 所示，不同流迁意愿的新生代农民工亚群体中，"定居型"新生代农民工群体通过"亲友介绍"成功求职的比例最低，他们比较多地通过"毕业分配或者学校推荐""招聘类网站、App、微信等"方式求职。而"返乡型"亚群体较多地通过"亲友介绍"的途径找工作，相对而言，他们使用"招聘类网站、App、微信等"与"毕业分配或者学校推荐"求职渠道的比例最低。"循环型"新生代农民工选择上述两类求职渠道的比例在三类新生代农民工群体中少于"定居型"但明显多于"返乡型"。由以上分析结合笔者对于新生代农民工的访谈得知，受教育程度越高、综合素质越强的"定居型"新生代农民工群体越倾向于通过正式的市场途径获得新工作，同时他们对于通过互联网与新媒体找工作的接受程度和使用能力上均强于"返乡型"与"循环型"亚群体。

---

① 对于新生代农民工群体的流迁意愿，本研究的一个基本价值判断是，应当秉承"来去自由"的原则。事实上，通过培训提升该群体综合素质不仅有助于他们在流入地定居，当他（她）们做出返乡决策时亦有助于其在家乡就业、创业。

　　我是在诸暨读的技校，我们学校有搞实习就业基地。前两年是在学校里读书和练操作，第三年开始我们就到企业实习了。毕业了自然就留在那个企业。做了几年还不错，后来因为结婚，要多赚钱，想过来温州找机会看看。当时是在当地的温州人力资源网、温州人才网浏览了几天，还在前程无忧也看了，我老婆还帮我下了"民工巢"App什么的，上面也有一些机会。我发现网络还是好的，不用走中介，直接投了几份简历，就电话通知面试了。最后是选了现在这个企业，做产品检验。之所以过来，是因为公司说这个岗位是部门的重点培养对象，根据个人表现，好的话两年就可以转岗成为助理工程师（访谈记录：WZ—NMG02—2018.5.12）。

表 3-7　多元流迁模式下新生代农民工群体的求职渠道

单位：%，人

	亲友介绍	毕业分配或者学校推荐	招聘类网站、App、微信等	自己闯	劳务市场或中介	政府的劳务输出	合计
"定居型"新生代农民工（N＝803）	43.1（N＝346）	13.8（N＝111）	22.2（N＝178）	13.7（N＝110）	5.7（N＝46）	1.5（N＝12）	100
"返乡型"新生代农民工（N＝778）	64.1（N＝499）	5（N＝39）	8.7（N＝68）	15（N＝117）	6.3（N＝49）	0.8（N＝6）	100
"循环型"新生代农民工（N＝669）	53.5（N＝358）	8.8（N＝59）	14.9（N＝100）	13.8（N＝92）	7.6（N＝51）	1.4（N＝9）	100

资料来源：作者根据资料整理。

三　多元流迁模式下新生代农民工群体更换工作频率的异质性

　　如前文所述，对苏州、泉州、温州与东莞四地 2250 名新生代农民工调查数据的统计表明，仅有 12% 的受访新生代农民工没有更换过工作，34.1% 的调查对象更换过一次工作，22.3% 的调查对象更换过两次工作，

16.3%的调查对象更换过三次工作，15.3%的调查对象更换过四次及以上的工作。这一高流动现象说明，新生代农民工群体的工作稳定性较低，这一结果与许多学者的既有研究结论是一致的。就不同流迁意愿流动人口更换工作的频率，谢维和（1998）、韦小丽与朱宇（2008）均曾指出，囿于社会阅历、技术以及社会资本存量，外出年限较短的农民工更换工作的频率较低。以外出务工时间在5年内的农民工数量作为不同亚群体间比较的指标，本次调查数据显示，"返乡型"新生代农民工中外出务工时间在5年内的占49.7%，而"返乡型"新生代农民工亚群体中外出务工时间在5年以内的比例为49.1%，两者比例相差不大。但本次调查的统计结果显示，"返乡型"新生代农民工更换工作的频率明显高于"定居型"新生代农民工群体。其原因仍然可以追溯到"返乡型"新生代农民工到流入地打工的根本目标上，意即此"经济驱动型"亚群体外出务工的根本目的是挣钱。在此清晰的目标驱使之下，一旦拥有了可以再次进行跳槽的资本（技术、经验和社会资本积累），他（她）们会倾向于跳槽到待遇更高的企业去，因此该群体更换工作的频率比较高。本次调查数据显示，在跳槽后有56%的新生代农民工（1260人）实现了加薪的目标。但在技术等级方面，仅有14.9%的被调查者（337人）表示得到了提升。此外，还有13.2%的调查对象（297人）在薪酬提升、技能提高以及个人发展前景方面均无任何进展。这一调查结果与清华大学社会学系2012年发布的《农民工"短工化"就业趋势报告》的相关结论相类似。

四 多元流迁模式下新生代农民工群体工资报酬水平的异质性

如表3-8所示，多元流迁模式下，苏州、泉州、温州与东莞四地新生代农民工群体的工资报酬水平呈现出明显的异质性特征。在月收入高于5000元的409名相对"高收入"[①] 新生代农民工中，"定居型"新生代农民工占比高达60.6%（248人），"循环型"新生代农民工则只占该高收入群体总数的19.8%（81人），而"返乡型"新生代农民工更仅占19.6%（80人）。

---

① 根据国家统计局公布的《2018年农民工监测调查报告》，2018年农民工月均收入为3721元，其中外出务工农民工稍高一些，达到4107元。同期，在东部就业的农民工月均收入为3955元。

表 3-8　多元流迁模式下新生代农民工群体的工资报酬水平

单位：%，人

		"定居型" 新生代农民工 （N=803）	"循环型" 新生代农民工 （N=669）	"返乡型" 新生代农民工 （N=778）	合计
月收入	2000 元以下（N=21）	28.6（N=6）	33.3（N=7）	38.1（N=8）	100
	2000~3000 元（N=378）	23.3（N=88）	44.2（N=167）	32.5（N=123）	100
	3000~4000 元（N=674）	26.6（N=179）	37.7（N=254）	35.7（N=241）	100
	4000~5000 元（N=768）	36.7（N=282）	20.8（N=160）	42.5（N=326）	100
	5000 元以上（N=409）	60.6（N=248）	19.8（N=81）	19.6（N=80）	100

资料来源：作者根据资料整理。

由此可见，在月收入达到个人所得税起征点（5000 元/月）[①] 的新生代农民工群体中，"定居型"新生代农民工群体比例过半，其主要原因在于"定居型"群体更多从事公司管理人员、销售、企业文职人员等相对需要较高文化水平和综合素质的岗位，他们的职业稳定性较强、职业技能水平较高。比较高的就业层次决定了该农民工亚群体能达到相对较高的收入水平，进而又会显著影响到他们的流迁意愿。

值得注意的是，月收入处于 4000 元至 5000 元之间的 768 名新生代农民工中，"定居型"群体占 36.7%，"循环型"群体占 20.8%，而"返乡型"群体的占比则高达 42.5%。这一比例与本课题组的预测值有所出入，体现在"返乡型"群体占比高于"循环型"群体与"定居型"群体，特别是"循环型"群体占比明显偏低。经过本课题组讨论，我们认为其最主要的原因在于不同流迁意愿新生代农民工群体在工作时长上存在显著差异。如前文所述，在本课题组针对东南沿海四地的调查中，日工作时间超过 11 个小时的调查对象中，"返乡型"新生代农民工占比高达 44.3%，没有休息日的调查对象中"返乡型"新生代农民工占总数的 45.2%。进而言之，"返乡型"新生代农民工群体进城务工更多是基于"经济驱动"，他们更倾向于用更多的时间去加班赚钱，以实现其尽快多赚钱的目标。正因为该农民工亚群体倾向于通过超时加班赚取"血汗钱"，在月收入 4000 元至 5000

[①] 我国于 2018 年 10 月 1 日起实施最新起征点和税率，修改后的《个人所得税法》规定个税起征点为每月 5000 元。

元之间的新生代农民工群体中，"返乡型"群体则占比最高。也正因如此，在 2000~3000 元与 3000~4000 元这两个收入水平相对度较低的组中，"返乡型"新生代农民工群体的比重均低于"循环型"新生代农民工群体。

五 多元流迁模式下新生代农民工群体在外务工时间的异质性

如表 3-9 所示，在"定居型"新生代农民工群体、"返乡型"新生代农民工群体与"循环型"新生代农民工群体中，在外务工时间在 6 个月到 1 年之间的新生代农民工占各自群体的比例分别为 6.2%、7.8% 与 7.9%，比重差别不大。

表 3-9 多元流迁模式下新生代农民工群体在外务工时间的异质性

单位：%，人

	6 个月~1 年	1~5 年	5~10 年	10 年以上	合计
"定居型"新生代农民工（N = 803）	6.2（N = 50）	43.5（N = 349）	33.6（N = 270）	16.7（N = 134）	100
"返乡型"新生代农民工（N = 778）	7.8（N = 61）	41.3（N = 321）	34.4（N = 268）	16.5（N = 128）	100
"循环型"新生代农民工（N = 669）	7.9（N = 53）	52.2（N = 349）	28.1（N = 188）	11.8（N = 79）	100
合计	164	1019	726	341	

资料来源：作者根据资料整理。

但是在外务工时间为 1~5 年的"循环型"新生代农民工占"循环型"群体的比重高达 52.2%，这一比例是三个亚群体中最高的。相对而言，在外务工时间为 1~5 年的"返乡型"新生代农民工占"返乡型"群体的比重为 41.3%，而在外务工时间为 1~5 年的"定居型"新生代农民工占"定居型"群体的比重为 43.5%。反之，在外务工时间超过 5 年的"资深"新生代农民工群体中，"循环型"新生代农民工群体的相对比重是最低的。同时，在外务工时间为 5~10 年的"循环型"新生代农民工占"循环型"群体的比重仅为 28.1%。与此相应的是，在外务工时间为 5~10 年的"定居型"新生代农民工占"定居型"群体的比重为 33.6%。而在外务工时间为 5~10 年的"返乡型"新生代农民工占"定居型"群体的比重则达到 34.4%。此外，在外务工时间超过 10 年的新生代农民工群体共有 341 人，其中在外务工时间超过 10 年的"循环型"新生代农民工有 79 人，仅占该细分群体总数的 11.8%；在外务工时间超过 10 年的"返乡型"新生代农民工有 128 人，占该细分群体总数的 16.5%；而在外务工时间超过 10 年的"定居型"新生代农民工有 134 人，仅占该细分群体总数的 16.7%。

第三节　"生存—福利" 型社会保护需求的异质性

如前文所述，新生代农民工群体并非均质化的整体，其内部已经出现了多元分化。有如，根据其流迁意愿的不同，可以将该群体细分为"定居型"新生代农民工亚群体、"返乡型"新生代农民工亚群体以及"循环型"新生代农民工亚群体。社会保险是社会保障体系的重要组成部分，由于对该庞大群体内部异质性认识不足，因此国内学者对于多元流迁模式下不同流迁意愿新生代农民工群体社会保险需求异质性的研究仍不够深入。本课题组通过对苏州、泉州、温州与东莞四地 2250 名新生代农民工的相关调查数据进行分析，得出多元流迁模式下新生代农民工群体社会保险参保情况以及需求状况的若干观点。

一　多元流迁模式下新生代农民工群体流入地城镇各类社会保险
　　项目参保率的异质性

为比较多元流迁模式下新生代农民工群体流入地城镇各类社会保险项目的参保率情况的异质性，在调查问卷设计上，我们将"养老保险"限定为"城镇职工基本养老保险"，不考虑新老农民工参加城乡居民基本社会养老保险的情况。同时，将"医疗保险"限定为"城镇职工基本医疗保险"，而不考虑该群体参加"城乡居民基本医疗保险"的情况。作为产业工人队伍的重要组成部分，新生代农民工群体还必须参加工伤保险，而失业保险则采取自愿的原则参保。

如表 3-10 所示，对苏州、泉州、温州与东莞四地 2250 名新生代农民工的调查数据表明，不同流迁意愿新生代农民工群体在流入地城镇各类社会保险项目参保率的异质性明显。其中，在 803 名"定居型"新生代农民工中，参加城镇职工基本养老保险的有 50.1%（402 人），而 778 名"返乡型"新生代农民工中则只有 40.9% 的受访者（318 人）表示有参保该险种。此外，669 名"循环型"新生代农民工中只有 43.4% 的调查对象（288 人）表示参加了城镇职工基本养老保险。此四市 2250 名新生代农民工中，合计有 1008 人参加参加了城镇职工基本养老保险，占样本总数的 44.8%。就多元流迁模式下新生代农民工群体城镇职工基本医疗保险的参保率，本次调查数据统计表明，803 名"定居型"新生代农民工中有 47.9% 的受访者（385 人）参保了该险种；778 名"返乡型"新生代农民工中仅有 36% 的受访者（280 人）参保了城镇职工基本医疗保险。此外，669 名"循环型"新生代农民工中参保了城镇职工基本医疗保险的调查对象合计 273 人，占该群体总数的 40.8%。本次调查中，2250 名新生代农民工中参保该险种的总人数为 938 人，占总量的 41.7%。就不同流迁模式下新生代农民工群体失业保险的参保率而言，2250 名新生代农民工中有 672 人参加了失业保险，参保率为 29.9%。其中，在 803 名"定居型"新生代农民工群体中有 37.2%（299 人）参加了失业保险，而 778 名"返乡型"新生代农民工中有 24.8%（193 人）参加了该保险。此外，669 名"循环型"新生代农民工中有 26.9%（180 人）参加了失业保险。就工伤保险而言，2250 名新生代农民工中有 1344 人参加了工伤保险，参保率为 59.7%。其中，在 803 名"定居型"新生代农民工群体中有 64.6%（519 人）参加了工伤保险，而 778 名"返乡型"新生代农民工中有 54.6%（425 人）参加了工伤保险。此外，669 名"循环型"新生代农民工中有 59.8%（400 人）参加了工伤保险。

表 3-10　多元流迁模式下新生代农民工群体流入地城镇各社会保险项目的参保率

单位：%，人

	城镇职工基本养老保险	城镇职工基本医疗保险	失业保险	工伤保险
"定居型"新生代农民工（N=803）	50.1（N=402）	47.9（N=385）	37.2（N=299）	64.6（N=519）

续表

	城镇职工基本养老保险	城镇职工基本医疗保险	失业保险	工伤保险
"返乡型"新生代农民工（N＝778）	40.9（N＝318）	36（N＝280）	24.8（N＝193）	54.6（N＝425）
"循环型"新生代农民工（N＝669）	43.4（N＝288）	40.8（N＝273）	26.9（N＝180）	59.8（N＝400）
合计（N＝2250）	44.8（N＝1008）	41.7（N＝938）	29.9（N＝672）	59.7（N＝1344）

资料来源：作者根据资料整理。

如表 3-10 所示，本次调查中，"定居型"新生代农民工群体、"循环型"新生代农民工群体以及"返乡型"新生代农民工群体在流入地城镇各社会保险项目的参保率从高到低的顺序均为"工伤保险、城镇职工基本养老保险、城镇职工基本医疗保险、失业保险"。在多元流迁模式下，"定居型"新生代农民工群体各险种的参保率均是最高的，"返乡型"新生代农民工群体各险种的参保率均是最低的，而"循环型"新生代农民工群体参加各险种的比例均居中。结合深度访谈，我们认为其具体原因主要有三点：其一，"定居型"新生代农民工的工作相对较稳定，且该类型新生代农民工多在正规企业工作。相对灵活就业与非正式就业性质的工作，正规企业与稳定的工作往往意味着较高的社会保险参保率；其二，"返乡型"新生代农民工的最终流向是返回家乡农村，而流入地基于城镇工作、生活需求特点设计的城镇社会保险对"返乡型"新生代农民工群体来说吸引力不足；[①] 其三，"循环型"新生代农民工处于"流而不迁"的状态之中，因此该群体的参保率往往高于"返乡型"亚群体而低于"定居型"亚群体。

我们这里"80 后""90 后"年轻人养老（保险）和医疗（保

[①] 就该判断的一个辅佐事实是，本次问卷调查数据显示"返乡型"新生代农民工群体在家乡农村参加城乡居民基本养老保险和城乡居民基本医疗保险的比例在三个细分亚群体中是最高的。

险）的参保率会低，从我这几年的观察来看主要是以下几个方面原因，从员工来看他们有自己的难处和个人考虑。第一是他们不理解保险对以后有用，总认为自己还年轻，用不着这个。第二是他们总认为自己人在外地打拼，如果生病在这边就医，理赔很少，回老家呢，又太远，不方便。我们当地人是要求每家每户每个人都要在村里投保（城乡居民基本养老保险），要不然家里的老人以后是无法领取养老金的。从公司的角度来看也是有很大的难处（为普通员工投保各类社会保险），因为一线员工流动性高，前脚刚加进来后脚又走了，很麻烦，同时投保肯定成本也高。我们公司这里算不错的，所有管理层都有购买社医五险，其他人的公司基本没有（访谈记录：QZ—QYGL01—2018.4.30）。

二 多元流迁模式下新生代农民工群体社会保险需求的异质性

借鉴张红丽与朱宇（2010）对不同流迁意愿下流动人口社会保险参保状况的研究设计，在本次调查问卷中，本课题组设计了"您是否担心个人未来的养老问题？"这一问题。

如表 3-11 所示，苏州、泉州、温州与东莞四地 2250 名新生代农民工的调查数据表明，就总体而言，有 26.9% 的调查对象表示担心未来的养老问题，35.2% 的新生代农民工表示不担心，还有高达 37.9% 的受访新生代农民工表示还没想。由此可见，尚未对个人养老问题展开筹划的新生代农民工数量众多。此外，多元流迁模式下新生代农民工群体对未来养老问题的担心程度不一。其中，36% 的"定居型"新生代农民工群体对于个人未来养老问题较为担心，该群体中有 33.4% 的受访对象表示不担心，还有 30.6% 的受访者表示还没想。"循环型"新生代农民工群体对于个人未来养老问题较为担心的有 23%，该群体中有 34.4% 的受访对象表示不担心，还有 42.6% 的受访者表示还没想。"返乡型"新生代农民工群体对于个人未来养老问题较为担心的有 20.8%，该群体中有 37.9% 的受访对象表示不担心，还有 41.3% 的受访者表示还没想。

表 3-11　多元流迁模式下新生代农民工对未来养老问题的担心程度

单位：%，人

	担心	不担心	还没想	合计
"定居型" 新生代农民工（N = 803）	36 （N = 289）	33.4 （N = 268）	30.6 （N = 246）	100
"返乡型" 新生代农民工（N = 778）	20.8 （N = 162）	37.9 （N = 295）	41.3 （N = 321）	100
"循环型" 新生代农民工（N = 669）	23 （N = 154）	34.4 （N = 230）	42.6 （N = 285）	100
合计（N = 2250）	26.9 （N = 605）	35.2 （N = 793）	37.9 （N = 852）	100

资料来源：作者根据资料整理。

如表 3-11 所示，在不同流迁意愿的三个新生代农民工亚群体中，选择"担心"的以"定居型"新生代农民工群体比例最高，"循环型"新生代农民工次之，相对而言，"返乡型"新生代农民工群体较少选择担心该问题。此消彼长，本次调查中，选择"不担心"的"返乡型"新生代农民工群体比例最高，而"循环型"新生代农民工次之，选择"不担心"的"定居型"新生代农民工则是比例最低的。此外，对于未来养老问题"还没想"的新生代农民工中，"循环型"比例最高，"返乡型"新生代农民工群体次之，而"定居型"新生代农民工则选择比例最低。就不同流迁意愿新生代农民工对于未来个人养老问题担心程度的群体差异，结合我们对不同流迁意愿新生代农民工的深度访谈，认为其原因主要有五点：第一，就总体而言，新生代农民工群体年龄较轻，较少对未来的养老问题展开筹划和打算。第二，"定居型"新生代农民工在主观意愿上想在流入地城镇或其他城镇定居，相对土地保障，该群体在心理和现实层面均较为依赖制度性保障，因此该群体对于未来养老问题是最为焦虑的。现实中，国家既定政策规定不以放弃"土地三权"作为农民工进城落户的前置条件，但经过与"定居型"新生代农民工群体的深度访谈我们发现：一方面，该群体中的不少人对于国家相关政策了解不足；另一方面，由于城镇房价与物价水平相对较高，同时社会支持网络有限，因此"定居型"新生代农民工对于在城镇定居后的养老保障问题较为担心和焦虑。第三，"返乡型"新生代农民工的最终归宿是返回家乡，由于土地具有一定养老保障功能，因此该群体相对而言较不担心未来的养老问题。[①] 第四，由于"循环型"新生代农民工长期处于"流而不迁"的状态之中，因此其选择"还没想"的比例最高。第五，现行城镇养老保险制度在便携性与缴费年限门槛上存在一定不便，影响了新生代农民工参加各类社会保险项目的可及性，而城乡居民基本养老保险制度的替代率水平过低的现实也使得新生代农民工缺乏参保的动力。

第四节　"发展—问题"型社会保护需求的异质性

一　多元流迁模式下新生代农民工群体子女教育方面需求的异质性

本书课题组在苏州、泉州、温州与东莞四地新生代农民工群体的调查结果显示，在 2250 名新生代农民工中，已婚者[②]有 1314 人，未婚者有 936 人。已婚的 1314 名新生代农民工中，"定居型"新生代农民工有 410 人，"循环型"新生代农民工有 355 人，而"返乡型"新生代农民工则有 549 人。已婚的 1314 名新生代农民工中，本次调查期间育有义务教育阶段适龄子女的共有 842 人，其中，"定居型"新生代农民工有 259 人，"循环型"新生代农民工有 196 人，而"返乡型"新生代农民工则有 387 人。

（一）多元流迁模式下新生代农民工群体适龄子女就学状况的异质性

根据东南沿海四地新生代农民工群体的调查结果显示，多元流迁模式下新生代农民工群体适龄子女的就学状况呈现出显著异质性。其中，259 名"定居型"新生代农民工的适龄子女群体中，73%（189 人）在小学就读，25.5%（66 人）在初中就读，仅有 1 人未入学，而已经参加工作的子女仅有 3 人。196 名"循环型"新生代农民工的适龄子女群体中，83.2%

---

① "返乡型"新生代农民工群体较不担心养老问题还有经济层面的原因，在三个新生代农民工亚群体中，该群体整体收入较低。
② 包含离婚或丧偶。

（163 人）在小学就读，14.8%（29 人）在初中就读，仅有 2 人未入学，而已经参加工作的子女仅有 2 人。与"定居型"新生代农民工和"循环型"新生代农民工的适龄子女群体不同的是，387 名"返乡型"新生代农民工的适龄子女中，未入学以及已经参加工作的比例偏高。其中，有 16 人（4.1%）未正常入读小学或初中，还有 10 名处于义务教育阶段的"返乡型"新生代农民工适龄子女（2.6%）已经参加工作。

表 3-12　多元流迁模式下新生代农民工群体适龄子女就学状况的异质性

单位：%，人

	未入学	小学就读	初中就读	已工作	合计
"定居型"新生代农民工群体的适龄子女（N＝259）	0.4（N＝1）	73（N＝189）	25.5（N＝66）	1.1（N＝3）	100
"返乡型"新生代农民工群体的适龄子女（N＝387）	4.1（N＝16）	59.4（N＝230）	33.9（N＝131）	2.6（N＝10）	100
"循环型"新生代农民工群体的适龄子女（N＝196）	1（N＝2）	83.2（N＝163）	14.8（N＝29）	1（N＝2）	100
合计（N＝842）	19	582	226	15	

资料来源：作者根据资料整理。

我儿子是初三才读了两个多月就不读了出来混的，现在跟我一起干水电。他小学的时候成绩还可以，上了初中，说是他们班主任对他很不好，不喜欢他。我也不知道为什么？也没空去管。关键是自己也没心思在读书上，上课听不下去，说书本上的东西都很枯燥，学不进去。加上我们家里经济条件一般，我自己常年都在外面做事情，就我老婆在家，家里还有两个小的在读小学。我就想，不读就不读吧，出来学门手艺也饿不着。再说，你就是多读一年，有个初中毕业证书有什么用？我身边有做通下水道的朋友，一个月可以赚万把块钱，你看现在这么多大学生都找不到工作，读出来又有什么用？穷人有穷人的活法，你说是吧？（访谈记录：WZ—NMG03—2018.5.12）

（二）多元流迁模式下新生代农民工家长对其适龄子女就学地点需求的异质性

本书课题组针对东南沿海四地新生代农民工群体的调查结果显示，本次调查期间育有义务教育阶段适龄子女的 842 名新生代农民工家长中，其适龄子女实际在城镇入读的有 370 人（43.9%），而期望其适龄子女能在城镇就学的新生代农民工家长则有 515 人（61.1%）。可见，囿于流入地教育资源短缺，有 145 名（17.2%）的新生代农民工家长让其适龄子女在城镇入读的需求没有得到满足。

本地调查的统计数据还表明，多元流迁模式下新生代农民工家长对其适龄子女就学地点需求呈现显著异质性。如表 3-13 所示，259 名"定居型"新生代农民工中有 77.6%（201 人）的受访者期望其适龄子女能在城镇就学，而实际只有 52.1%（135 人）在城镇就学，期望值与实际值相差 25.5%（66 人）。196 名"循环型"新生代农民工家长中有 62.2%（122 人）的受访者期望其适龄子女能在城镇就学，而实际只有 42.3%（83 人）在城镇就学，期望值与实际值相差 19.9%（39 人）。此外，387 名"返乡型"新生代农民工家长中有 49.6%（192 人）的受访者期望其适龄子女能在城镇就学，而实际就读于城镇的占比为 39.3%（152 人），期望值与实际值相差 10.3%（40 人）。由此可见，一方面，"定居型"新生代农民工家长的适龄子女实际在城镇就学的比例最高，其次为"循环型"新生代农民工的适龄子女，而"返乡型"新生代农民工的适龄子女实际在城镇就学的比例是最低的。虽然如此，但是期望越大，失望越大。由于"定居型"新生代农民工家长对其适龄子女在城镇就学的期望值最高，如表 3-13 所示，该群体对其适龄子女能在城镇就学的期望值与实际值之间的差距是最大的，其相对被剥夺感也最为强烈。"循环型"新生代农民工对其适龄子女能在城镇就学的期望值与实际值之间的差距次之。而"返乡型"新生代农民工对其适龄子女能在城镇就学的期望值与实际值之间的差距是最小的，其相对获得感最为强烈。

表 3-13 多元流迁模式下新生代农民工群体对适龄子女就学地点需求的异质性

单位：%，人

	实际 在城镇就学	期望 在城镇就学	期望值与 实际值的差异
"定居型"新生代农民工群体的 适龄子女（N=259）	52.1 （N=135）	77.6 （N=201）	25.5 （N=66）
"返乡型"新生代农民工群体的 适龄子女（N=387）	39.3 （N=152）	49.6 （N=192）	10.3 （N=40）
"循环型"新生代农民工群体的 适龄子女（N=196）	42.3 （N=83）	62.2 （N=122）	19.9 （N=39）
合计（N=842）	43.9 （N=370）	61.1 （N=515）	17.2 （N=145）

资料来源：作者根据资料整理。

（三）多元流迁模式下新生代农民工家长对其适龄子女就学渠道需求的异质性

针对东南沿海四地新生代农民工群体的调查结果显示，其适龄子女实际在城镇就读的 370 名新生代农民工家长中，有 323 人（87.3%）的子女实际入读公立学校，而该群体期望入读公立学校的人数为 327 人（88.4%）。可见，在统计意义上，还有 4 位（1.1%）新生代农民工家长对其适龄子女入读公立学校的需求没有得到满足。如表 3-14 所示，考虑到"定居型"与"返乡型"新生代农民工子女在城镇公立学校就读的实际值高于期望值，本次调查中实际上还有 12 位（14.4%）新生代农民工家长对其适龄子女入读公立学校的需求没有得到满足。

本书课题组针对东南沿海四地新生代农民工群体的调查结果还显示，多元流迁模式下新生代农民工家长对其适龄子女就学渠道需求呈现出显著异质性。以新生代农民工群体适龄子女在公立学校就学的情况为例，其适龄子女实际在城镇就读的 135 名"定居型"新生代农民工中有 89.6%（121 人）的受访者期望其适龄子女能在城镇公立学校就学，而实际有 91.1%（123 人）在城镇就学，实际值高于期望值 1.5%（2 人）。其适龄子女实际在城镇就读的 152 名"返乡型"新生代农民工中有 84.2%（128

人）的受访者期望其适龄子女能在城镇公立学校就学，而实际有 88.2%
（134 人）在城镇就学，实际值高于期望值 4%（6 人）。与此相对的是，其
适龄子女实际在城镇就读的 83 名"循环型"新生代农民工中有 93.9%
（78 人）的受访者期望其适龄子女能在城镇公立学校就学，而实际仅有
79.5%（66 人）在城镇就学，实际值低于期望值 14.4%（12 人）。

如上统计数据给我们的启示有两点：第一，在适龄子女实际在城镇就
读的各新生代农民工亚群体中，"定居型"新生代农民工子女实际在城镇
公立学校就读的比例最高，"返乡型"次之，而"循环型"新生代农民工
子女实际在城镇公立学校就读的比例是最低的。第二，子女实际在城镇就
读的"定居型"新生代农民工家长与"返乡型"新生代农民工家长对适龄
子女能在城镇公立学校就学的愿望得到了充分满足，反之，子女实际在城
镇就读的"循环型"新生代农民工家长对其适龄子女能在城镇公立学校就
学的愿望尚未得到满足。

表 3-14　多元流迁模式下新生代农民工家长对适龄子女在
公立学校就学需求的异质性

单位：%，人

	实际在公立学校就学	期望在公立学校就学	期望值与实际值的差异
"定居型"新生代农民工群体的适龄子女（N=135）	91.1（N=123）	89.6（N=121）	-1.5（N=-2）
"返乡型"新生代农民工群体的适龄子女（N=152）	88.2（N=134）	84.2（N=128）	-4（N=-6）
"循环型"新生代农民工群体的适龄子女（N=83）	79.5（N=66）	93.9（N=78）	14.4（N=12）
合计（N=370）	87.3（N=323）	88.4（N=327）	1.1（N=4）

资料来源：作者根据资料整理。

（四）多元流迁模式下新生代农民工家长对适龄子女就近入
读公立学校需求的异质性

针对东南沿海四地新生代农民工群体的调查结果显示，其适龄子女实
际在城镇就读的 370 名新生代农民工家长中，有 300 人（81.1%）的子女

实际就近入读公立学校，而该群体期望就近入读公立学校的人数为 322 人（87%）。可见，还有 22 位（5.9%）新生代农民工家长对其适龄子女就近入读公立学校的需求没有得到满足。此外，多元流迁模式下新生代农民工家长对适龄子女就近入读公立学校需求呈现出显著异质性。如表 3-15 所示，其适龄子女实际在城镇就读的 135 名"定居型"新生代农民工中有 88.8%（120 人）的受访者期望其适龄子女能在城镇公立学校就近入学，而实际有 85.9%（116 人）的受访者子女在城镇就近入读公立学校，期望值高于实际值 2.9%（4 人）。其适龄子女实际在城镇就读的 152 名"返乡型"新生代农民工家长中有 84.2%（128 人）的受访者期望其适龄子女能就近入读城镇公立学校，而实际有 82.9%（126 人）受访者的适龄子女在城镇就近入读公立学校，期望值高于实际值 1.3%（2 人）。与此相对的是，其适龄子女实际在城镇就读的 83 名"循环型"新生代农民工中有 89.2%（74 人）的受访者期望其适龄子女能在城镇公立学校就近入学，而实际仅有 69.9%（58 人）在城镇就近入读公立学校，实际值低于期望值高达 19.3%（16 人）。

如上统计数据表明，第一，其适龄子女实际在城镇就读的各新生代农民工亚群体中，"定居型"新生代农民工子女实际在城镇公立学校就近入读的比例是最高的，"返乡型"亚群体次之，而"循环型"新生代农民工子女实际在城镇公立学校就近入读的比例是最低的。第二，子女实际在城镇就读的"定居型"新生代农民工家长与"返乡型"新生代农民工家长对适龄子女能就近入读城镇公立学校的愿望基本上得到了满足。但是，许多子女实际在城镇就读的"循环型"新生代农民工家长对其适龄子女能在城镇公立学校就近入读的愿望没有得到满足。

表 3-15　多元流迁模式下新生代农民工家长对适龄子女
就近入读公立学校需求的异质性

单位：%，人

	实际就近入读 公立学校	期望就近入读 公立学校	期望值与 实际值的差异
"定居型"新生代农民工群体的 适龄子女（N＝135）	85.9 （N＝116）	88.8 （N＝120）	2.9 （N＝4）

续表

	实际就近入读 公立学校	期望就近入读 公立学校	期望值与 实际值的差异
"返乡型"新生代农民工群体的 适龄子女（N＝152）	82.9 （N＝126）	84.2 （N＝128）	1.3 （N＝2）
"循环型"新生代农民工群体的 适龄子女（N＝83）	69.9 （N＝58）	89.2 （N＝74）	19.3 （N＝16）
合计（N＝370）	81.1 （N＝300）	87 （N＝322）	5.9 （N＝22）

资料来源：作者根据资料整理。

（五）多元流迁模式下新生代农民工家长对其适龄子女后续就学需求的异质性

"望子成龙，望女成凤"是中国父母的共同期待。对于已身为人父、人母的新生代农民工来说亦是如此。在访谈中，他（她）们中的许多人表示，之所以能忍受在城市工作的种种煎熬与艰辛，很多时候是为了期望今后孩子能有一个光明的前程和未来。如表 3-16 所示，842 名有适龄子女的新生代农民工中，期望子女能接受高等教育的占比为 49.9%（420 人），而期望子女能接受高中教育的则高达 59.7%（503 人），其中有 26.1%（220人）的新生代农民工家长希望自己的孩子能在城镇就读高中。当然，还有32 名（3.8%）新生代农民工家长期望孩子初中毕业以后能直接参加工作。

表 3-16　多元流迁模式下新生代农民工家长对其适龄子女后续就学需求的异质性

单位：%，人

	期望子女能 接受高等教育	期望子女能 接受高中教育	期望子女在 城镇就读高中	期望孩子初中 毕业后参加工作
"定居型"新生代农民工 群体的适龄子女（N＝259）	59.5 （N＝154）	76.8 （N＝199）	34.4 （N＝89）	1.2 （N＝3）
"返乡型"新生代农民工 群体的适龄子女（N＝387）	42.6 （N＝165）	46.3 （N＝179）	16.8 （N＝65）	5.7 （N＝22）
"循环型"新生代农民工 群体的适龄子女（N＝196）	51.5 （N＝101）	63.8 （N＝125）	33.7 （N＝66）	3.6 （N＝7）

	期望子女能接受高等教育	期望子女能接受高中教育	期望子女在城镇就读高中	期望孩子初中毕业后参加工作
合计（N＝842）	49.9 （N＝420）	59.7 （N＝503）	26.1 （N＝220）	3.8 （N＝32）

资料来源：作者根据资料整理。

　　基于流迁模式多元化的视角，针对东南沿海四地新生代农民工群体的调查结果显示，多元流迁模式下新生代农民工群体对其适龄子女后续就学需求呈现出显著异质性。在842名有适龄子女的新生代农民工中，有59.5%的"定居型"新生代农民工家长希望自己的孩子能接受高等教育，在三个新生代农民工亚群体中该比例是最高的。其次为"循环型"新生代农民工家长，该亚群体希望自己子女能接受高等教育的比例为51.5%，而"返乡型"新生代农民工家长中仅有42.6%的受访者希望自己的子女能接受高等教育。期望自己的子女能接受高中教育的"定居型"新生代农民工家长的比例高达76.8%，其次是"循环型"新生代农民工家长，其比例为63.8%，而仅有46.3%的"返乡型"新生代农民工家长希望自己的孩子能够接受高中阶段教育。同样基于流迁模式多元化的分析视角，不同流迁意愿新生代农民工家长期望自己子女能在城镇就读高中的比例也存在显著差异。其中，"定居型"新生代农民工家长期望自己孩子能在城镇接受高中教育的比例最高，达到34.4%，"循环型"次之，为33.7%，而"返乡型"亚群体的比例最低，仅为16.8%。此外，期望孩子初中毕业以后能直接参加工作的32名新生代农民工家长中，"定居型"新生代农民工家长占比最少，仅为1.2%，"循环型"居中，占该亚群体总数的3.6%，而"返乡型"新生代农民工家长中，则有5.7%的受访者（22人）希望自己的孩子初中毕业后可以直接参加工作。

二　多元流迁模式下新生代农民工群体权益保护方面需求的异质性

（一）多元流迁模式下新生代农民工群体劳动时间的异质性

　　对苏州、泉州、温州与东莞四地2250名新生代农民工的调查数据表明，不同流迁意愿新生代农民工群体在工作时长方面存在差异。其中比较突出的一点是，"返乡型"新生代农民工亚群体的日劳动时间最长，而月休息时间最短。具体来说，在本次调查中，日工作时间超过 11 个小时的新生代农民工共有 427 人，"返乡型"新生代农民工 189 人，占总数的44.3%；没有休息日的 394 人中，"返乡型"新生代农民工有 178 人，占总数的 45.2%。相对而言，"定居型"新生代农民工亚群体在日工作时长与月休息时间两项指标上在三个亚群体中均是相对比较乐观的。经过与企业老板和"返乡型"新生代农民工的访谈，我们了解到，之所以"返乡型"新生代农民工的工作时长不容乐观，主要原因在于该亚群体到流入地打工的主要目的是尽快多赚钱。在计件工资制下，除了保证身体最基本的休息需要之外，自觉加班不仅不被视为压力而成为一种基于经济考量的主动需要。此外，精神生活的缺失也是该群体不愿意放假的另一个原因。他们口中的"城里人"利用放假与家人共享天伦之乐的时候，许多非家庭化迁移的新生代农民工感受到的只有孤独与寂寞。

家里那些真的比较苦的，比较贫穷的，那种真的想出来赚点钱的（工人），他们就会要求到钱多的地方，（对他们来说）辛苦还是不辛苦真的是不重要。像我手下两个厂现在是一个月停四天，有一些人他们会觉得停四天很浪费嘛，没有加班，钱会少赚一些（访谈记录：QZ—QYLB01—2018.5.2）。

还是上班好。我们去年国庆放了 4 天假，到 5 号才上班。想跟老板说我们自己加班，老板不答应。肯定是嫌加班费贵。放这么多天，每天跟猪一样，睡了吃，吃了睡，无聊死了。也有打扑克的，我可不敢去。听说有人国庆节就输了 3000 多块钱，两口子要闹离婚。还是同厂的 XX 姐夫妻两个会过日子。假期去配件厂打短工，一人一天 150元，一个假期挣了 1000 多，以后国庆我也去。整天这样无聊还不如找点活干多挣两块钱，以后回家了，花钱的地方太多了（访谈记录：QZ—NMG02—2018.4.29）。

（二）多元流迁模式下新生代农民工群体被欠薪情况的异质性

对苏州、泉州、温州与东莞四地 2250 名新生代农民工调查数据的统计表明，384 人曾经遇到过被欠薪的情况，占样本总数的 17.1%。其中有 36 人（1.6%）表示经常遇到被欠薪的情形。在被欠薪群体中，有 203 人（占该群体的 52.9%）被拖欠的是工资报酬，有 181 人（占该群体的 47.1%）被拖欠了奖金、津贴或其他福利款项等。在访谈中，我们发现建筑业、劳动密集型制造业以及餐饮业是欠薪高发行业，而快递、家政服务以及其他小微企业则较多发生零散性欠薪问题。这说明，虽然国家和各省市在严令禁止企业克扣劳动者报酬，但各地在政策执行上仍然有可努力的空间。此外，从不同流迁意愿看，"定居型"新生代农民工群体被欠薪的比例相对"返乡型"亚群体与"循环型"亚群体较低。就其具体原因，有可能是"定居型"新生代农民工群体由于有相对较高的综合素质，其进入工作的企业相对来说管理比较规范，合同签订率也比较高。

　　我们这个地方拖欠农民工工资的很多是一些小工厂、小作坊，以前还有一些建筑工地也经常会拖欠。这里有两种比较典型的情况，第一种，企业员工入职时，老板规定前三个月每个月扣掉工资的 30% 左右，三个月下来要扣掉一个月的工资，这一个月的工资一般要等员工离职了以后才补发给你。然后，还有一种，老板一般说是资金周转紧张，然后是怕工人特别是其中"80 后""90 后"的年轻人一发工资就花光光了，平时攒不了钱。现在的年轻人也确实是这样，很多都是月光。然后就约定好，平时不发工资，就"借"一点生活费给工人，到年底结算，把"借"的生活费扣除掉，有的企业是过年前还会留一个月工资不发。很多工人，自己也没有维权意识，觉得说钱在自己手上确实容易花掉，年底回家不好交代，不如存在老板那边。说来说去，企业老板这样做有两个方面的原因。一个是怕工人离职，所以拖欠工资，钱在我这里不怕你走。还有一个，其实现在这个经济形势，小工厂、小作坊的经营情况不是太乐观，很多小企业主平时资金都非常紧张。所以，一到年底如果形势不好，一些人就会一走了之，留下工人要过年了，去哪里找人？对他们来说，真的是走投无路，也给我们的工作带来很多困难（访谈记录：QZ—GWY01—2018.4.30）。

（三） 多元流迁模式下新生代农民工群体合同签订情况的异质性

基于流迁模式分化的视角，不同流迁意愿新生代农民工群体签订合同的情况存在显著差异。在 803 名"定居型"新生代农民工中，签订劳动合同的有 623 人，劳动合同签订率达到 77.6%。就已签订劳动合同者具体合同年限的统计数据亦显示，"定居型"新生代农民工群体签订 1 年到 3 年劳动合同、5 年以上合同以及无固定期限合同的比例均在三个新生代农民工亚群体中是最高的。较之于"定居型"群体，"返乡型"新生代农民工群体无论是在合同签订率抑或细分的 1 年到 3 年劳动合同签订率、5 年以上合同签订率等指标上均是最低的。就其具体原因，一方面，如前文所述，"定居型"新生代农民工群体由于有相对较高的综合素质，其进入工作的企业相对来说管理比较规范，所以该亚群体劳动合同签订率比较高；另一方面，许多城市的积分落户政策与是否签订劳动合同、是否缴纳社保及其年限紧密联系，而这对"定居型"新生代农民工群体而言是必须遵守的"游戏规则"。在现实的政策环境中，在流入地城市"稳定就业"是落户的前提条件之一，而工作年限本身亦是获取积分的重要途径，只有签订了劳动合同才具备通过积分制落户的前提条件。有如，《东莞市积分制入户管理实施细则》第六条第十款规定，证明个人工作年限获取积分有两种途径：一是按照在东莞缴纳社保的年限来获取积分；二是按照在东莞的实际（经历的）劳动合同时间来获取积分。其中，选择以工作年限的方式计算积分的，要求申请者必须提供经劳动部门鉴证过的正式书面劳动合同（同时要求提供复印件）。

三 多元流迁模式下新生代农民工群体职业培训方面需求的异质性

课题组针对苏州、泉州、温州与东莞四地 2250 名新生代农民工调查数据的统计表明，新生代农民工群体的职业培训需求尚难得到满足。主要体现在流出地或流入地参加过培训的新生代农民工比例偏低，同时参加过培训的新生代农民工的平均培训次数亦偏少。

如前文所述，为了解新生代农民工参加培训的主观意愿，在四地问卷中设置了"您会考虑参加各类有助提升个人技能或者素质的培训项目吗？"

这一问题。如表 3-17 所示，在受访的 2250 名新生代农民工中，有 1836 名受访者（81.6%）表示愿意参加。令我们稍感意外的是，基于流迁模式分化的视角，在三个新生代农民工亚群体中，"循环型"新生代农民工群体参加培训的意愿最强烈，669 名受访对象中有 589 人表示"愿意参加培训"，占比高达 88%；"返乡型"新生代农民工群体考虑参加培训的比例最低，778 名受访对象中仅有 596 人表示"愿意参加培训"，占该群体的 76.6%；"定居型"新生代农民工群体愿意参加培训的比例则在三个亚群体之中处于居中的位置，803 名受访的"定居型"新生代农民工中有 651 人回答"愿意参加培训"，占该群体的 81.1%。由此可见，人社等相关部门在引导、动员新生代农民工群体积极参加培训时应以"返乡型"新生代农民工群体为重点对象，其次为"定居型"群体，最后才是参加培训意愿较高的"循环型"群体。

表 3-17　多元流迁模式下新生代农民工群体参加培训的主观意愿

单位：%，人

	愿意参加培训	不愿意参加培训	合计
"定居型" 新生代农民工（N=803）	81.1 （N=651）	18.9 （N=152）	100
"返乡型" 新生代农民工（N=778）	76.6 （N=596）	23.4 （N=182）	100
"循环型" 新生代农民工（N=669）	88 （N=589）	12 （N=80）	100

资料来源：作者根据资料整理。

那么，"循环型"新生代农民工群体与"返乡型"新生代农民工群体参加培训的主观意愿为什么会"一高一低"呢？结合对不同流迁意愿新生代农民工的深入访谈，本课题组经过讨论后认为，"循环型"新生代农民工群体参加培训的主观意愿之所以较高，是因为该群体外出务工的时间相对较短，他们中的许多人由于意识到自己缺乏工作经验，愿意通过培训来提升自己的专业技能，从而在就业市场中处于相对有利位置。访谈中，有"循环型"新生代农民工受访对象表示，"关键是能学技术，眼光远一点，再干几年工资就高了"。而"返乡型"新生代农民工群体外出务工的时间相对较长，他们中的许多人缺乏长远的职业规划，存在短视思想，他们认为自己今后的归宿是回到老家农村，因此"现在重要的是多干活，多挣点钱，回家后方方面面都要花钱"，而培训"要花时间，学不到什么东西，还影响赚钱，太不划算"。

> 我 19 岁中专毕业出来打工，现在是 23。一开始是去深圳干，在 FSK 干了一年多，就是在流水线上干，实在是太累太辛苦又赚不到钱，觉得看不到前途。FSK 看重学历，我们这种小中专，在 FSK 这么多级别，混得最好就是在厂子里做个基层小干部。流水线做学不到技术，后来就辞工回家。我觉得还是要有技术，出来打工懂技术很关键，要不你一辈子就是穷打工的命没有出头之日。在老家托关系去了一家机械厂上班，那时候工资一个月才 1800 多点，但是可以学机床操作，我觉得这个总算是一门技术，以后跳槽不愁没工作。干了一年机床，觉得有点经验了，就来这里找机会。到这里厂里才发现，老家学的是普通机床，在这里用不上，这里都是要招聘懂数控机床的。老板说，你要留下来可以，但是要从学徒工干起，至少一年半出师。工资只开 1500，搞熟练了再涨。我想，还是先干着吧，反正包吃包住，现在自己一个人也不花什么钱。关键是能学技术，眼光远一点，再干几年工资就高了（访谈记录：DG—NMG03—2018.5.20）。

设计出"适销对路"的培训项目是提升新生代农民工群体培训效果的前提。为掌握新生代农民工群体对于具体培训项目的实际需求，在苏州、温州、泉州、东莞四地问卷中我们设置了"您会考虑参加何种培训项目？"这一问题。如表 3-18 所示，表示愿意接受培训的 1836 名新生代农民工中，有 403 人（21.9%）选择参加电焊（餐饮、驾驶、美发、烹饪）等就业技能培训，有 595 人（32.4%）选择参加岗位技能提升培训，有 236 人（12.6%）选择参加创业技能培训，有 320 人（17.4%）的新生代农民工受访者选择参加的是种植、养殖实用技术培训。此外，还有 208 名（11.3%）的新生代农民工选择参加电子商务培训，而另有 74 名新生代农民工则选择参加其他培训，占愿意参加培训新生代农民工受访者的 4%。

表 3-18 多元流迁模式下新生代农民工群体培训项目需求的异质性

单位：%，人

	电焊（餐饮、驾驶、美发、烹饪）等就业技能培训	岗位技能提升培训	创业技能培训	种植、养殖实用技术培训	电子商务培训	其他	合计
"定居型"新生代农民工（N=651）	23.7（N=154）	42.7（N=278）	13.5（N=88）	5.5（N=36）	11.2（N=73）	3.4（N=22）	100
"返乡型"新生代农民工（N=596）	18.3（N=109）	20.3（N=121）	12.8（N=76）	31.2（N=186）	14.1（N=84）	3.3（N=20）	100
"循环型"新生代农民工（N=589）	23.8（N=140）	33.3（N=196）	12.2（N=72）	16.6（N=98）	8.7（N=51）	5.4（N=32）	100
合计	403	595	236	320	208	74	

资料来源：作者根据资料整理。

基于流迁模式分化的视角，不同流迁意愿农民工群体对于具体培训项目需求存在显著异质性。如表 3-18 所示，有意在城镇定居的新生代农民工群体对于"岗位技能提升培训""电焊（餐饮、驾驶、美发、烹饪）等就业技能培训""创业技能培训"的需求明显高于"返乡型"新生代农民工群体与"循环型"新生代农民工群体。其中，有意愿参加培训的 651 名"定居型"新生代农民工中高达 42.7% 的受访者表示选择参加"岗位技能提升培训"。这一现象表明"定居型"新生代农民工群体对于提升自身综合素质特别是业务、技术能力有着强烈需求，应针对该群体提升相关培训项目的供给质量与供给数量，增强其可及性。而意在返回流出地农村的"返乡型"新生代农民工对于"种植、养殖实用技术培训"与"电子商务"培训则有着强烈的需求，选择此两个培训项目的"返乡型"新生代农民工的比例显著高于"定居型"新生代农民工与"循环型"新生代农民工。如表 3-18 所示，有高达 31.2% 的"返乡型"新生代农民工选择参加"种植、养殖实用技术培训"。对仍处于个人生命周期（职业生涯）中早期的"返乡型"新生代农民工群体而言，将来返回流出地农村绝不是他们

"职业生涯"的终结。通过参加诸如"种植、养殖实用技术培训""电子商务"培训等适应社会主义新农村建设需要的技术培训对于他们将来转型成为新型职业农民或者在流出地农村创业、就业具有能动促进作用。

对于长期处于流而不迁、流而不返状态的"循环型"新生代农民工群体而言，他们对于"岗位技能提升培训"此类有助于乡—城流动人口群体落户城镇的培训项目的需求程度显著高于"返乡型"新生代农民工群体，同时又显著低于"定居型"新生代农民工群体。相应的，对于"循环型"新生代农民工群体而言，他们对于"种植、养殖实用技术培训"此类有助于乡—城流动人口群体返回流出地农村便利创业、就业的实用型培训项目的需求程度显著高于"定居型"新生代农民工群体，同时又显著低于"返乡型"新生代农民工群体。

第五节 "发展—福利"型社会保护需求的异质性

住房保障属于"发展—福利"型社会保护需求，亦是不同流迁模式新生代农民工群体均比较关注的需求。通过对苏州、温州、泉州、东莞四市2250名新生代农民工调查问卷的分析，我们发现由于该群体在流动过程中经济社会状况出现了显著分化，因此他（她）们对于住房保障需求的位序与结构迥异。

一 多元流迁模式下新生代农民工群体住房获取方式的异质性

基于对苏州、温州、泉州、东莞四市2250名新生代农民工调查问卷的分析并结合深度访谈，我们发现"住单位宿舍"与"租赁房屋"是本次调研中新生代农民工解决个人住房问题的主要方式。虽然不同流迁模式下新生代农民工群体解决住房问题的主要方式均为"住单位宿舍"与"租赁房屋"，但仍然在具体指标上有所区别。

如表3-19所示，有8.6%的"定居型"新生代农民工已在流入地自购住房，还有40.3%的"定居型"新生代农民工通过租赁房屋的方式解决个人的住房问题，在这两项指标上均明显高于"返乡型"与"循环型"新生代农民工。通过与多地"定居型"新生代农民工的访谈，我们发现，许多"80后""90后"农民工非常认可房子是家的载体的观念。正因如此，"定居型"新生代农民工群体无论是已购房的比例，抑或是购房的主观愿望都相对其他群体更高。同时，"定居型"新生代农民工住在单位宿舍的比例为45.7%，显著少于另两类农民工群体。[①] 通过浏览表3-19，我们还发现，在不同流迁模式的新生代农民工群体中，"返乡型"新生代农民工住单位宿舍的比例是最高的，其次为"循环型"新生代农民工，比例最低的是"定居型"群体。

表3-19 多元流迁模式下新生代农民工群体的住房获取方式

单位：%，人

	住单位宿舍	亲朋提供	自购住房	租赁房屋	其他	合计
"定居型"新生代农民工（N=803）	45.7（N=367）	1.1（N=9）	8.6（N=68）	40.3（N=324）	4.3（N=35）	100
"返乡型"新生代农民工（N=778）	54.8（N=426）	1.4（N=11）	2.2（N=17）	36.5（N=284）	5.1（N=40）	100
"循环型"新生代农民工（N=669）	51.3（N=343）	1.2（N=8）	3.7（N=25）	33（N=221）	10.8（N=72）	100

资料来源：作者根据资料整理。

我们老家在大西北，自然条件太差，关键是缺水，吃水困难很苦的，我是肯定不想回去的。在晋江打拼这么多年了，总算稳定一点，这几年城建越来越好，还是比较宜居的。离厦门也近。所以一直想买

[①] 本次调查数据显示居住在单位宿舍的新生代农民工的比例显著高于李祥德（2008）的类似研究，亦远高于笔者调查前的预估，其中一个原因可能在于本次调查的地点多选择新生代农民工比较集中的开发区、工业园区以及商业、服务业中心区等地。调研中，我们发现，苏州、泉州、温州与东莞的许多规模企业均为企业员工提供了种类齐全的各类员工宿舍。

房，有房才有家，才能算是真正安定下来。我现在这个房子是在前两年晋江大拆大建的时候买的。当地建了好多房，我跟这个村的书记比较熟悉，他问我要不要买他们村拆迁后建的房子，说每平方米只要三千多元，其实真是不贵。地点就在宝龙边上，离八仙山公园也很近。我去看了下，17楼是很不错，站在阳台上美得很，就动了心。后来市房管局说，保证能把房产证办下来，我就狠心买了。现在工作也还可以，房子也买了，就是没装修，但是要落户在晋江是完全没有问题了吧。等老婆出了月子，我们可能就会去办落户（访谈记录：QZ—NMG03—2018.4.30）。

我是20岁高中毕业就来福建，到海底捞这里干，合同一般是签半年或者一年。老家在云南，不在老家是因为那里没什么发展机会。我现在户口还放在云南老家，落叶归根是吧，将来老了，我这样情况，以后肯定是要回老家的。我觉得在大城市很好，没有这里户口也没什么不方便的地方。土地肯定要留的，以后要靠这个养老，现在家里土地是给老家亲戚免费耕种。我现在是单身，住海底捞的宿舍，三室一厅，住20个人，条件还可以吧，就是挤了点。宿舍里有厨房，但不让我们使用。我们海底捞这里，如果是夫妻两个都在这里干，一个月补贴900块钱帮助在外面租房（访谈记录：QZ—NMG05—2018.4.30）。

二　多元流迁模式下新生代农民工群体住房条件的异质性

基于对四市2250名新生代农民工调查问卷相关数据的交叉分析，我们发现，多元流迁模式下新生代农民工群体的住房条件大致相似。相对而言，"定居型"新生代农民工在人均居住面积和居住质量指数这两项指标上均是最高的，"循环型"群体次之，而"返乡型"新生代农民工群体的住房条件相对来说最不理想。

如表3-20所示，具体来说，在本次调查的2250名新生代农民工中，"定居型"群体的人均居住面积达17.18m^2，"循环型"群体的人均居住面积达16.32m^2，而"返乡型"新生代农民工的居住面积最少，仅为14.53m^2。就居住质量而言，"定居型"新生代农民工的居住质量指数达

0.67，"循环型"群体的居住质量指数为 0.64，而"返乡型"新生代农民工的居住质量指数为 0.63。

表 3-20　多元流迁模式下新生代农民工群体的住房条件

	人均居住面积（m²）	居住质量指数
"定居型" 新生代农民工（N=803）	17.18	0.67
"返乡型" 新生代农民工（N=778）	14.53	0.63
"循环型" 新生代农民工（N=669）	16.32	0.64

资料来源：作者根据资料整理。

三　多元流迁模式下新生代农民工群体住房类型需求的异质性

为辨析多元流迁模式下新生代农民工群体住房类型需求的异质性，在问卷中设置了"您在工作地最希望的住房类型是什么？"这一问题。基于现实的可及性考量，剔除了"经济适用房"[①] 与"廉租房"这两种住房类型之后，可能的住房类型分别是"商品房""限价房""公共租赁房"与"单位宿舍"。

如表 3-21 所示，通过对苏州、温州、泉州、东莞四市 2250 名新生代农民工调查问卷数据的分析，以需求程度高低进行排列，"定居型""返乡型"及"循环型"新生代农民工的住房类型需求从高到低分别是：公共租赁房、单位宿舍、限价房、商品房。这表明在高房价水平与新生代农民工（作为一个群体）较低的收入水平双重压力之下，公共租赁房与单位宿舍是新生代农民工群体需求比较强烈的住房类型。此外，应当正视的是，不同流迁模式下新生代农民工群体的住房类型发生了显著分异。其中，在流入地定居意愿强烈的"定居型"新生代农民工对于自行购买住房的需求相

---

① 囿于经济适用住房政策运营的诸多弊端，国内多个城市已经明确表态不再新建这一住房类型；而许多城市对廉租房申请者的一个基本要求是必须有当地城市的户籍。因此，综合考虑之下，本调查未将这两种住房类型列入问卷选项之中。

对比较高，该群体选择商品房的比例为 11.1%，显著高于"循环型"新生代农民工的 6.6% 与"返乡型"新生代农民工的 3.5%。同时，选择购买限价房的"定居型"新生代农民工占其总量的 23.5%，而同样的选项"循环型"农民工只有 19.9%，而"返乡型"农民工则只有 11.3%。反之，就不同流迁意愿群体比较而言，返乡意愿越强烈，则该群体选择单位宿舍与公共租赁房等"临时性住房安排"的农民工比例越高。本次调查中，"返乡型"新生代农民工选择单位宿舍和公共租赁房的比例分别是 42.1% 与 43.1%，而"循环型"新生代农民工群体选择这两种类型的比例分别是 33.3% 与 40.2%，"定居型"新生代农民工选择这两种类型住房的比重则分别只有 28.3% 与 37.1%。由此可见，不同流迁意愿新生代农民工群体的住房类型需求发生了显著分异。

表 3-21 多元流迁模式下新生代农民工群体的住房类型需求

单位：%，人

	商品房	限价房	公共租赁房	单位宿舍	合计
"定居型"新生代农民工（N=803）	11.1（N=89）	23.5（N=189）	37.1（N=298）	28.3（N=227）	100
"返乡型"新生代农民工（N=778）	3.5（N=27）	11.3（N=88）	43.1（N=335）	42.1（N=328）	100
"循环型"新生代农民工（N=669）	6.6（N=44）	19.9（N=133）	40.2（N=269）	33.3（N=223）	100

资料来源：作者根据资料整理。

四 多元流迁模式下新生代农民工群体解决今后住房问题的途径比较

为了辨析多元流迁模式下新生代农民工群体解决今后住房问题的具体途径，我们在问卷中设置了"在所在务工城市您今后解决住房问题的计划是什么？"这一问题。具体选项包括"继续居住单位宿舍""继续在流入地租房"及"在流入地购房"。如表 3-22 所示，不同流迁意愿新生代农民工群体在这一问题上的选择差异显著。打算在当地定居的"定居型"群体中,有30.5%的人表示要在流入地购房,"循环型"新生代农民工中则只有21.7%表示要在流入地购房,而作为返乡意愿最强烈的"返乡型"群体则只有10.2%的人做了这一选择。与此相对应的是,"返乡型"新生代农民工选择继续居住单位宿舍的意愿最强烈,"循环型"群体次之,而"定居型"新生代农民工则较少选择"继续居住单位宿舍"作为解决今后住房问题的途径。不同流迁意愿新生代农民工群体在是否"继续在流入地租房"的选项上也表现出了明显的不同,其中"返乡型"群体选择这一方式的比例为44.1%,"循环型"群体则为36.6%,而意在流入地定居的"定居型"新生代农民工则仅有29.4%的人选择这一具体途径。

表 3-22 多元流迁模式下新生代农民工群体解决今后住房问题的途径

单位:%,人

	继续居住单位宿舍	继续在流入地租房	在流入地购房	合计
"定居型"新生代农民工(N=803)	40.1(N=322)	29.4(N=236)	30.5(N=245)	100
"返乡型"新生代农民工(N=778)	45.7(N=356)	44.1(N=343)	10.2(N=79)	100
"循环型"新生代农民工(N=669)	41.7(N=279)	36.6(N=245)	21.7(N=145)	100

资料来源:作者根据资料整理。

五 多元流迁模式下新生代农民工群体住房状况与住房需求差异的成因分析

多元流迁模式下"定居型"新生代农民工群体、"返乡型"新生代农民群体与"循环型"新生代农民工群体在住房状况与住房需求上均存在明显差异。就此,我们认为,这种状况的形成与此三种新生代农民工亚群体所期望的生活方式、个人禀赋和能力不同导致收入差异、家庭如何进行资源配置以及在流入地就业状况等因素都有密切的联系。在访谈中,我们感受到,就整体而言,"定居型"新生代农民工群体在流入地定居的意愿比较强烈，他（她）们渴望融入流入地城市生活，渴望与当地人积极交流、沟通，融入本地生活。相对他（她）们的这一诉求，在购买房屋条件尚不具备的时候，如果能由流入地的亲戚朋友提供房屋或者租赁房屋居住则较能实现该群体尽快融入本地生活的愿望。然而，许多新生代农民工都是跨省流动到省外打工，多数处于举目无亲的状况，如表 3-19 所示，在 803名"定居型"新生代农民工中，仅有 9 人是居住在亲朋提供的房子里。基于这一现实考量，在购房条件暂不具备的时候，该群体只能通过租赁房屋的方式以更好地让他（她）们实现城市融入。此外，应当看到的是，相对"返乡型"新生代农民工群体与"循环型"新生代农民工群体，"定居型"新生代农民工群体的受教育水平相对较高，工作稳定性比较强，同时收入水平亦比另两个亚群体较高。因而，他（她）们更加渴望能在流入地城市置业过上安定的生活。在经济适用房政策在许多城市暂停的背景下，他（她）们中的许多人希望能在流入地城市购买限价商品房，助力其融入当地城市。

> 我们到东莞工作 8 年多了，我做会计，孩子她爹做现场管理。孩子就是在这里生的。都说我们是新莞人，我们家娃就是新新莞人。为什么会打算在这里买房？主要还是为娃娃考虑。读书现在自然是没有问题。孩子可怜，这几年一直在租房子，她从小跟着我们东奔西走，搬家搬了好多次。每次跟她爹合计，说要安定下来，有个自己的房子。不要被房东赶来赶去的，让她跟着我们受罪。这个事真是一言难尽。听说松山湖那边有不到 1 万的限价房，我一直催她爸爸去打听打听，留意看一下有没有？我们可不可以买？（访谈记录：DG—NMG01—2018.5.20）

相对而言，"返乡型"新生代农民工群体与"循环型"群体到流入地务工的主要目的更多在于获取尽量高的经济收入。与"定居型"群体相比，他们的受教育水平相对较低，工作稳定性比较差的同时收入水平亦比较低。因此，这两个新生代农民工亚群体在流入地城市购房的主观愿望偏低。为了在城市工作期间获取相对较高的经济收益，他们在选择住房时倾向于选择价格低廉甚至免费的单位宿舍，而租房相对来说价格较高，因此

"返乡型"群体与"循环型"群体租房的比例比"定居型"群体低。这也解释了为什么在"人均居住面积"和"居住质量指数"两项指标上"返乡型"新生代农民工群体和"循环型"新生代农民工群体的状况都比"定居型"新生代农民工群体差。同样，也正是基于同一理由，"返乡型"与"循环型"新生代农民工"继续居住单位宿舍"与"继续在流入地租房"的比例明显高于"定居型"新生代农民工群体。

　　我们是一家三口在建筑工地宿舍一起住。最主要是为了省钱，外面房租太高了，上工也不方便。现在还好一点了，至少我们这一小间是自己的天地。孩子一岁半的时候我们是住男女混住的集体宿舍，板房，很不方便。房间里人多，臭袜子一大堆，各种味道都有。特别是给孩子喂奶麻烦。有夫妻在这里的都是拉一道布帘。我老公经常说觉得对不起我，我一直都跟他说没事，好多人不都是这样苦过来的嘛（访谈记录：SZ—NMG03—2018.4.18）。

第四章

流动与返乡农民工群体社会保护
需求的代际差异

当前学界并不缺乏农民工群体代际差异相关主题的研究，但是既有研究成果中，在双向度城镇化背景下，针对流动农民工群体与已经返乡农民工群体社会保护需求代际差异问题展开全面分析的较少。为此，本课题组一方面展开对泉州市、厦门市与福州市三地新老流动农民工深度访谈和问卷调查，借此辨析流动农民工群体及其在流入地社会保护需求的代际差异；另一方面，对龙岩市、南平市与三明市三地已返乡农民工群体展开问卷调查与深度访谈，借此辨析已返乡农民工群体及其在流出地社会保护需求的代际差异。

第一节　流动农民工群体社会保护需求的代际差异

一　数据来源和样本描述

2018 年 7 月下旬至 8 月，本书课题组在福建省所辖泉州、厦门与福州，对此三市新老流动农民工群体开展问卷调查与深度访谈。考虑到此三地同为福建省内经济最发达，农民工较为密集的沿海地市，因此本书课题组将每个城市的调查样本数量均设定为 400 份，合计样本总数为 1200 份。最终获得有效样本共计 1096 个，本次调查的问卷有效率为 91.3%。在 1096 份有效问卷中，泉州有效问卷共计 361 份、厦门有效问卷 366 份、福州有效问卷 369 份。基于代际分化的视角，在 1096 份有效问卷中，新生代农民工群体占 556 份，第一代农民工占 540 份。[①] 本次调查采取配额抽样与随机拦截相结合的办法来进行，在福州、厦门、泉州确定的 400 份样本中，各有 200 份来自工业、贸易和服务行业当中员工规模在 100 人以上的正规企业就业的农民工，另 200 份则属于非正规就业的农民工，其具体职业主要包括管理不规范的小企业、小作坊当中非正式就业的人员、搬运工、街头小贩、摩的司机以及各种临时工。此外，根据国家统计局发布的《2017 年农民工监测调查报告》，[②] 2017 年我国新生代农民工占农民工总量的 50.5%，因此在福建、厦门、泉州各自的 400 份样本中，均有 202 份为新生代农民工，另 198 份则属于第一代农民工。在调查之后进行的深度访谈的对象主要包括任职于福州、厦门、泉州三地人力资源和社会保障局、工会、基层法院、住建部门的 6 名公务员，此三地的 3 名企业主，此三地的 3 名企业人力资源管理者，以及此三地的 9 名新生代农民工与 9 名第一代农民工。

二　流动农民工群体社会保护需求的代际差异

（一）流动农民工群体生活状况的代际差异

1. 流动农民工对其流入地城镇主观印象的代际差异

评估流动农民工群体对其流入地城镇的主观印象可以在一定程度上揭示该群体在流入地的总体生活状况。就流动农民工群体对其流入地城镇主观印象的代际差异，通过对泉州、厦门、福州三地 1096 名流动农民工问卷调查数据的分析，我们发现就总体而言，新生代农民工对其流入地城镇主观印象的评价比第一代农民工略低。具体而言，如表 4-1 所示，新老农民工"非常喜欢"和"比较喜欢"其所在流入地城镇的比例都超过 40%，第一代农民工相对"更喜欢"其所在城镇。而新老农民工认为其所在流入地城镇"一般"的分别占 43.1% 与 38.7%。此外，在新生代农民工中，有11.9% 和 3.6% 的新生代农民工对流入地城镇表示"不大喜欢"与"很不

---

① 根据国家统计局发布的《2017 年农民工监测调查报告》数据，2017 年老一代农民工占全国农民工总量的 49.5%，新生代农民工占全国农民工总量的 50.5%，比 2016 年提高 0.8%。由此可见，比重过半的新生代农民工已逐渐成为农民工主体。

② 该监测报告发布于 2018 年 4 月 27 日，本次调查开展于 2018 年 7 月之后。

喜欢"。在第一代农民工中，则有 10.9% 和 2.2% 的第一代农民工对流入地城镇表示"不大喜欢"与"很不喜欢"。

表 4-1   流动农民工对其流入地城镇主观印象的代际差异

单位：%

不同代际农民工	非常喜欢	比较喜欢	一般	不大喜欢	很不喜欢	合计
新生代农民工（N=556）	8.1	33.3	43.1	11.9	3.6	100
第一代农民工（N=540）	10.4	37.8	38.7	10.9	2.2	100

资料来源：作者根据资料整理。

2. 流动农民工群体住房状况的代际差异

通过对泉州、厦门、福州三地 1096 名流动农民工问卷调查数据的分析，如表 4-2 所示，我们发现不同代际流动农民工主要的住房获取方式均以住单位宿舍和租赁房屋为主。具体来说，在 556 名新生代农民工中，居住在单位宿舍的有 298 人，占总数的 53.6%；而通过租赁房屋解决住房问题的有 201 人，占总数的 36.1%，还有 57 人（10.3%）则通过其他方式①解决住房问题。而在 540 名第一代农民工中，居住在单位宿舍的有 244 人，占总数的 45.2%；而通过租赁房屋解决住房问题的有 249 人，占总数的 46.1%，还有 47 人（8.7%）则通过其他方式解决在流入地的居住问题。由此可见，新生代农民工较倾向于住单位宿舍，而第一代农民工住单位宿舍和在外租赁房屋的比例持平。

表 4-2   流动农民工住房获取方式的代际差异

单位：%

不同代际农民工	住单位宿舍	租赁房屋	其他	合计
新生代农民工（N=556）	53.6	36.1	10.3	100
第一代农民工（N=540）	45.2	46.1	8.7	100

资料来源：作者根据资料整理。

就本次调查中流动农民工群体住房条件的代际差异，如表 4-3 所示，556 名新生代农民工的人均居住面积为 16.58m²，而 540 名第一代农民工的

①   主要包括自己购买住房、住亲戚朋友提供的房屋等。

人均居住面积则为 18.31m²。就本次调查的居住质量指数而言，经过测算，新生代农民工的居住质量指数为 0.66，而第一代农民工的居住质量指数为 0.64，略低于新生代农民工。为什么第一代农民工人均居住面积比新生代农民工更加宽裕的同时，新生代农民工群体的居住质量指数却优于第一代农民工呢？问卷调查以及深度访谈显示的原因主要包括两个方面：第一，与流动农民工群体从事行业的代际差异有关。相对来说，第一代农民工较多从事建筑类行业和制造业，特别是建筑类行业的工人居住条件多为临时搭建房屋，设施不齐全，条件相对较差。而新生代农民工较少从事建筑类行业，选择在城市商业服务业就业的新生代农民工显著多于第一代农民工，这些行业所提供的居住条件普遍好于建筑类行业。第二，相比第一代农民工，囿于较为有限的经济收入，新生代农民工倾向于采取合租的形式租住在一起，在人均居住面积偏小的同时，新生代农民工所租住房屋的设备齐全程度以及拥有独立卫生间的比例远高于第一代农民工。正因为如此，新生代农民工的人均居住面积虽然稍小于第一代农民工，但是其居住质量指数稍高于第一代农民工。

表 4-3　流动农民工群体住房条件的代际差异

不同代际农民工	人均居住面积（m²）	居住质量指数
新生代农民工（N=556）	16.58	0.66
第一代农民工（N=540）	18.31	0.64

资料来源：作者根据资料整理。

像这样在建筑工地上卖体力出大汗的活，只有我们这种四五十岁的人才会来做喽。我们工地上什么是年轻人？不是二三十的，这种基本没有，年纪四十左右的，就算是年轻人。现在那些小年轻都吃不了苦，没人愿意学这个。我跟你说，建筑工算是技术含量比较高的工种，比较特殊，要花很多年去琢磨，去磨炼，你才可能做得好，而且要吃苦，风吹日晒都不算什么的。不好的地方就是有时候工资会拖欠，还有就是家庭不好搞，没结婚的难找对象，结了婚的顾不了家。还有一点不好的就是工作有一定风险，年轻人都怕，他们不愿意来，以后房子没人建了（访谈记录：XMS—NMG01—2018.8.10）。

住房公积金有助于农民工资产的积累，亦有助于农民工特别是新生代农民工提升其在流入地定居的意愿。① 就流动农民工住房公积金缴纳情况的代际差异而言，对泉州、厦门、福州三地1096名流动农民工问卷调查数据的分析表明，新老流动农民工群体住房公积金缴纳比率均偏低，但新生代农民工缴纳的比例高于第一代农民工。具体来说，如表4-4所示，在556名新生代农民工中，仅有61人缴纳了住房公积金，仅占总数的11%，而其余495人（89%）则没有缴纳住房公积金。而在540名第一代农民工中，缴纳住房公积金的更少至35人，仅为总数的6.5%，而高达93.5%的第一代农民工（505人）则没有缴纳住房公积金。为什么在收入水平略逊于第一代农民工的同时，新生代农民工群体住房公积金缴纳人数的比例会高于第一代农民工呢？经过访谈我们发现，很多新生代农民工对于住房公积金作为"五险一金"此六类劳动者福利保障项目的性质有比较深入的了解。相对于第一代农民工，新生代农民工更倾向于积极争取属于自己的合法权益，有如该亚群体积极争取缴纳住房公积金的意识较强，基于心理学中的"富兰克林效应"，相对较多的新生代农民工缴纳了住房公积金。

表4-4　流动农民工住房公积金缴纳情况的代际差异

单位：人

不同代际农民工	有住房公积金（N）	有住房公积金（%）	无住房公积金（N）	无住房公积金（%）
新生代农民工（N=556）	61	11	495	89
第一代农民工（N=540）	35	6.5	505	93.5

资料来源：作者根据资料整理。

在苏州、泉州、温州与东莞四地开展的新生代农民工调查中，本课题组设置了"在所在务工城市您今后解决住房问题的计划是什么？"这一问题，针对多元流迁模式下新生代农民工群体在城市居留期间解决今后住房问题的预计途径展开了比较。由于选项中不包括返回家乡购房、建房，

① 有学者研究表明，缴纳住房公积金有助于提升农民工群体在流入地定居的意愿。有如，祝仲坤（2017）的研究即指出，缴存公积金能将新生代农民工群体在流入地定居的意愿提升5%。这一观点可参见祝仲坤《住房公积金与新生代农民工留城意愿》，《中国农村经济》2017年第12期。

2250 份新生代农民工调查数据统计结果显示，新生代农民工"继续居住单位宿舍"的意愿最强烈，超过 40%。选择"继续在流入地租房"的平均比例也超过 30%，而"在流入地购房"的新生代农民工最少。为进一步评估流动农民工群体购房、建房区位选择意向的代际差异，针对泉州、厦门、福州三地 1096 名新老流动农民工的调查问卷设置了"您今后解决住房问题的计划是什么？"这一问题，同时设置了如下四个相关描述项："回乡自建住房""回乡购买住房""在流入地购买住房""没有计划或其他计划"。如表 4-5 所示，1096 名新老农民工群体的调查数据显示，就总体而言，"回乡自建住房"的农民工占总数的 25.2%，"回乡购买住房"的占总数的13.8%，而"在流入地购买住房"的被调查对象占总数的 23.9%。此外，还有 37.1% 的新老农民工暂时没有计划或者计划用其他途径来解决将来的住房问题。就购房、建房区位选择意向的代际差异，统计结果显示，556名新生代农民工中，选择"回乡自建住房""回乡购买住房"的比例分别为 21.2%（118 人）与 15.5%（86 人）。而选择"在流入地购买住房"的新生代农民工则有 125 人，占总数的 22.5%。此外，还有 227 人（40.8%）做了"没有计划或其他计划"选择。而在 540 名第一代农民工中，选择"回乡自建住房"的有 158 人，占总数的 29.3%，选择"回乡购买住房"的有 65 人，占该群体的 12%。此外，还有 137 人（25.4%）选择"在流入地购买住房"，其余的 33.3%（180 人）则暂时没有计划或者计划用其他途径解决今后个人住房需求。

表 4-5　流动农民工群体购房、建房区位选择意向的代际差异

单位：人

有关购房、建房区位选择意向的相关描述项	新生代农民工（N=556）		第一代农民工（N=540）		合计
	N	%	N	%	%
回乡自建住房	118	21.2	158	29.3	25.2
回乡购买住房	86	15.5	65	12	13.8
在流入地购买住房	125	22.5	137	25.4	23.9
没有计划或其他计划	227	40.8	180	33.3	37.1
合计	556	100	540	100	100

资料来源：作者根据资料整理。

由以上统计数据可知，首先，相当比例的农民工计划将来在城镇购房、生活，本次调查中计划在流入地城镇或老家城镇购房的比例高达37.7%，由此可见，新老农民工群体对于城镇生活方式的偏好；其次，相对新生代农民工，第一代农民工更加偏好回到家乡建房，该群体选择"回乡自建住房"的比例比新生代农民工高8.1%；再次，较之第一代农民工，新生代农民工倾向于"回乡购买住房"，该群体做出这一选择的比例比第一代农民工高3.5%；最后，第一代农民工倾向于"在流入地购买住房"，该群体做出这一选择的比例高出新生代农民工2.9%。[1]

3. 流动农民工社会保险参保情况的代际差异

根据2018年12月29日修正的《中华人民共和国社会保险法》第二条之规定，如图4-1所示，农民工群体可参加的社会保险项目主要是"五险"，[2] 即基本养老保险、基本医疗保险、生育保险、失业保险与工伤保险。其中，基本养老保险主要包括城镇居民社会养老保险、新型农村社会养老保险与职工基本养老保险。

根据《社会保险法》第二十二条之规定，许多省市纷纷将新型农村社会养老保险与城镇居民社会养老保险合并实施为城乡居民基本养老保险，2014年发布的《国务院关于建立统一的城乡居民基本养老保险制度的意见》（国发〔2014〕8号）提出，将城居保制度和新农保制度合二位一，建立全国统一实施的城乡居民基本养老保险制度。而基本医疗保险制度则包括职工基本医疗保险、城镇居民基本医疗保险以及新型农村合作医疗三种制度设计。《国务院关于整合城乡居民基本医疗保险制度的意见》（国发〔2016〕3号）指出，要整合城镇居民基本医疗保险和新型农村合作医疗制度，将两者整合成为统一的城乡居民基本医疗保险制度。此外，作为产业工人队伍的重要组成部分，农民工群体还可以参加工伤保险、失业保险与生育保险制度。本次针对流动农民工的调查在问卷设计上，我们将"养

---

① 一个可能的解释是该群体有比较丰富的城市打工经验，融入程度和经济积累都强于新生代农民工，更有实力与可能在城市购房定居。

② 2017年初，河北邯郸等12个城市试点推行职工基本医疗保险与生育保险合并实施试点，目前试点效果良好。因此，修改《社会保险法》将"五险一金"转变为"四险一金"几成定局。本次调查的福建省内三个城市均不在试点之列，但是福建省于2014年起即开始将医疗保险费与生育保险费捆绑缴纳，因此本课题组在调查问卷题目设置中按"四险"处理。

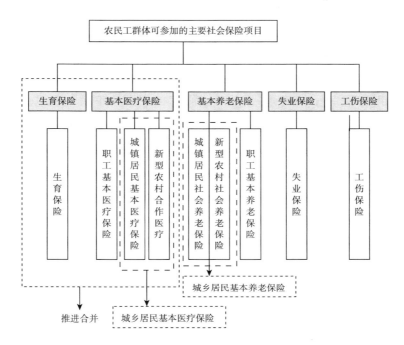

图 4-1　农民工群体可参加的主要社会保险项目
（"五险"）制度框架示意

资料来源：作者根据资料整理。

老保险"限定为"职工基本养老保险"，不考虑新老农民工在家乡参加城乡居民基本社会养老保险的情况。同时，将"医疗保险"限定为"职工基本医疗保险"，而不考虑其在家乡参加"城乡居民基本医疗保险"的情况。① 同时，由于福建省自 2015 年起即将基本医疗保险费与生育保险费进行捆绑缴纳，因此在问卷中不再单列"基本医疗保险"与"生育保险"，而将二者合并为"医疗、生育"保险。

通过对 1096 名流动农民工问卷调查数据的分析，我们发现泉州市、厦门市与福州市三地流动农民工的参保率相比本课题组于 2014 年所做的抽样

---

① 本课题组在前期文献梳理中发现，既有农民工参保率问题的研究对于"养老保险"和"医疗保险"的概念界定多存在不够严谨的情形。有如，许多研究没有界定其所谓"养老保险"参保率是单纯的职工基本养老保险参保率抑或是职工基本养老保险参保率与城乡居民基本养老保险参保率之和。同时，在调研访谈中，我们发现许多农民工存在重复参保的现象。这也导致了不同研究中农民工养老保险和医疗保险参保率差异极大的现象。

调查有了明显提升。其中，1096 名新老流动农民工的养老保险参保率达到 46.2%，而工伤保险的参保率达到了 55.9%。此外，1096 名流动农民工中，有 41.6% 的受访者参加了医疗保险（含生育保险），还有 29.5% 的流动农民工则参加了失业保险。由此可见，就总体而言，福建省三个沿海经济发达市新老农民工群体参加工伤保险的比例最高。根据对三地人社部门具体经办人员的访谈，我们了解其主要原因在于，"工伤保险人数会多一些，因为目前政策是允许一些建筑企业只做工伤保险，现在也没强制说要改过来，但是现在建筑类企业如果新进的员工想只做工伤是不允许的"。相对而言，失业保险的参保率在"五险"中是最低的，这与本课题组的前期研究及许多其他学者的调研结果相类似。① 就流动农民工群体不同社会保险项目具体参保情况的代际差异，如表 4-6 所示，556 名流动新生代农民工中参加养老保险的人数为 251 人，占总数的 45.1%；参加工伤保险的人数为 316 人，占该亚群体总数的 56.8%；参加医疗保险（含生育保险）的新生代农民工有 229 人，占总数的 41.2%；参加失业保险的新生代农民工有 167 人，占总数的 30%。由此可见，新生代农民工参加工伤保险的比例是最高的，而参加失业保险的比例最低。就本次调查的 540 名第一代农民工而言，参加养老保险的人数为 255 人，占总数的 47.2%；参加工伤保险的第一代农民工有 297 人，占总数的 55%；参加医疗保险（含生育保险）的第一代农民工参保者有 227 人，占总数的 42%。此外，还有 156 名第一代农民工参加了失业保险，占总人数的 28.9%。就不同险种的参保比例，可以看出，第一代农民工和新生代农民工保持一致，各险种参保率从高到低分别是：工伤保险、养老保险、医疗保险（含生育保险）、失业保险。② 就本次调查中泉州市、福州市与厦门市三地流动农民工社会保险参保情况的代际差异，如表 4-6 所示，第一代农民工参加养老保险的参保率

---

① 经过对福建省三市基层社保经办人员的访谈我们了解到，其主要原因在于"失业保险对农村户口不强制参保"，截至 2019 年 3 月底，失业保险对农民工群体仍采取自愿参保的原则。

② 在针对福州市社保一线经办人员的访谈中，我们获悉"生育原来在社保缴，从 2014 年移到医保。然后医保从 2015 年开始强制医保和生育捆绑。工伤是从 2018 年 11 月开始强制和养老保险一起缴费。失业保险以前就是没那么规范，大概从 2019 年开始和养老捆绑"。就此，应当注意的是，随着各社会保险类项目采取捆绑式参保策略，对各险种的参保率将带来何种具体影响值得密切关注。

（47.2%）显著高于新生代农民工的参保率（45.1%），同时第一代农民工医疗保险（含生育保险）的参保率（42%）略微高于新生代农民工的参保率（41.2%）。而新生代农民工工伤保险与失业保险的参保率均高于第一代农民工。

表 4-6　流动农民工社会保险参保情况的代际差异

单位：人

指标	新生代农民工（N=556）		第一代农民工（N=540）		合计
	N	%	N	%	%
养老保险	251	45.1	255	47.2	46.2
工伤保险	316	56.8	297	55	55.9
医疗、生育保险	229	41.2	227	42	41.6
失业保险	167	30	156	28.9	29.5

资料来源：作者根据资料整理。

为什么"60后""70后"在城里的参保率会比较高，从我自己的理解来看主要是两点原因啦。一个是那些"60后""70后"他们出来的早，所以很多都不会在老家买这个（养老和医疗）保险，他们就在城里买。另一个就是"80后""90后"那些他们年轻，流动性比较大，所以他们经常过来跟我们说，能不能不要做这个保险，多给我算一点工资？主要是这两个原因（访谈记录：QZS—QYGL01—2018.7.26）。

从我们福州马尾这里的情况来看，因为很多企业是属于劳动密集型的，比如鞋厂、衣服厂。员工大部分就是年纪比较大的。年轻人不太愿意缴社保，主要觉得贵，养老的事太长远。一个月如果按最低基数，养老也要缴一百多块钱。然后（由于他们是）外地的，（对福州）政策不了解，怕几十年后在就业地办不了退休。而且按目前水平，养老金一个月保底990。觉得投入和产出不成比例（访谈记录：fZS—GWY01—2018.8.22）。

4. 流动农民工流迁意愿的代际差异

为了辨析流动农民工群体流迁意愿的异质性，在问卷中我们设置了有关定居意愿的如下问题：如果可以自由选择，您将来的去留决定是：A. 在流入地定居；B. 继续工作一段时间后选择某个城镇定居；C. 继续工作一段时间后返乡定居；D. 继续在流入地和流出地之间循环流动；E. 难以决定。如表4-7所示，通过对泉州、厦门、福州三地1096名流动农民工问卷调查数据的分析，我们发现与本课题组对苏州、泉州、温州与东莞2250名新生代农民工流迁意愿的分析结果相类似，在流入地城市定居并非多数农民工的共同选择。在556名新生代农民工中，当被问及他们的流迁意愿时，25.5%的新生代农民工（142人）选择"在流入地定居"，11.9%的调查对象（66人）选择"继续工作一段时间后选择某个城镇定居"。36%的新生代农民工（200人）选择"继续工作一段时间后返乡定居"。此外，还有9.7%的调查对象（54人）选择"继续在流入地和流出地之间循环流动"，其余16.9%的新生代农民工（94人）则认为"难以决定"。在540名第一代农民工中，当被问及他们的流迁意愿时，16.3%的第一代农民工（88人）选择"在流入地定居"，12.6%的调查对象（68人）选择"继续工作一段时间后选择某个城镇定居"。46.1%的第一代农民工（249人）选择"继续工作一段时间后返乡定居"。此外，还有11.5%的调查对象（62人）选择"继续在流入地和流出地之间循环流动"，其余13.5%的第一代农民工（73人）则认为"难以决定"。

表4-7　流动农民工群体流迁意愿的代际差异

单位：人

对流动农民工流迁意愿的描述项	新生代农民工（N）	新生代农民工（%）	第一代农民工（N）	第一代农民工（%）
在流入地定居	142	25.5	88	16.3
继续工作一段时间后选择某个城镇定居	66	11.9	68	12.6
继续工作一段时间后返乡定居	200	36	249	46.1
继续在流入地和流出地之间循环流动	54	9.7	62	11.5
难以决定	94	16.9	73	13.5

资料来源：作者根据资料整理。

　　本书同样将选择"在流入地定居"和"继续工作一段时间后选择某个城镇定居"的农民工视为打算在城镇定居的群体，将其合并称为"定居型"农民工；将选择"继续工作一段时间后返乡定居"的农民工视为计划返乡定居的群体，称之为"返乡型"农民工；将选择"继续在流入地和流出地之间循环流动"以及"难以确定"的农民工视为打算继续循环流动的群体，将其合并称为"循环型"农民工。通过对泉州、厦门、福州三地1096名流动农民工问卷调查数据的分析，我们发现在556名流动新生代农民工中，"定居型"新生代农民工的比例为37.4%，"返乡型"新生代农民工的比例为36%，而"循环型"新生代农民工的比例则为26.6%。而在540名流动第一代农民工中，"定居型"第一代农民工的比例为28.9%，"返乡型"第一代农民工的比例为46.1%，而"循环型"第一代农民工的比例则为25%。就流动农民工群体流迁意愿的代际差异，我们可以看到，在"定居型"群体中，新生代农民工群体的比例远高于第一代农民工群体；在"返乡型"群体中，第一代农民工群体的比例远高于新生代农民工群体；在"循环型"群体中，新生代农民工群体的比例与第一代农民工群体接近持平。

（二）流动农民工群体就业状况的代际差异

1. 流动农民工就业稳定性的代际差异

　　经过讨论，本课题组将劳动合同签订率、合同类别以及更换工作比例作为就业稳定性强弱的三大标准。就劳动合同签订率而言，通过对泉州、厦门、福州三地1096名流动农民工问卷调查数据的分析，我们发现流动农民工群体签订劳动合同的比例偏低，在1096名流动农民工中，已签订合同的比例为56.4%（共618人），未签订合同的则占总数的43.6%（478人）。在被问及"您个人认为是否有必要签订合同"这一问题时，在1096名流动农民工中，有594人（54.2%）认为有必要，而有471名的受访者（43%）则认为没有，此外还有31名（2.8%）的流动农民工不知道是否有必要签订劳动合同。就流动农民工群体合同签订情况的代际差异，如表4-8所示，就总体而言，新生代农民工签订劳动合同的比例高于第一代农民工。在556名新生代农民工中，有62.2%的受访者已签订合同，37.8%则未签订。当问及"您个人认为是否有必要签订合同"时，有60.8%的新生代农民工认为有必要签订合同，而 36% 的新生代农民工则认为没有必要，还有 3.2% 的新生代农民工则回答"不知道"。

应引起高度重视的是，与本课题组 2018 年 4 月至 5 月针对苏州、泉州、温州、东莞四地 2250 名新生代农民工调查数据相似，本次针对泉州、厦门、福州三地 556 名新生代农民工的调查数据亦显示，认为有必要签订合同的新生代农民工的比例（60.8%）少于实际已签订合同农民工的比例（62.2%）。而本次调查数据显示第一代农民工同样如此。具体来说，在 540 名第一代农民工中，已签订合同的比例为 50.4%，未签合同的比例为 49.6%。在回答"您个人认为是否有必要签订合同"时，有 47.4% 的第一代农民工认为有必要签订，而 50.2% 的受访对象则认为没有必要签订，还有 2.4% 的第一代农民工则选择"不知道"。如果不签订劳动合同，劳动者权益一旦受损，将很难得到合法保护。本次针对泉州、厦门、福州三地 1096 名流动农民工调查数据显示，新生代农民工合同签订率稍高于第一代农民工，但该群体通过签订劳动合同维护自身合法权益的意识仍有待加强。

表 4-8　流动农民工合同签订情况的代际差异

单位：%，人

相关指标		新生代农民工（N=556）	第一代农民工（N=540）
签订劳动合同情况	已签订	62.2（N=346）	50.4（N=272）
	未签订	37.8（N=210）	49.6（N=268）
您个人认为是否有必要签订合同	有必要	60.8（N=338）	47.4（N=256）
	没有必要	36（N=200）	50.2（N=271）
	不知道	3.2（N=18）	2.4（N=13）

资料来源：作者根据资料整理。

经过讨论，就本次调查问卷的设计，本课题组只将合同期限分为"签订固定期限合同"与"签订无固定期限合同"两类。根据《劳动合同法》第十二条之规定，除了以上两种合同之外，劳动合同类别中还包括"以完成一定工作任务为期限的劳动合同"。由于在本课题组的前期研究中，我们发现，农民工群体中签订该类合同的比例通常少于 10%，因此我们将该类合同归为固定期限合同范畴之内。如前文所述，在本次调查中，泉州、厦门、福州三地已签订合同的农民工共有 618 名，其中新生代农民工 346 名，第一代农民工 272 名。如表 4-9 所示，本次调查中，共有 282 名新生代农民工签订了固定期限合同，占已签订劳动合同新生代农民工总数的 81.5%；而签订无固定期限合同的新生代农民工则有 64 人，占总数的 18.5%。签订了劳动合同的 272 名第一代农民工中，签订固定期限合同的有 214 名，比例为 78.7%，而签订无固定期限合同的第一代农民工则有 58 人，占总数的 21.3%。由此可见，就总体而言，新生代农民工签订固定期限合同的比例略高，而第一代农民工签订无固定期限合同的比例稍高一些。这与《劳动合同法》对无固定期限合同签订的前提条件有关，新生代农民工由于总体年龄较轻，所以签订该类合同的比例略少。

为评估流动农民工就业稳定性的代际差异，本次调查问卷中设置了"您是否更换过工作"这一问题。就本次调查问卷的具体设计，课题组只分列"没有更换过工作"与"更换过工作"两个选项。针对 1096 名流动农民工的问卷调查数据显示，在 556 名新生代农民工中，没有更换过工作的仅有 78 人，占总数的 14%，而更换过至少一次工作的新生代农民工则有 478 人，占被调查新生代农民工总数的 86%。在 540 名第一代农民工中，共有 82 人没有更换过工作，占接受调查第一代农民工的 15.2%。而更换过工作的第一代农民工则有 458 人，占总数的 84.8%。从如上统计数据可知，新生代农民工更换工作的比例较高。此外，考虑到新生代农民工整体年龄较轻，其总体工作年限亦少于第一代农民工，而即使在这一背景下更换过一次以上工作的新生代农民工的比例仍比第一代农民工高 1.2%。

表 4-9　流动农民工就业稳定性的代际差异

单位：%，人

就业稳定性相关描述项		新生代农民工 （N＝556）	第一代农民工 （N＝540）
劳动合同签订率	签订了正式劳动合同	62.2（N＝346）	50.4（N＝272）
合同期限（类别）	签订了固定期限合同	81.5（N＝282）	78.7（N＝214）
	签订了无固定期限合同	18.5（N＝64）	21.3（N＝58）
是否更换过工作	没有更换过工作	14（N＝78）	15.2（N＝82）
	有更换过工作	86（N＝478）	84.8（N＝458）

资料来源：作者根据资料整理。

我是 1985 年出生的，一开始出来是在深圳，是在一个龙华的设备厂做电焊工，公司人不多，还要兼做其他一些杂活。跳槽也没用。跳来跳去都差不多，我们无聊的时候总结了一下龙华那个地方小工厂的几个特点。一般来说，每天上班 8 个小时以上，周末最多休一天。社保和五险一金齐全的很少，很多厂连管理人员都不给交这个，更不用说我们这种普通打工的。现在人不好找，很多厂都要靠劳务中介和派遣公司招工。有熟人介绍老乡过来打工的有给钱的，300 元还是 500元一个，不过要干一段时间后才会给。住的地方至少 4 个人，很多都没空调的。夏天热死人。食堂的饭菜味道一般般。工资很少有过 5000元的，而且基本上是 10 号以后才发。所以很多人都说是进黑厂，还有些年轻同事不想继续进厂就去做日结。晃着晃着，就晃成了"三和大神"，有报道过的。我自己是后来结婚有了孩子，家里人说不能把老婆和孩子一直放老家。还是找一个离江西近点的地方，才到晋江这里来（访谈记录：QZS—NMG01—2018.7.27）。

基于代际分化的视角，就两代农民工就业稳定性的差别而言，新生代农民工劳动合同签订率较高。一般来说，签订劳动合同意味着劳动者的权益将更有保障，劳资双方的雇用关系更为稳定。而就劳动合同的期限来分析，由于年龄与在城市务工时间相对较长，第一代农民工签订无固定期限合同的比例略高于新生代农民工，但是总体差别并不显著。就"是否更换过工作"这一问题，新生代农民工更换过一次以上工作的比例略高于第一代农民工。综上所述，虽然新生代农民工合同签订率较高，但实际更换工作的比例亦比较高。说明该群体的就业稳定性较低。结合问卷调查与深度访谈，我们认为，新生代农民工群体就业稳定性偏低的原因主要包括经济社会的发展转型、企业管理以及新生代农民工群体自身三方面的因素。经济社会发展转型给新生代农民工就业稳定性带来的影响主要包括两点：第一，产业结构升级导致第三产业比重上升，在第三产业就业的新生代农民工比较密集，比如快递员、滴滴司机、推销员等。相对第二产业，第三产业就业的稳定性差、灵活性大；第二，基于人口少子女化的现实，"刘易斯拐点"之下农村作为劳动力蓄水池的作用已日趋枯竭，新生代农民工的就业机会相对增多，导致该群体容易在不同地区、不同行业与不同企业间寻找合适的工作机会，增加了就业的不稳定性。企业管理不规范也对新生代农民工群体就业稳定性造成了负面影响。主要原因在于：一是劳动合同签订率偏低而且执行不够规范；二是加班时间较长而且劳动强度大；三是企业工作环境不佳，同时不重视对新生代农民工的人文关怀与技术培训，使得新生代农民工缺乏归属感。经过深度访谈，我们了解到，就新生代农民工个人而言，其就业稳定性较差主要是因为如下几个方面的原因：一是岗位薪酬水平低于新生代农民工的期望，导致新生代农民工岗位稳定性差；二是新生代农民工对工作环境的满意度偏低；三是新生代农民工的择业观和第一代农民工有所区别，他们比较注重"面子"，而第一代农民工比较注重"票子"；四是新生代农民工比较勇于维护个人权益，在当个人感觉工作付出和福利待遇不对等时容易选择用脚投票。

> 我出来工作几年了。一开始是在工地当了两年小工，钱是还可以，太累，也危险，保命要紧，不能做。赶紧出来。后来跟着表哥学着去跑业务，我们是做快消的，主要是跑便利店和小超市，推新补货什么的。这个活当然也是很辛苦，但是感觉好很多。搬砖只能在手机上说说，以前过年回家，别人问你在做什么，你说真的在工地上搬砖。村里人都看不起你。虽然现在我只是跑业务的，工资也比以前在工地上要少很多，但是会轻松很多。而且你看，我的名片上印的是业务经理，虽然是自己骗自己，业务是真的，经理没个影，但是感觉还是要好很多（访谈记录：fZS—NMG01—2018.8.25）。

2. 流动农民工职业发展水平的代际差异

流动新生代农民工与流动第一代农民工的职业发展水平有所不同。为便于评估比较，经过讨论，课题组将持有职业资格证书情况、参加各类培训情况以及工种与岗位分布作为流动农民工职业发展水平高低的三大标准。

取得职业资格证书对于农民工实现高质量就业，提高其工资水平具有积极的促进作用。就持有职业资格证书情况的代际差异而言，通过对泉州市、厦门市、福州市三地1096名流动农民工问卷调查数据的分析，我们发现，新生代农民工群体持有职业资格证书的人次与数量均比第一代农民工群体多。具体来说，未获得任何资格证书的新生代农民工共有 455 人，占总数的 81.8%；101 名新生代农民工持有各类职业资格证书，占总数的 18.2%。在取得证书的新生代农民工中，获一份资格证书的有 78 人，占新生代农民工总数的 14%，而获得两份及以上数量证书的则有 23 人，占总数的 4.2%。在 540 名第一代农民工中，未获得任何资格证书的受访者共有 463 人，占总数的 85.8%；77 名第一代农民工持有各类职业资格证书，占总数的 14.2%。在取得证书的 77 名第一代农民工中，获一份资格证书的有 58 人，占第一代农民工总数的 10.7%，而获得两份及以上数量证书的则有 19 人，占总数的 3.5%。

对农民工群体进行培训，从微观上可以提高他们的专业技术水平，提升其岗位胜任能力；从宏观上对于高素质劳动队伍的打造和我国产业的转型升级均有重大意义。就流动农民工群体参加各类培训情况的代际差异，通过对泉州、厦门、福州三地 1096 名流动农民工问卷调查数据的分析，我们发现新生代农民工群体参加过培训的比例高于第一代农民工群体，而第一代农民工群体参加培训的人均次数多于新生代农民工群体。具体来说，在 556 名新生代农民工中，参加过培训的有 262 人，占总数的 47.1%；而在 540 名第一代农民工中，参加过培训的有 210 人，占该群体总数的 38.9%。参加过培训的 262 名新生代农民工的平均受训次数为 2.8 次，而参加过培训的 210 名第一代农民工的平均受训次数是 3.5 次。基于生命历程，我们认为，第一代农民工群体由于平均年龄较大，在外务工时间加长，因此曾参加培训者的平均培训次数较多，培训经历稍微丰富一些。反之，新生代农民工群体由于平均年龄较小，在外务工时间相对较短，因此其参训的平均次数较少。

所从事的工种与岗位分布可以在一定程度上反映农民工在企业岗位分类分级中所处的位置，对他们的工资水平与职业发展有着重要影响。为便于操作，本课题组将工种与岗位分布划分为"普通工人（普工）""技术工人"以及"企业中低层管理者"三大类。[1] 通过对泉州、厦门、福州三

---

[1] 其中普通工人（普工）包括：制造业工人、街头待业人员以及"交通运输业人员、建筑业人员、居民服务业及其他服务业人员"中的普通劳动者。企业中低层管理者包括文员、销售人员以及"交通运输业人员、建筑业人员、居民服务业及其他服务业人员、公司管理人员"中的中低层管理者。

地 1096 名流动农民工问卷调查数据的分析，我们发现就总体而言，新生代农民工在工种与岗位分布上相对于第一代农民工有一定优势。如表 4-10 所示，在 556 名新生代农民工中，从事普通工人岗位工作的有 333 人，占总数的 59.9%；而 540 名第一代农民工中，则有 345 人在普通工人岗位上，占该群体的 63.9%。本次调查数据还显示，新生代农民工中技术工人有 125 人，占总数的 22.5%，而企业中低层管理者则有 98 人，占总数的 17.6%。在 540 名第一代农民工中，技术工人的比例略低于新生代农民工群体，计有 106 人，占总数的 19.6%。而在企业中同样担任中低层管理者的第一代农民工只有 89 人，占该群体总量的 16.5%。由此可见，在工种与岗位分布上，新生代农民工总体上层级更高一些，发展空间亦更大一些。

表 4-10　流动农民工职业发展水平的代际差异

就业稳定性相关描述项		新生代农民工（N = 556）	第一代农民工（N = 540）
持有职业资格证书情况	未获得任何资格证书（%）	81.8	85.8
	（有证书者）获一份资格证书（%）	14	10.7
	（有证书者）获两份及以上资格证书（%）	4.2	3.5
参加各类培训情况	参加过培训（%）	47.1	38.9
	培训次数（次）	2.8	3.5
工种与岗位分布	普通工人（普工）（%）	59.9	63.9
	技术工人（%）	22.5	19.6
	企业中低层管理者（%）	17.6	16.5

资料来源：作者根据资料整理。

3. 流动农民工收入状况的代际差异

为评估流动农民工收入状况的代际差异，本课题组设置了"工资收入水平""工资发放情况""对工资水平的满意度"等相关描述项。就"工资收入水平"的代际差异，对泉州、厦门、福州三地 1096 名流动农民工问卷调查数据显示，第一代农民工的个人平均月收入水平略高于新生代农民工。其中，新生代农民工个人平均月收入为 4092 元，而第一代农民工平均月收入为 4183 元。① 第一代农民工个人平均月收入比新生代农民工高 91元。考虑到第一代农民工群体就总体而言加班时间超过新生代农民工群体，就每小时工资而言，第一代农民工可能还略低于新生代农民工。就此现象的一个经典解释认为，由于第一代农民工进城务工更多是基于"经济驱动"，因此他们倾向于用更多的时间去加班赚钱。在个人月平均收入水平比第一代农民工少 91 元的同时，新生代农民工的家庭平均月收入水平（元）亦低于第一代农民工家庭。本次调查数据显示，556 名新生代农民工的家庭平均月收入水平为 5890 元，而 540 名第一代农民工的家庭平均月收入水平为 6856 元，两者相差 966 元。由此可知，第一代农民工在流入地的个人平均月收入和家庭平均月收入均高于新生代农民工，该群体经济状况较好。

为评估"工资发放情况"的代际差异，本次调查设置了"过去一年是否存在拖欠工资的情况"以及"过去一年是否存在罚扣工资的情况"两个问题。② 三地 1096 份有效问卷调查数据统计显示，过去一年间，曾遇到拖欠工资的新生代农民工有 28 人，占总数的 5%，而过去一年间遇到被拖欠工资的第一代农民工则有 45 人，占被调查第一代农民工群体的 8.3%。当问及"过去一年是否存在罚扣工资的情况"时，在 556 名新生代农民工中，有 106 人表示有遇到过被罚扣工资的情形，占总数的 19.1%；而 540名第一代农民工中，有 66 人表示过去一年曾经被罚扣工资，占总数的12.2%。由此可见，第一代农民工比新生代农民工更可能遇到工资被拖欠的问题，但是新生代农民工面临着比第一代农民工更多地被罚扣工资的情况。通过与新生代农民工和企业管理者的深度访谈，对于企业的身体规训、活动区域的严格限定以及时间的无限占有，新生代农民工较难适应。面对动不动的搜身行为，企业对员工人身自由的规训与限制，以及超时而且报酬低廉的加班时间，新生代农民工较难承受沉重的劳动负荷和严苛的管理规定，工资罚扣以及随之而来的劳资冲突难以避免。

---

① 根据国家统计局发布的《2017 年农民工监测调查报告》显示，2017 年农民工（外出务工）月均收入达 3805 元，略低于本次调查的平均水平。此外，应该指出的是，超过 4000元的月平均收入是与超长的加班时间紧密联系在一起的。以小时工资计算，则可以看到农民工收入水平严重偏低。

② 对于外出打工时间未超过一年的流动农民工亦按照一年计入。特此说明。

我原来是在一家酒店当服务员，刚做了十天，碰到一件事，明明是客人自己的责任，领班却说我的不是，说什么顾客就是上帝，不能跟客人那么大声说话。还说要扣我一天工资，我一气就辞职不干了。十天白做了，酒店也没给我结那十天工资。后来到了另一家外资厂做普工，这个厂制度很多，很烦人，每天都要开早会，主管一大早就要训话。晚上好不容易要收工了，还要讲。而且这个厂也很黑。每天都强制加班的，不是你不去加班不要加班费就可以，一定要去的，不去就算旷工。旷工一天就扣三天工资，非常变态。旷工超过几天还要开除，肯定是受不了，就又跳了。我是来打工的，工作你可以随便安排，厂里有制度这些我也理解，这些都没问题。但你不能这么过分，随便占用我的时间，不干还扣我钱，我是人，我是来工作的，我又不是机器（访谈记录：XMS—NMG02—2018.8.10）。

我做了这么多年人资，发现这个（代际差别）差别很大。"60后""70后"就是想赚钱，听从安排。"80后"就有点不一样，到"90后"上班就是要轻松。今年特别不好招，"90后"没有，"80后"也不多，都是"70后"。"90后"的会到我们这里工厂来应聘，基本过来嘛是因为要处朋友，跟男朋友还是女朋友一起来的。要么就是爸妈在公司附近上班。"90后"不喜欢加班，晚上会想出去玩。我们晋江这里，都是早上上4个小时，下午上4个小时，晚上上3个小时。所以一到晚班，"90后"的经常会来请假，经常说朋友过生日要出去外面玩。说到人员流动性也一样，"90后"流动最大，"70后"稳定些（访谈记录：QZS—QYGL02—2018.7.27）。

就流动农民工群体"对工资水平的满意度"的代际差异，通过对泉州市、厦门市、福州市三地1096名流动农民工问卷调查数据的分析，我们发现，多数新老农民工群体对于工资水平感到不满意。如表4-11所示，新生代农民工中，仅有12.4%（69人）对工资水平感到满意，而高达87.6%的新生代农民工（487人）对工资感到不满意。与此类似，第一代农民工中，仅有16.5%的第一代农民工（89人）对工资水平感到满意，而高达83.5%的第一代农民工（451人）对工资感到不满意。就总体而言，第一代农民工对工资的满意度略高于新生代农民工，但差异并不显著。

表 4-11　流动农民工收入状况的代际差异

收入状况相关描述项		新生代农民工（N = 556）	第一代农民工（N = 540）
工资收入水平	个人平均月收入水平（元）	4092	4183
	家庭平均月收入水平（元）	5890	6856
工资发放情况	过去一年是否存在拖欠工资的情况（%）	5	8.3
	过去一年是否存在罚扣工资的情况（%）	19.1	12.2
对工资水平的满意度	满意（%）	12.4	16.5
	不满意（%）	87.6	83.5

资料来源：作者根据资料整理。

（三）流动农民工群体社会交往与身份认同的代际差异

1. 流动农民工群体社会交往的代际差异

就流动农民工群体与市民交流频率的代际差异，通过对泉州市、厦门市、福州市三地 1096 名流动农民工问卷调查数据的分析，我们发现就总体而言，新老农民工群体与市民交往的频率均比较低。如表 4-12 所示，在 556 名新生代农民工中，与市民交往"很频繁"的仅为 7%，"较为频繁"的则有 20.5%，"一般"的有 28%，"偶尔交往"的则高达 40.5%，此外还有 4% 的新生代农民工认为自己与市民没有任何交往。而第一代农民工与市民的交往则相对更加频繁一些。其中表示交往"很频繁"的占 8.3%，还有 26.9% 的第一代农民工认为交往"较为频繁"。认为"一般"的第一代农民工较多，占总数的 36.7%。此外，"偶尔交往"与"没有交往"的第一代农民工分别占总数的 26.1% 与 2%。由此可见，农民工群体与市民的社会交往总体水平比较低。在交往"量"少的同时，交往的"质"亦有待提高。本课题组通过与农民工和市民的深度访谈还发现，两个群体间发生的交往以职业交往为主，生活交往较少；工具型交往较多，情感型交往较少；礼节性交往较多，亲密型交往较少。

表 4-12　流动农民工与市民交往频率的代际差异

单位：%

不同代际农民工	很频繁	较为频繁	一般	偶尔交往	没有交往	合计
新生代农民工（N = 556）	7	20.5	28	40.5	4	100

续表

不同代际农民工	很频繁	较为频繁	一般	偶尔交往	没有交往	合计
第一代农民工（N＝540）	8.3	26.9	36.7	26.1	2	100

资料来源：作者根据资料整理。

就流动农民工群体与市民交流个人主观感受的代际差异，通过对泉州、厦门、福州三地 1096 名流动农民工问卷调查数据的分析，我们发现就总体而言，不同分组中新老农民工群体认为与市民交往感受"一般"的频率最高。如表 4-13 所示，新生代农民工有 39.9%选择"一般"，而第一代农民工则有 41.3%选择"一般"。556 名新生代农民工认为，自身在与市民交往过程中感受"较为平等"的占总数的 27.9%，认为"非常平等"的占 4.7%。此外，受访新生代农民工认为在与市民交往的过程中感受到"不大平等"的占 22.1%，认为"很不平等"的有 5.4%。540 名第一代农民工认为，自身在与市民交往过程中感受"较为平等"的占总数的 27.6%，认为"非常平等"的占 5.9%。此外，有 21.1%的第一代农民工认为在与市民交往的过程中感受到"不大平等"，认为"很不平等"的有 4.1%。由此可见，就总体而言，流动农民工与市民交往个人主观感受不存在显著的代际差异。

表 4-13　流动农民工与市民交往个人主观感受的代际差异

单位：%

不同代际农民工	非常平等	较为平等	一般	不大平等	很不平等	合计
新生代农民工（N＝556）	4.7	27.9	39.9	22.1	5.4	100
第一代农民工（N＝540）	5.9	27.6	41.3	21.1	4.1	100

资料来源：作者根据资料整理。

2. 流动农民工群体身份认同的代际差异

为方便比对，借鉴陆文荣、何雪松与段瑶（2017）的研究设计，[①] 在测量流动农民工群体的阶层认同的时候，我们共设置了"底层群体""劳工阶层""中产阶层""中上阶层"四个阶层选项。就流动农民工群体的

———————

① 陆文荣、何雪松、段瑶：《新生代农民工：发展困境及出路选择》，《学习与实践》2014年第10期。

阶层认同情况,通过对泉州、厦门、福州三地 1096 名流动农民工问卷调查
数据的分析,我们发现流动农民工群体比较认同自己属于"劳工阶层"或
"底层群体"。如表 4-14 所示,具体来说,新老农民工群体认为自己是
"劳工阶层"的占总数 1096 人的 61.8%,而认可自己是"底层群体"的比
例为 30.8%。此外,还有 5.8% 的农民工认为自己属于"中产阶层",剩余
的 1.6% 则认为自己是"中上阶层"。就流动农民工群体阶层认同的代际差
异而言,在 556 名新生代农民工中,认为自己属于"劳工阶层"的比例最
高,为 64%,而认为自己属于"底层群体"的则有 28.6%。此外,6.3%
的新生代农民工认为自己属于"中产阶层",还有 1.1% 的新生代被访者则
认为自己属于"中上阶层"。与新生代农民工类似,540 名第一代农民工
中,认为自己属于"劳工阶层"的比例最高,达 59.4%,认为自己是"底
层群体"的则有 33%。还有 5.4% 的第一代农民工认为自己属于"中产阶
层",2.2% 的第一代调查对象认可自己属于"中上阶层"。新生代农民工
认可自己属于"劳工阶层"的比例(64%)比第一代农民工(59.4%)
高,加上 28.6% 的新生代农民工认为自己属于"底层群体",而认可自己
属于"中产阶层"以上的比例则只有 7.4%。由此可见,新生代农民工对
于自己所处阶层位置较低的现实有比较清晰的认识。

表 4-14　流动农民工群体阶层认同的代际差异

单位:%

| 阶层认同 | 新生代农民工(N=556) | | 第一代农民工(N=540) | | 合计 |
	频数	%	频数	%	%
底层群体	159	28.6	178	33	30.8
劳工阶层	356	64	321	59.4	61.8
中产阶层	35	6.3	29	5.4	5.8
中上阶层	6	1.1	12	2.2	1.6
合计	556	100	540	100	100

资料来源:作者根据资料整理。

　　为进一步评估流动农民工群体的阶层认同,我们在问卷中设置了"您
如何评估自身在流入地城镇所处的社会地位"这一问题。如表 4-15 所示,
泉州、厦门、福州三地 1096 名流动农民工问卷调查数据显示,在 556 名新

生代农民工中，有 0.9% 认为自己在流入地城镇所处社会地位"非常高"，有 5% 的受访者认为自己社会地位"比较高"，还有高达 52% 的被调查新生代农民工认为自己的社会地位"一般"。此外，35.6% 与 6.5% 的调查对象认为自己的社会地位"比较低"或"非常低"。而 540 名第一代农民工中，有 1.1% 认为自己在流入地城镇所处社会地位"非常高"，有 6.1% 的受访者认为自己社会地位"比较高"，还有高达 61.3% 的被调查第一代农民工认为自己的社会地位"一般"。此外，28.5% 与 3% 的调查对象认为自己社会地位"比较低"或"非常低"。可见，第一代农民工群体就自身在流入地城镇所处社会地位的认识大体上与新生代农民工类似，但稍高于新生代农民工群体。本次问卷调查的数据再一次印证了王春光有关新生代农民工正形成"底层"社会认同的判断。[①]

表 4-15　流动农民工对本人在流入地城镇所处社会地位认知的代际差异

单位：%

不同代际农民工	非常高	比较高	一般	比较低	非常低	合计
新生代农民工（N=556）	0.9	5	52	35.6	6.5	100
第一代农民工（N=540）	1.1	6.1	61.3	28.5	3	100

资料来源：作者根据资料整理。

那么，在本次调查中，新生代农民工认可自己属于"劳工阶层"的比例较高的事实是否说明新生代农民的阶层意识正在形成呢？或者说，在身份认同上他（她）们是否也认为自己属于"工人"或"打工者"呢？同样为了方便进行横向比较，借鉴陆文荣、何雪松与段瑶（2017）的研究设计，[②] 在测量流动农民工群体的身份认同的时候，我们共设置了"农民工""农民""打工者""工人阶层""白领""管理人员"六个身份类别选项。如表 4-16 所示，就流动农民工整体的身份认同，本次调查结果显示，在

---

① 早在 2001 年，王春光即提出，一方面新生代农民工群体对于农村社会的"乡土认同"在不断减弱；另一方面，该群体在城市流动过程中又遇到了制度性排斥。在此双重夹击之下，该群体的社会认同会趋于"内卷化"建构，进而形成新生代农民工"底层"的社会认同。该观点可参见王春光《新生代农村流动人口的社会认同与城乡融合的关系》，《社会学研究》2001 年第 3 期。

② 陆文荣、何雪松、段瑶：《新生代农民工：发展困境及出路选择》，《学习与实践》2014 年第 10 期。

1096 名流动农民工中，有 48.9% 的被访者认为自己的身份是"打工者"，还有 18.2% 的被访者认为自己是"工人"，而认为自己是"农民工"的调查对象占总数的 13.7%。此外，认为自己身份是"农民""白领""管理人员"的均在 10% 之下，分别是 8.1%、3% 与 8.1%。就代际分化的视角，在 556 名新生代农民工中，认为自己是"打工者"的占总数的 52%，而 20.1% 的新生代农民工认为自己身份是"工人"，还有 11% 的新生代农民工认为自己是"农民工"。此外，亦有 4.1%、9% 的新生代农民工认为自己身份属于"白领""管理人员"。在 540 名第一代农民工中，认为自己是"打工者"的占总数的 45.8%，而 16.1% 的第一代农民工认为自己身份是"工人"，还有 16.5% 的第一代农民工认为自己是"农民工"。此外，亦有 1.8%、7.2% 的第一代农民工认为自己身份属于"白领""管理人员"。由此可见，相对第一代农民工，新生代农民工对于"打工者"或"工人"的身份认同感较强。一些研究将农民工特别是新生代农民工称为"双重他者"，认为他（她）们既是农村的"弃儿"又是城市的过客。而本次调查中 1096 名流动农民工对自己属于（贴着农村身份标签的）"农民"与（贴着城里人标签的）"白领"与"管理人员"的认同度都是最低的。第一代农民工如此，新生代农民工亦是如此。在访谈中，我们感受到，相对于该亚群体较高的城市定居意愿与相对较低的定居比例，不少新生代农民工对于自身身份认同的模糊与不确定充满焦虑与疑惑。

表 4-16　流动农民工群体身份认同的代际差异

| 身份认同 | 新生代农民工 （N = 556） | | 第一代农民工 （N = 540） | | 合计 |
	频数	%	频数	%	%
农民工	61	11	89	16.5	13.7
农民	21	3.8	68	12.6	8.1
打工者	289	52	247	45.8	48.9
工人	112	20.1	87	16.1	18.2
白领	23	4.1	10	1.8	3
管理人员	50	9	39	7.2	8.1
合计	556	100	540	100	100

资料来源：作者根据资料整理。

　　你问这个（问题），我也不知道自己算是什么（身份）？我也算在厦门这里站稳脚跟了，工作还可以，也在海沧租了房子。每次回龙岩老家，他们都开我玩笑，厦门特区人民回来了。他们知道我户口还在老家。在厦门这么多年，买不起房子，户口没落在这里，我不认为自己是厦门人。好像没这个身份。你说我是农村人吧，这么多年在外面好像也不算。平时工作在外面，就过年啊，家里有事什么的才回来看一看。现在是两头都不靠。刚在填问卷的时候有一题是问自己到底是什么身份？我也不大清楚。虽然在海沧这里打工这么多年，也在现在的企业做车间管理，公司说我们是管理人员，我就填管理人员。整天都穿工装的，我不觉得自己是什么白领。我就是个打工的。反正现在两个人过还好点，以后有孩子比较麻烦，不知道怎么安排。走一步是一步吧（访谈记录：XMS—NMG03—2018.8.10）。

　　通过对泉州、厦门、福州三地 1096 名流动农民工问卷调查数据的分析，就流动农民工群体对本人和市民差距大小认知的代际差异，与我们的预期不同的是，如表 4-17 所示，新生代农民工群体认为本人和市民差距"非常大"和"比较大"的分别占总数的 20.1% 与 36%，而第一代农民工认为自己和市民差距"非常大"和"比较大"的分别占总数的 14.4% 与 30%。还有 29% 的新生代农民工认为自己和市民的差距大小为"一般"，而第一代农民工群体则有 36.9% 认为差距是"一般"。此外，还有 6.8% 和 8.1% 的新生代农民工认为自己和市民的差距"比较小"或"没差别"，而第一代农民工认为自己和市民的差距"比较小"或"没差别"的比例分别为 10.7% 和 8%。这一代际差异形成的原因可能在于该群体有比较强烈的"相对被剥夺感"，其形成原因包括两个方面：一是流动新生代农民工群体心理较为敏感与焦虑；[1] 二是该亚群体在流迁模式多元化的同时，就总体而言，其城市定居与城市融入的意愿仍强于第一代农民工群体。然而这一

---

[1]　有如，卢光莉与周新明（2012）有关新生代农民工心理健康水平的研究表明，该农民工亚群体在人际关系敏感、焦虑、偏执、强迫症状等多个因子上得分均明显比第一代农民工高。这一观点可参见卢光莉、周新明《新生代农民工心理问题现状调查研究》，《中国保健营养》2012 年第 14 期。

具有较高"定居与融入意愿"的新生代亚群体在流入地城市遇到的制度性排斥并不比第一代农民工少的现实强化了其对于自身身份认同的不确定性、困惑与惶恐,促成了该群体"相对被剥夺感"的形成。

表 4-17 流动农民工对自己和市民差距大小认知的代际差异

单位:%

不同代际农民工	非常大	比较大	一般	比较小	没差别	合计
新生代农民工（N＝556）	20.1	36	29	6.8	8.1	100
第一代农民工（N＝540）	14.4	30	36.9	10.7	8	100

资料来源:作者根据资料整理。

(四) 流动农民工群体权益保障的代际差异

1. 流动农民工群体工作时间与加班费水平的代际差异

就流动农民工群体工作时间与加班费水平的代际差异,通过对泉州市、厦门市、福州市三地 1096 名流动农民工问卷调查数据的分析,我们发现在月休息时间的代际差异方面,第一代农民工每月休息时间总体上比新生代农民工要少。如表 4-18 所示,每月能休息 8 天及以上的新生代农民工有 61 人,占总数的 11%;每月休息时间为 4~8 天的新生代农民工有 131人,占总数的 23.6%;还有 52.3%(291 人)的新生代农民工每月休息时间少于 4 天(含 4 天)。此外,还有 13.1%(73 人)的新生代农民工没有休息日。较之新生代农民工,每月能休息 8 天及以上的第一代农民工有 33人,占总数的 6.1%;每月休息时间为 4~8 天的第一代农民工有 102 人,占总数的 18.9%;还有 57.6%(311 人)的第一代农民工每月休息时间少于 4 天(含 4 天)。此外,还有 17.4%(94 人)的第一代农民工没有休息日。就日休息时间的代际差异而言,第一代农民工每日休息时间总体上也比新生代农民工要少。本次问卷数据显示,达到《劳动法》规定的每天工作时间少于 8 个小时的新生代农民工仅有 155 人,占总数的 27.9%;每天工作时间为 9 个到 10 个小时的有 221 人,占样本总数的 39.7%;而每天工作时间为 11 个到 12 个小时的新生代农民工有 121 人,占总数的 21.8%。此外,还有 10.6%的新生代农民工(59 人)每天工作时间大于 12 个小时以上。

表 4-18　流动农民工群体工作时间与加班费水平的代际差异

单位：%

			新生代农民工 （N＝556）	第一代农民工 （N＝540）
工作 时间		每月能休息 8 天及以上	11（N＝61）	6.1（N＝33）
		每月休息 4~8 天	23.6（N＝131）	18.9（N＝102）
		有休息日，但每月休息少于 4 天（含 4 天）	52.3（N＝291）	57.6（N＝311）
		每月都没有休息日	13.1（N＝73）	17.4（N＝94）
		每天工作时间 8 个小时及以下	27.9（N＝155）	18.2（N＝98）
		每天工作时间 9 个~10 个小时	39.7（N＝221）	34.6（N＝187）
		每天工作时间 11 个~12 个小时	21.8（N＝121）	28.9（N＝156）
		每天工作时间 12 个小时以上	10.6（N＝59）	18.3（N＝99）
加班费		没有加班费，也没有其他形式补贴	2.3（N＝13）	3.7（N＝20）
		没有加班费，但有其他形式补贴	15.5（N＝86）	16.5（N＝89）
		加班费跟正常工资差不多	50.5（N＝281）	46.1（N＝249）
		加班费高于正常工资	31.7（N＝176）	33.7（N＝182）

资料来源：作者根据资料整理。

根据《工资支付暂行规定》的要求，在日法定标准工作时间（8 个小时）之外加班的，企业应按照劳动者小时工资标准的 1.5 倍支付劳动报酬。在休息日工作且不能给予补休的，企业应按照劳动者小时（或以日计）工资的 2 倍支付劳动报酬。然而，通过对泉州、厦门、福州三地 556 名新生代农民工与 540 名第一代农民工问卷调查数据的分析，我们发现，仅有占 1/3 左右的农民工加班费的标准高于正常工资，而加班费跟正常工资水平持平的差不多占一半左右。调查中，我们还发现不少没有加班费，或者不给加班费但是给予其他形式补贴的样本。就加班费水平的代际差异，在 556 名新生代农民工中，没有加班费也不给其他形式补贴的有 13 人，占总数的 2.3%；没有加班费，但是给予其他形式补贴的有 86 人，占总数的 15.5%；50.5% 的新生代农民工（281 人）的加班费跟正常工资差不多。此外，还有 176 名（31.7%）新生代农民工的加班费高于正常工资标准。在 540 名第一代农民工中，没有加班费也不给其他形式补贴的有 20

人，占总数的 3.7%；① 没有加班费，但是给予其他形式补贴的有 89 人，占总数的 16.5%；46.1% 的第一代农民工（249 人）的加班费跟正常工资差不多。此外，还有 182 名（33.7%）第一代农民工的加班费高于正常工资标准。由此可见，在加班费标准上，新生代农民工总体上略低于第一代农民工。

2. 流动农民工群体权益维护方式的代际差异

为了评估流动农民工群体依法维护权益现状与能力，在问卷中，我们设置了"当您的合法权益被他人侵犯时倾向于采取以下何种措施应对（单选）"这一问题。如表 4-19 所示，有 34.1% 的农民工表示要"走法律途径解决问题"，有 19.8% 的农民工则表示要"寻求工会等相关部门、组织的帮助"，而通过"找对方协商解决问题"的农民工则有 18.8%。在农民工群体中，面对这一问题时，有 11.6% 的人表示要"找老乡、亲朋好友帮助"，有 6.8% 的农民工只能无奈"自认倒霉"。值得注意的是，在本次调查中有 1.6% 的农民工表示会采用"言行恐吓"的方式解决问题，而选择"暴力维权"的农民工也占了总数的 5.5%。此外，1.8% 的农民工选择用其他方式维权。

表 4-19　流动农民工群体权益维护渠道的代际差异

单位：人

	新生代农民工（N=556）		第一代农民工（N=540）		合计
	N	%	N	%	%
走法律途径解决问题	226	40.7	148	27.4	34.1
寻求工会等相关部门、组织的帮助	108	19.4	109	20.2	19.8
找对方协商解决问题	95	17.1	111	20.5	18.8
找老乡、亲朋好友帮助	58	10.4	69	12.8	11.6
自认倒霉	29	5.2	45	8.3	6.8

① 经过访谈，我们了解到，此 20 人中，有不少是企业的管理人员，甚至是企业中层。新生代农民工群体中的"免费加班族"中亦有不少属于这类人群。就此，我们应当正视两点事实：其一，在职业分层与所属职级上，农民工并非是公众印象中的"出大汗，扛大包"的简单体力劳动者，他（她）们中的许多人在不同规模的企业担任管理人员与专业技术人员；其二，加班费不达标等侵害劳动者权益的问题并非农民工群体所专有。

续表

	新生代农民工（N＝556）		第一代农民工（N＝540）		合计
	频数	%	频数	%	%
用言行恐吓	8	1.4	10	1.9	1.6
暴力维权	20	3.6	40	7.4	5.5
其他方式维权	12	2.2	8	1.5	1.8
合计	556	100	540	100	100

资料来源：作者根据资料整理。

　　通过对泉州、厦门、福州三地 1096 名流动农民工问卷调查数据的分析，就流动农民工群体权益维护渠道的代际差异，我们发现，由于新生代农民工群体文化水平相对较高，就总体而言该群体更懂得用法律的武器维护自己的正当权益。如表 4-19 所示，在自身合法权益被侵害时，556 名新生代农民工中，懂得走法律途径解决问题的有 226 人，占总数的 40.7%。而 540 名第一代农民工中，只有 27.4% 的受访者（148 人）懂得用法律武器保护自身合法权益。由此可知，新生代农民工合法维权、依法维权的意识比第一代农民工强。面对同样的问题，有 19.4% 的新生代农民工（108人）表示要"寻求工会等相关部门、组织的帮助"，而第一代农民工中则有 20.2% 的调查对象（109 人）采用同样的方法解决问题。由此可见，在运用"寻求工会等相关部门、组织的帮助"这一渠道解决自身权益被侵害问题的比例上不存在明显的代际差异。在此次问卷调查中，有 17.1% 的新生代农民工（95 人）表示会考虑采取"找对方协商解决问题"的方式处理自身权益被侵害问题，而做出同样选择的第一代农民工则有 20.5%（111 人）。如前文所述，新老农民工群体在求职的时候均比较依赖其原有的社会网络。同样，在面对自身权益被侵害的窘境时，有 10.4% 的新生代农民工（58 人）和 12.8% 的第一代农民工（69 人）考虑"找老乡、亲朋好友帮助"。在这一选项上比较接近的选取比例再一次说明地缘、血缘、业缘关系仍在根深蒂固地影响着该群体的社会交往。应当注意的是，在面对自身权益被侵害时，超过 10% 的农民工使用比较消极的方式去应对，比如"自认倒霉""用言行恐吓""暴力维权"等。其中，新生代农民工群体中，选择"自认倒霉"的有 5.2%，共 29 人，而同样选择忍气吞声的第一代农民工则稍多一些，有 45 人，占该群体总数的 8.3%。选择"用言行恐吓"的新生代农民工有 8 人，占总数的 1.4%，而第一代农民工则有 10 人，占总数的 1.9%。此外，还有 20 名新生代农民工选择用"暴力维权"，比例为 3.6%，而做出同样极端选择的第一代农民工则有 40 人，占总数的 7.4%。由如上数据加之本课题组对于福建省内某区级法院工作人员的深度访谈，我们发现，新生代农民工"消极维权"的比例低于第一代农民工，新生代农民工群体在维权渠道选择上总体趋于理性务实，值得肯定。

从我们院这几年经办的案件来看，新生代的维权意识和能力都比较强，去年我们院受理的涉及新生代的劳动纠纷案件就有 300 多件。不仅是比老一代农民工多，而且他们（新生代农民工）的诉求更全面，对法条也更熟悉。老一代到我们院里，一般过来都是要工资或者请求工伤索赔。而新生代不大一样。比如，昨天有一起就是工作了八个月没签合同，当事人要求按照"未签合同须按两倍工资赔偿"的标准给予赔偿。前两天我自己还经办了一起，是因为企业违法解除合同，当事人要求赔付赔偿金的。其实这个法条和规定以前一直都有，但是老一代农民工他们很少提这样的要求，而现在这些新生代经常提这样的诉求。这说明，他们依法维权意识还是比较强的，他们这些年轻人懂得依法维权对我们国家来说其实是好事（访谈记录：XMS—GWY01—2018.8.11）。

如前文所述，当合法权益被他人侵犯时有 19.4% 的新生代农民工表示要"寻求工会等相关部门、组织的帮助"，而第一代农民工中则有 20.2% 的调查对象采用同样的方法解决问题。由此可见，在运用"寻求工会等相关部门、组织的帮助"这一渠道解决自身权益被侵害问题的比例上不存在明显的代际差异。然而，在本次调查中我们发现流动农民工实际得到工会等相关组织、部门帮助的比例偏低。如表 4-20 所示，在 556 名新生代农民工中，经常得到工会等组织、部门帮助的只有 2.2%，偶尔得到帮助的新生代农民工有 14%，而从没获得任何帮助的新生代农民工则高达 83.8%。与新生代农民工群体类似，540 名第一代农民工中实际得到工会等相关组织、部门帮助的比例亦同样偏低。具体来说，经常得到工会等组织、部门帮助的第一代农民工只有 2.4%，偶尔得到帮助的第一代农民工有 16.1%，而从没获得任何帮助的第一代农民工亦高达 81.5%。由此可见，新老农民工面临着期望得到工会等相关部门、组织帮助的"高意愿"与获得帮助的"低实际"的矛盾，该矛盾表明，在加强对农民工群体法律保护的同时，各级工会等相关组织、部门要加强对该群体的关爱与帮助。就总体而言，本次调查数据显示，在流入地城镇流动过程中，新生代农民工获得工会等相关部门、组织帮助的比例稍低于第一代农民工。各级工会等相关部门、组织可以有针对性地开展新生代农民工群体的关爱、帮扶行动。

表 4-20　流动农民工实际得到工会等相关组织、部门帮助的代际差异

单位：%

指标	新生代农民工（N＝556）	第一代农民工（N＝540）
经常得到帮助	2.2	2.4
偶尔得到帮助	14	16.1
从没获得帮助	83.8	81.5

资料来源：作者根据资料整理。

第二节　返乡农民工群体社会保护需求的代际差异

由本书第二章，我们得知，现实中由于受到"发展机会""稳定生活""生活成本""家庭需要"等具体动因的驱使，一些农民工选择了返回流出地家乡。在双向度城镇化背景下，该群体的回流动因、回流地点决策、具体培训情况、职业选择、发展能力存在何种代际差异则是本节研究需要回答的问题。

一　数据来源和样本描述

龙岩、南平、三明是福建省仅有的三个不临海的山区市，这三个地级市是福建省经济较不发达的地级市，同时也是福建省返乡农民工相对比较

集中的地级市。2018 年 6 月至 7 月，本课题组赴此三地市展开问卷调查和深度访谈。本部分所使用数据皆来源于本次调查。本次调查中，本课题组对于返乡农民工的范围界定主要包括空间、时间与个人主观意愿三个方面条件，具体概念可参见本书第一章的相关概念界定，本处不复赘言。本次调查过程使用分层抽样和配额抽样，用滚雪球的方式获取相关样本。实际调查中，课题组成员采用一对一的方式展开调查。本次调查每个市各分发问卷 200 份，合计共 600 份。剔除无效问卷后共计获得有效样本 480 份，其中龙岩市为 157 份，南平市为 164 份，三明市为 159 份。480 份有效问卷中，新生代返乡农民工[①]有 237 人（占有效样本总数的 49.4%），第一代返乡农民工[②]合计 243 人（占有效样本总数的 50.6%）。

表 4-21　样本基本特征

	N	%		N	%
性别			家中是否有耕地		
男	318	66.2	是	278	57.9
女	162	33.8	否	202	42.1
年龄			婚姻状况		
20 周岁以下	20	4.2	已婚	352	73.3
21~30 周岁	93	19.4	未婚	113	23.5
31~38 周岁	124	25.8	离异或丧偶	15	3.1
39~50 周岁	191	39.8			
50 周岁以上	52	10.8			
教育程度			在外打工时间		
6 年及以下	123	25.6	一年以下	33	6.9
7~9 年	278	57.9	1~5 年	239	49.8
10~12 年	46	9.6	5~10 年	81	16.9
12 年以上	33	6.9	10 年以上	127	26.5

资料来源：作者根据资料整理。

---

① 　调查时间截至时为 38 周岁及以下。
② 　调查时间截至时为 39 周岁及以上。

二　返乡农民工群体的代际差异

（一）返乡农民工群体回流动因的代际差异

借鉴戚迪明在其博士学位论文中有关农民工群体返乡原因的分类，[①] 结合本课题组对于问卷相关选项的整理、归类，我们将返乡农民工群体分为"主动返乡型农民工"与"被动返乡型农民工"两大类。

如图 4-2 所示，"主动返乡型农民工"又可以分为"发展机会驱动型"与"稳定生活驱动型"两大类。"发展机会驱动型"亚群体的特点在于，他（她）们是在乡村振兴的历史背景下，主动返回家乡以求获得更好的发展机遇或者发展条件，他（她）们在返乡后一般倾向于返乡创业、返乡就业以及寻求其他发展机会等。"发展机会驱动型"亚群体往往具有比较丰富的外地打工经历，具有一定的资金、技术与经验积累。而"稳定生活驱动型"亚群体则是因为身体、年龄等个人的原因而主动选择返回家乡，他（她）们希望过上比较稳定的生活，在个人主观意愿上亦不愿再离开家乡继续务工。就总体而言，该亚群体年龄普遍偏大，经济状况不一，他（她）们中的许多人往往具有比较浓郁的家乡情结，普遍存在"叶落归根"的主观意愿。而"被动返乡型农民工"则分为"生活成本考量型"与"家庭需要考量型"两大类。其中，"生活成本考量型"亚群体的具体返乡原因较多地集中在"生意失败、房租太高无法承受、工厂倒闭失业、难以找到合适的工作"等等。而"家庭需要考量型"则是由于家庭各种需要而被迫返回家乡，具体的原因有可能是家中老人需要照顾、家人生病需要人手照料或者想结束夫妻两地分居的状态等等。

本课题组在龙岩、南平、三明的调查中获取的 480 份有效样本中，"主动返乡型农民工"有 223 人，占总数的 46.5%；"被动返乡型农民工"有 257 人，占总数的 53.5%。总体上看，"被动返乡型农民工"在总数上稍占优势，但在总体比例上比较接近。223 名"主动返乡型农民工"中，"发展机会驱动型"亚群体有 121 人，在"主动返乡型农民工"群体中占

[①]　戚迪明：《城市化进程中农民工回流决策与行为：机理与实证》，博士学位论文，沈阳农业大学，2013。

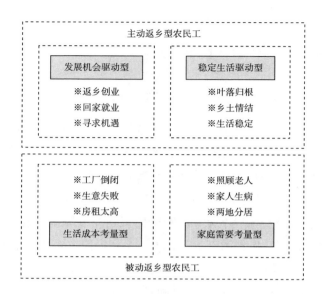

图 4-2 农民工返乡的驱动因素及其群体分类
资料来源：作者根据资料整理。

54.3%；而"稳定生活驱动型"亚群体则有 102 人，占"主动返乡型农民工"总数的 45.7%。在 257 名"被动返乡型农民工"中，"生活成本考量型"亚群体有 119 人，在"被动返乡型农民工"群体中占 46.3%；而"家庭需要考量型"亚群体则有 138 人，占"被动返乡型农民工"总数的 53.7%。就总体而言，上述结构比例与国内一些学者的研究结果有所出入，主要体现在选择主动返乡的农民工比例较高，特别是"发展机会驱动型"农民工的比例相对比较高。就此，我们认为，其原因可能与"天时"和"地利"两个因素相关。一是"天时"。也就是说可能跟调查开展与数据获取的时间节点有关系。近年来，国家越来越重视乡村的发展，特别是 2018 年 2 月实施乡村振兴战略中央一号文件的发布，标志着实施乡村振兴战略与新型城镇化战略一样已成为国家战略。根据彼得·霍尔的政策范式转移理论，《中共中央国务院关于实施乡村振兴战略的意见》的颁布表明，在城乡资源要素的配置政策上正在发生"政策的第三序列的变化"。城乡资源要素双向自由流动正快速成为现实。在此背景下，传统认知中城市与农村，拉力与推力的关系均将发生显著变化。换言之，实施乡村振兴战略这一根本性变迁所释放出的乡村发展红利将进一步成为诱导农民工返乡创业、就业的驱动因素。二是"地利"。意即农民工主动回流返乡创业、就业的比例相对较高，与福建地域的经济特点、产业结构以及区域文化有关。福建省是东南沿海经济强省之一，民营经济比较发达。本次调查的龙岩、南平、三明三地市虽然是山区市，但三地源于地利，在产业链条中分工机会相对比东北地区或西部地区更多一些，因此本次调查地市农民工返乡创业的机会也相对比较多。坐拥"天时"与"地利"，龙岩、南平、三明的乡村振兴只待"人和"。如前文所述，经过在城市打工的历练，返乡农民工具有一定的经验、资金和技术等方面的积累，该群体有望成为乡村振兴的主力军之一。

如表4-22所示，就返乡农民工群体回流动因的代际差异而言，总数为243人的第一代返乡农民工中，"主动返乡型农民工"共有116人，占该群体的47.7%，其中"发展机会驱动型农民工"占21%，而"稳定生活驱动型农民工"占26.7%。第一代返乡农民工中，"被动返乡型农民工"共有127人，其中"生活成本考量型农民工"占28.8%，而"家庭需要考量型农民工"则有23.5%。由此可见，"发展机会""稳定生活""生活成本""家庭需要"等回流动因中，依照重要性排序，第一代农民工返乡的动因从高到低依次是"生活成本""稳定生活""家庭需要""发展机会"。总数为237人的新生代返乡农民工中，"主动返乡型农民工"共有107人，占该群体的45.1%，其中"发展机会驱动型农民工"占29.5%，而"稳定生活驱动型农民工"占15.6%。在新生代返乡农民工中，"被动返乡型农民工"共有130人，其中"生活成本考量型农民工"占20.7%，而"家庭需要考量型农民工"则有34.2%。由此可见，"发展机会""稳定生活""生活成本""家庭需要"等具体回流动因中，按照比例从高到低排序，新生代农民工返乡的动因从高到低依次是"家庭需要""发展机会""生活成本""稳定生活"。

表4-22　返乡农民工群体回流动因的代际差异

单位：%，人

	主动返乡型农民工		被动返乡型农民工		合计
	发展机会驱动型农民工	稳定生活驱动型农民工	生活成本考量型农民工	家庭需要考量型农民工	
第一代返乡农民工	21（N=51）	26.7（N=65）	28.8（N=70）	23.5（N=57）	243

续表

	主动返乡型农民工		被动返乡型农民工		合计
	发展机会 驱动型农民工	稳定生活 驱动型农民工	生活成本 考量型农民工	家庭需要 考量型农民工	
新生代返乡农民工	29.5 （N=70）	15.6 （N=37）	20.7 （N=49）	34.2 （N=81）	237
合计（N）	121	102	119	138	480

资料来源：作者根据资料整理。

（二）返乡农民工群体回流地点的代际差异

参考戚迪明有关农民工回流地点的具体分类，[①] 我们将农民工群体具体回流地点分为回老家县（镇）与回老家农村两大类。基于推拉理论，农民工群体一旦做出返乡的决定，在被流入地"外推"回乡的同时必然同时受到县（镇）拉力与农村拉力的影响，其最终回流地点决策主要取决于这两种拉力孰大孰小。分析针对龙岩、南平、三明三地480名返乡农民工的问卷调查数据，我们发现，所有有效样本群体中有46.7%的农民工（224人）选择回流到县（镇）生活，其余的53.3%（256人）选择回流到其老家农村。

基于代际分化的视角，如表4-23所示，237名新生代返乡农民工中，91人选择回流到农村，占总数的38.4%。其余的146人则已经回流到老家县（镇），占新生代返乡农民工总数的61.6%。而243名第一代返乡农民工中选择回流到农村有的165人，占总数的67.9%。其余的78人已经回流到老家县（镇），占返乡农民工总数的32.1%。

表4-23 返乡农民工群体回流地点的代际差异

单位：%，人

	具体回流地点		合计
	老家县（镇）	老家农村	
第一代返乡农民工 （N=243）	32.1 （N=78）	67.9 （N=165）	100

① 戚迪明：《城市化进程中农民工回流决策与行为：机理与实证》，博士学位论文，沈阳农业大学，2013。

续表

	具体回流地点		合计
	老家县（镇）	老家农村	
新生代返乡农民工 （N=237）	61.6 （N=146）	38.4 （N=91）	100
合计（N）	224	256	480

资料来源：作者根据资料整理。

如前文所述，已回流到老家县（镇）的224名返乡农民工中，第一代农民工有78人，而新生代农民工有146人。如表4-24所示，就返乡农民工群体回流地点选择动因的代际差异，已返乡到老家县（镇）的78名第一代农民工中，有37.2%的人（29人）表示回流县（镇）是因为"城市生活便利，离老家又近"；有15.4%的受访对象（12人）则表示之所以回流县（镇）是因为"为了方便孩子读书"；有17.9%的受访对象（14人）表示回流县（镇）是因为"方便找工作、做生意"；还有29.5%的受访对象（23人）回流县（镇）是因为"其他原因"。已返乡到老家县（镇）的146名新生代农民工中，有41%的人（60人）表示回流县（镇）是因为"城市生活便利，离老家又近"；有29.5%的受访对象（43人）则表示之所以回流县（镇）是因为"为了方便孩子读书"；有24%的受访对象（35人）表示回流县（镇）是因为"方便找工作、做生意"；还有5.5%的受访对象（8人）回流县（镇）是因为"其他原因"。

表4-24 返乡农民工群体回流地点选择动因的代际差异

单位：%，人

	回流老家县（镇）的原因				回流老家农村的原因			合计
	城镇生活便利，离老家又近	为了方便孩子读书	方便找工作、做生意	其他原因	熟悉这里的生活，农村生活安定	方便依托老家资源进行就业、创业	方便照顾孩子和老人	
第一代返乡农民工 （N=243）	37.2 （N=29）	15.4 （N=12）	17.9 （N=14）	29.5 （N=23）	45.4 （N=75）	26.1 （N=43）	28.5 （N=47）	

续表

	回流老家县（镇）的原因				回流老家农村的原因			合计
	城镇生活便利，离老家又近	为了方便孩子读书	方便找工作、做生意	其他原因	熟悉这里的生活，农村生活安定	方便依托老家资源进行就业、创业	方便照顾孩子和老人	
新生代返乡农民工（N=237）	41（N=60）	29.5（N=43）	24（N=35）	5.5（N=8）	24.2（N=22）	45（N=41）	30.8（N=28）	
合计	89	55	49	31	97	84	75	480

资料来源：作者根据资料整理。

　　如表4-24所示，就回流老家县（镇）的224名返乡农民工回流地点选择动因的代际差异，我们发现新生代农民工和第一代农民工最多的选择均是"城镇生活便利，离老家又近"。这说明农民工群体一旦做出从城市退出进而返回家乡的决定，具体回流地点的决策除了考虑离老家的远近之外，也充分考量了对于既往在城市流入地生活方式的不舍与延续。如前文所述，返乡新生代农民工群体中"家庭需要考量型"与"发展机会驱动型"的比例均比第一代农民工高。这直接反映在基于"为了方便孩子读书"和"方便找工作、做生意"等原因而返回老家县（镇）的新生代农民工的比例远高于第一代农民工。

　　已回流到老家农村的256名返乡农民工中，第一代农民工有165人，而新生代农民工有91人。就返乡农民工群体回流地点选择动因的代际差异，如表4-24所示，已返乡到老家农村的165名第一代农民工中，有45.4%的人（75人）表示回流农村是因为"熟悉这里的生活，农村生活安定"；有26.1%的受访对象（43人）则表示之所以回流农村是因为"方便依托老家资源进行就业、创业"；有28.5%的受访对象（47人）表示回流农村是因为"方便照顾孩子和老人"。已返乡到老家农村的91名新生代农民工中，有24.2%的人（22人）表示回流农村是因为"熟悉这里的生活，农村生活安定"；有45%的受访对象（41人）则表示之所以回流农村是因为"方便依托老家资源进行就业、创业"；有30.8%的受访对象（28人）表示回流农村是因为"方便照顾孩子和老人"。如前文所述，第一代返乡农民工群体中"稳定生活驱动型"与"生活成本考量型"的比例均远高于新生代农民工。正因为如此，如表 4-24 所示，就回流老家农村的 256 名返乡农民工回流地点选择动因的代际差异，因为"熟悉这里的生活，农村生活安定"而选择返回老家农村的第一代农民工比例远高于新生代农民工。反之，新生代农民工返回老家农村更多是基于"方便依托老家资源进行就业、创业"。此外，无论是第一代农民工抑或是新生代农民工，其返回老家农村的原因选择"方便照顾孩子和老人"的都接近 30%。可见，国人注重家庭责任的价值观具有代际延续性，亲情始终是农民工群体回流老家农村的重要原因。

（三）返乡农民工群体培训情况的代际差异

通过对龙岩、南平、三明三地市 480 名返乡农民工调查问卷数据展开分析，我们发现，返乡农民工群体在返乡前接受培训的情况存在一定代际差异。如表 4-25 所示，在 237 名新生代返乡农民工中，参加过培训的有 149 人，占总数的 62.9%，未参加过任何培训的有 88 人，占总数的 37.1%。在已参加培训的 149 人中，23.6% 的新生代农民工（56 人）参加的是工作单位组织的培训，10.6% 的新生代农民工（25 人）参加的是政府部门组织的培训。此外，还有 28.7% 的新生代农民工（68 人）参加的是自己个人报名的培训，其中有 23 人参加"基于手机的移动学习系统"方式的培训。而在 243 名第一代返乡农民工中，参加过培训的有 109 人，占总数的 44.9%，未参加过任何培训的有 134 人，占总数的 55.1%。在已参加培训的 109 人中，19.8% 的第一代返乡农民工（48 人）参加的是工作单位组织的培训，10.7% 的第一代返乡农民工（26 人）参加的是政府部门组织的培训。此外，还有 14.4% 的第一代返乡农民工（35 人）参加的是自己个人报名的培训，其中有 7 人参加"基于手机的移动学习系统"方式的培训。

表 4-25　返乡农民工返乡前接受培训情况的代际差异

单位：%，人

指标	第一代农民工（N=243）	新生代农民工（N=237）
工作单位组织培训	19.8（N=48）	23.6（N=56）
政府部门组织培训	10.7（N=26）	10.6（N=25）

指标	第一代农民工（N＝243）	新生代农民工（N＝237）
自己个人报名培训	14.4（N＝35）	28.7（N＝68）
未参加过任何培训	55.1（N＝134）	37.1（N＝88）

资料来源：作者根据资料整理。

由此可见，在本次调查中，返乡新生代农民工在返乡前接受培训的比例（62.9%）显著高于第一代返乡农民工（44.9%）。就总体而言，返乡农民工返乡前参加政府部门组织培训的比例较低，同时基本上不存在代际差异。这说明地方政府仍需加大对农民工群体的培训力度。而在"工作单位组织培训"以及"自己个人报名培训"两类培训方式中，新生代返乡农民工参加的比例均高于第一代返乡农民工。特别是新生代返乡农民工"自己个人报名培训"的比例显著高于第一代返乡农民工，前者是后者的两倍左右。就其具体原因，经过调查与深度访谈，我们认为主要在于两点。一是新生代农民工群体更加注重自我投资，由于比较关注个人自我价值的实现与个人能力的提升，与第一代农民工相比，他（她）们接受培训教育的愿望更加强烈。二是本次调查将"基于手机的移动学习系统"纳入"自己个人报名培训"选项之中。其中，在"自己个人报名培训"类型中，新生代返乡农民工参加"基于手机的移动学习系统"的比例为33.8%，而第一代返乡农民工参加"基于手机的移动学习系统"的比例仅为20%。

> 我在外面打工的时候就有用喜马拉雅听课，也有用微信听微课什么的。以前是瞎听，现在不摘茶叶的时候就做这个生意（生产电镀茶盘）。不能只靠在外地的亲戚，很难走量。我和我堂哥商量过了，想来想去还是要开一个网店，现在做生意很多都是靠网络卖。以前在北京的时候姐夫也有开一个网店，可是一直打不开销量。现在自己想着听一下这方面的网络课程，看看有没有比如好的办法把店的销量弄上去。所以我就选了什么《网店产品摄影这些事儿》《最新淘宝开店教程》《如何开网店的经验》这些比较实用的（访谈记录：LY09-DB-2018.06.17）。

结合访谈，通过对龙岩、南平、三明三地市480名农民工调查问卷数据展开分析，我们还发现，返乡农民工群体在返乡后接受培训的情况更不容乐观。在 243 名第一代返乡农民工中，返乡后参加过培训的仅有 28 人，仅占总数的 11.5%。在 237 名新生代返乡农民工中，返乡后参加过培训的亦仅有 47 人，仅占总数的 19.8%。访谈中，我们了解到，许多返乡农民工参加的零星培训更是针对全体农民的培训，而专门针对返乡农民工的培训极为稀少。由此可见，虽然截至本次问卷调查结束前，福建省实施返乡农民工培训的五年计划（闽人社文〔2017〕325 号）已经下发执行超过半年，但针对返乡农民工群体的培训仍任重道远。

> 到今年 5 月份，我回来就满两年了。你说的政府组织的培训我没有参加过一次。我不知道这算不算？村里 3 月份的时候有叫家里有种茶的去听什么培训讲座。前前后后弄了五天。就是教说不让打农药，注意肥料配比什么的，总之就是要怎么样提高茶叶的质量，让我们镇里的茶叶能卖个好价钱。不过这个培训是我们种茶的农民都有去听，不是专门叫我们这些外面回来的打工的听的。我刚回来的时候有一次碰到的时候问过村长，他说没有专门针对外出打工族的培训。倒是有组织贫困户培训。我这样也不算贫困户，就一直都没有参加（访谈记录：LY09-DB-2018.06.17）。

（四）返乡农民工群体职业选择的代际差异

通过对龙岩、南平、三明三地市 480 名返乡农民工调查问卷数据的分析，本课题组发现，就返乡前和返乡后所从事职业变迁而言，有两个趋势需要注意：一是部分农民工在返回老家所在地县（镇）或者老家农村之后，其新从事的职业类型较之回流前发生了显著提升。换言之，有些返乡农民工的职业声望在返乡后得到了提升。二是部分返乡农民工在返乡后从事在城市打工期间类似的工作。换言之，有些返乡农民工在职业选择上存在一定的"走廊痕迹"。[1] 基于代际分化的视角，本课题组发现返乡农民工群体在职业选择上存在一定代际差异。在 237 名新生代返乡农民工中，所从

---

[1] 戚迪明：《城市化进程中农民工回流决策与行为：机理与实证》，博士学位论文，沈阳农业大学，2013。

事的职业排名前四位的分别是：自雇者（31.6%）、在家做杂务（16.5%）、普工（12.2%）、农民（8%）。而在243名第一代返乡农民工中，所从事的职业排名前四位的分别是：农民（24.3%）、自雇者（23.5%）、在家做杂务（11.9%）、普工（10.7%）。在返乡后的职业选择上，新生代返乡农民工从事农民职业（8%）的显著少于第一代返乡农民工（24.3%）。三地返乡农民工从事自雇者这一职业的比例均比较高，其中新生代返乡农民工比第一代返乡农民工高8.1%。在访谈中，本课题组了解到，此三地返乡农民工特别是返乡新生代农民工中的有些创业者从事微信、淘宝、云集等互联网电商，有些创业者则从事特色农副产品加工、当地特色旅游开发等小微项目的运营。由于做到了将互联网与地方特色优势资源相融合，许多特色创业小微项目取得了成功。应当引起注意的是，新生代返乡农民工和第一代返乡农民工从事"在家做杂务"这一不是职业的"职业选择"的比例分列各自所在亚群体的第二位与第三位，在这个群体中女性的比例较高。

> 回来以后主要是没有钱，家里事情又太多。现在只能茶季的时候去摘摘茶叶，过年过节帮人照看下摊子，赚两块钱。现在是没有办法（就业）。上有老，下有小。家里两个小孩要看不敢送幼儿园。现在幼儿园一个月要1000多块，两个小孩就要3000。太贵了。我老公这里爷爷奶奶年纪都很大，公公去年不在了，婆婆又在外地照顾她外孙。等以后婆婆回来方便点的时候看看能不能去县城里找点事做。这样比较近，每天去上班，晚上回来能照顾到家里。孩子也有时间带（访谈记录：LY07-CHL-2018.06.15）。

（五）返乡农民工群体发展能力的代际差异

为方便衡量返乡农民工群体发展能力的代际差异，设置了"新技术与新渠道应用能力""互联网的应用能力""政策信息获取水平"等方面的细分项目。在本次调查中，"新技术与新渠道的应用能力"主要针对返乡农民工群体中从事农民职业者。在龙岩、南平、三明等三地市480名返乡农民工中，从事农民职业的仅有78人，其中第一代返乡农民工59人，新生代返乡农民工则仅有19人。如表4-26所示，在各类"新技术与新渠道应用能力"中，"选种新品种"与"采用新的农业技术"的比例最高。其中，"选种新品种"的返乡农民工共有 34 人，占总数的 43.6%；而"采用新的农业技术"的返乡农民工则有 26 人，占总数的 33.3%。而"种植经济作物"与"饲养经济动物"的比例类似。此外，"使用互联网进行农副产品销售"的返乡农民工则有 18 人，占总数的 23.1%。基于代际分化的视角，如表 4-26 所示，"选种新品种"的新生代返乡农民工的比例为52.6%，而第一代返乡农民工在该项指标上为 40.7%。"种植经济作物"的新生代返乡农民工的比例为 26.3%，而第一代返乡农民工为 22%。在"饲养经济动物"上，新生代返乡农民工和第一代返乡农民工的比例分别为 31.6% 与 18.6%。"采用新的农业技术"的新生代返乡农民工有 42.1%，而第一代返乡农民工在该项指标上的比例为 30.5%。此外，有 36.8% 的新生代返乡农民工使用互联网进行农副产品销售，而第一代返乡农民工群体中则只有 18.6% 的人使用这一销售渠道。

表 4-26　返乡农民工"新技术与新渠道应用能力"的代际差异

单位：%、人

指标	第一代返乡农民工（N=59）	新生代返乡农民工（N=19）
选种新品种	40.7（N=24）	52.6（N=10）
种植经济作物	22（N=13）	26.3（N=5）
饲养经济动物	18.6（N=11）	31.6（N=6）
采用新的农业技术	30.5（N=18）	42.1（N=8）
使用互联网进行农副产品销售	18.6（N=11）	36.8（N=7）

资料来源：作者根据资料整理。

在本次调查中，"互联网的应用能力"针对全体返乡农民工。龙岩、南平、三明三地市 480 名返乡农民工调查数据显示，243 名第一代返乡农民工中有 137 人表示在日常生活中没有使用互联网的习惯，占总数的56.4%；而 237 名新生代返乡农民工中，则只有 18 人表示在日常生活中没有使用互联网的习惯，占总数的 7.6%。由此可见，相对第一代返乡农民工，互联网的使用已经成为新生代返乡农民工日常生活的一部分。就互联网的具体使用目的，在回答是否"使用互联网寻找工作机会"

时，新生代返乡农民工中有 46 人（19.4%）做了肯定回答，而第一代返乡农民工则只有 26 人（10.7%）的被访者表示会用互联网找工作。此外，有 83.1% 的新生代返乡农民工表示经常会"使用互联网寻找工作生活所需要的信息"，而第一代返乡农民工中只有 47.3% 的人表示有这个习惯。由此可见，在互联网的应用能力上，新生代返乡农民工要远远超过第一代返乡农民工。

在本次调查中，"政策信息获取水平"针对全体返乡农民工。龙岩、南平、三明三地市 480 名返乡农民工调查数据显示，在问及是否知道 2018 年中央一号文件的主题时，有 55.6% 的返乡农民工（267 人）表示知道当年一号文件的主题是"乡村振兴"。其中，新生代返乡农民工群体中有 71.3% 的被访者（169 人）表示知道该主题，而第一代返乡农民工则只有 40.3%（98 人）做了肯定回答。在问及是否知道 2017 年福建城乡居民基本养老保险基础养老金标准时，共有 52.5% 的返乡农民工（252 人）准确回答了具体标准。其中，新生代返乡农民工中有 36.7% 的调查对象回答正确，而第一代返乡农民工中则有 67.9% 回答正确。经过调查和访谈，我们认为，其原因与新、老返乡农民工亚群体所处的生命阶段有关。第一代返乡农民工群体由于年龄相对较大，对于养老保障与医疗保障方面问题比较关切。而新生代农民工由于较为年轻，对于养老和医疗方面的问题特别是具体待遇标准等操作层面问题关注度不高。正因为如此，在问及"您是否知道福建省 2017 年新农合住院报销比例"这一问题时，如表 4-27 所示，第一代返乡农民工中有 32.1% 的受访者（78 人）知道准确报销比例，而新生代返乡农民工则只有 27% 的受访者（64 人）准确回答出具体报销比例。同样由于处于不同生命周期，新生代返乡农民工对于创业、就业等发展方面的需求比较强烈，因此对于相关社会政策的了解程度亦比第一代返乡农民工高许多。有如，当问及"您是否知道福建省《返乡创业十二条措施》（2015）"这一问题时，有 35.9% 的新生代返乡农民工表示知道该《措施》，而第一代返乡农民工中则只有 14.4% 的受访者听说过该《措施》。面对"您是否知道福建省《返乡创业培训五年行动计划》（2017）"这一问题时，则在新生代返乡农民工群体中，有 28.3% 的受访者表示知道该《计划》，而第一代返乡农民工群体中，只有 8.6% 的被调查对象表示知道该《计划》。

表 4-27 返乡农民工"政策信息获取水平"的代际差异

单位：%，人

指标	第一代返乡农民工 （N＝243）	新生代返乡农民工 （N＝237）
知道 2018 年中央一号文件的主题	40.3（N＝98）	71.3（N＝169）
知道 2017 年福建城乡居民基本养老保险基础养老金标准	67.9（N＝165）	36.7（N＝87）
知道福建省《返乡创业十二条措施》（2015）	14.4（N＝35）	35.9（N＝85）
知道福建省《返乡创业培训五年行动计划》（2017）	8.6（N＝21）	28.3（N＝67）
知道福建省 2017 年新农合住院报销比例	32.1（N＝78）	27（N＝64）

资料来源：作者根据资料整理。

第五章

体面劳动议程：政策框架、
国别计划及其政策启示

在农民工社会政策的公民权利范式下，面对新型城镇化与乡村振兴战略此双向度城镇化的机遇与挑战，我国农民工社会政策应该如何调适以更加适应农民工群体流迁模式多元化与代际需求异质性的需要是本书需要回答的问题。特别是该群体对于"充裕的就业机会、生产性的工作、自由的工作、平等的工作、安全的工作、具有人格尊严的工作"等体面劳动方面的强烈需求必须引起高度重视。基于此考量，本章通过对国际劳工组织体面劳动议程的政策框架与国别计划展开深入研究，借此得出对我国调适农民工社会政策的若干启示。

第一节　体面劳动议程的政策框架

作为联合国专司劳动就业、社会保障等方面社会性事务的专门组织，[①]基于"推进社会正义，促进体面劳动"的宗旨与使命，长期以来国际劳工组织（International Labour Organization，ILO）致力于促进所有成员国劳动者的充分就业水平与生活水平，改善劳动条件，扩展社会保护，提

[①] 国际劳工组织根据《凡尔赛合约》于 1919 年成立，成立之初是作为国际联盟的附属机构。1946 年 12 月 14 日，该组织正式成为联合国下属的专门机构。截至 2019 年 1 月，包括我国在内该组织共计有 187 个成员国。

升劳动者的职业安全和卫生水平等。20 世纪 80 年代以来，由于经济全球化打破了劳方与资方之间的相对平衡态势，对原有劳工保护机制形成了巨大挑战。在此背景下，为确立未来核心劳工标准的制定方向，1998年 6 月在第 86 届国际劳工大会上，国际劳工组织通过了《关于工作中基本原则和权利宣言及其后续措施》，明确提出所有成员国要尊重、促进和实现劳工的四项基本权利。[1] 在 1999 年 6 月举行的 ILO 第 87 届国际劳工大会上，当年 3 月新任国际劳工组织总干事的胡安·索马维亚（Juan Somavia）向大会提交了《体面劳动》（Decent Work）主题报告，正式提出了"体面劳动"的概念。可见，在国际劳工组织的既定政策框架中，"体面劳动"是该组织应对全球化给劳动世界带来深刻改造[2]的一个有效反应。

一　体面劳动议程的四大战略支柱及其相互关系[3]

在 2008 年 6 月召开的国际劳工大会第 97 届会议上，国际劳工组织通过了《关于争取公平全球化的社会正义宣言》（该宣言简称为《社会正义宣言》）。《社会正义宣言》是国际劳工组织自 1919 年成立以来，继《费城宣言》（1944）和《工作中的基本原则和权利宣言》（1998）之后的第三个具有划时代意义的原则和政策声明，该宣言的发表清晰阐述了 ILO 对全球化时代自身权责担当的认识。在《社会正义宣言》中，为促进各国劳工体面劳动，国际劳工组织指出所有成员国必须基于"就业""社会保护""社会对话""工作中的权利"四个具有同等重要性的

---

① 此四项基本权利分别是：a. 结社自由，有效承认集体谈判权利；b. 消除（一切形式）强迫（强制）劳动；c. 有效废除童工；d. 消除就业和职业歧视。

② 经济全球化对于劳动世界的深刻改造体现在机遇与挑战两个方面：一方面，经济全球化将许多国家的农村贫困劳动者纳入现代城镇经济、社会版图之中，有助于劳动者从强劲的经济增长和充沛的城镇就业机会中获益；另一方面，经济全球化也使得许多国家和地区的劳动者面临诸多社会风险，有如，在"后福特主义"的影响下，由于非正规经济和未受保护工作的增加，许多国家和地区面临收入差距拉大，贫困和失业加剧的现象。

③ 国际劳工组织北京局简介及国际劳工组织有关体面劳动议程的四大战略支柱可参见《关于我们》，国际劳工组织北京局，https://www.ilo.org/beijing/about-the-office/lang-zh/index.htm。

战略目标为基础展开努力，而国际劳工组织的体面劳动议程正是借由此四个战略目标实现的。此四大战略支柱及其相互关系可归纳如下五个方面。

（一）战略支柱1：就业——为不同性别劳工创造机会促进体面就业、增加收入

在国际劳工组织的体面劳动议程中，所谓就业的具体含义是要为不同性别的劳工创造机会促进其体面就业的同时提升其收入水平。具体来说，要通过创造具有可持续性的经济环境和制度设计来促进劳动者就业，该环境满足三个细分条件：第一，在劳动者个人的层面上，劳动者能够开发、更新自身从事生产性职业所必须的职业技能，以满足个人自我成就和福祉的需要；第二，在企业的层面上，无论企业性质如何，应该在实现自我经济增长目标的同时为所有员工提供充分就业和充足的收入；第三，在社会的层面上，应该能促进经济发展、社会进步与劳动者良好生活三者的平衡。

（二）战略支柱2：社会保护——扩大社会保护覆盖面的同时提高社会保护的有效性

在国际劳工组织的体面劳动议程中，所谓社会保护的具体含义是在扩大社会保护覆盖面的同时要积极提高劳动者社会保护的有效性。具体而言，要通过发展、加强包括社会保障项目和劳动保护举措在内的具有可持续性，同时符合各成员国（地区）实际的社会保护措施。具体来说，这一社会保护措施应符合如下三个方面的要求：第一，就分配基础和分配内容而言，该社会保护措施要为有需要的劳动者提供包括基本收入在内的社会保障。应当注意的是社会保障的分配基础与分配内容应当是动态调适的，应当根据经济、社会、人口、技术等相关情况的变化而不断调适以因应劳动者的实际社会保护需求。第二，该社会保护措施必须能覆盖劳动者在健康和安全的工作条件方面的实际需求。第三，该社会保护措施必须确保所有劳动者及其家庭成员公正地分享经济社会发展进步的成果，使得社会保护对象能够享有最低生存工资、合适的工作条件等待遇。

正是在此背景下，就如何建立、扩大各成员国社会保护制度的覆盖面，国际劳工组织采取了"横向扩展与纵向扩展"相结合的"社会保护阶梯"政策范式。如图 5-1 所示，在国际劳工组织的社会保护阶梯政策框架中，扩大社会保护覆盖面的既定战略在本质上被认为具有两个层面的特征。其中，第一个层面将一定程度（水平）的收入保障以及对于卫生保健的可及性扩展到所有劳动者及其家庭，即便其暂时仍处于比较低的基本水平之上，这一层面的扩展可被称为横向扩展。第二个层面则立足于为劳动者及其家庭寻求更高水平的收入保障，同时力求获取更高质量的卫生保健，使得劳动者即便在面对生命中重大不测与弱势情境时，有如劳动者面临失业、工伤、病残、（部分）丧失劳动能力以及因年老（及其他原因）退出劳动市场时，还能维持一定水准的生活水平。这一层面上的扩展可被称为纵向层面扩展。国际劳工组织认为，这两个层面的扩展应该是齐头并进的，同时其具体扩展进程必须符合各个成员国的具体国情。在 2012 年 6

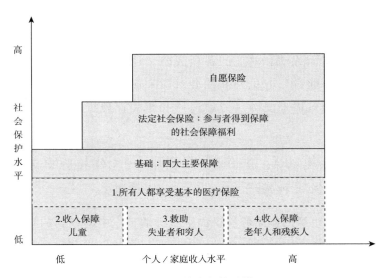

图 5-1 社会保护阶梯

资料来源：①The strategy for the extension of social security，来源于国际劳工组织社会保障全球扩面网站，http：//www. socialsecurityextension. org/gimi/gess/ShowTheme. do？tid = 2505；②国际劳工大会第 100 届会议报告六《致力于社会正义和公平全球化的社会保障》（在参考此两份资料的基础上，笔者将图形做了微调）。

月召开的国际劳工组织第 101 届国际劳工大会上，该组织批准了第 202 号建议书——《关于国家社会保护底线的建议书》，该建议书第一次以国际劳工组织标准的形式确认了自 2001 年以来发展完善的、以人人享有基本社会保护为目标的社会保护扩展战略。如前文所述，该战略包括横向扩展和纵向扩展两个层面。当前，国际劳工组织正积极推动该社会保护扩展标准的推广和落实工作。

（三）战略支柱 3：社会对话——加强政府、企业与工会组织三方机制与社会对话

在国际劳工组织的体面劳动议程中，所谓社会对话的具体含义是要加强政府、企业以及工会组织三方机制与社会对话。具体来说，要将三方机制和社会对话作为开展如下四个方面工作最为适切的方法加以推广：第一，要根据各成员国的实际情况，通过三方机制和社会对话来调适各国体面劳动的战略目标及其具体实施；第二，要通过三方机制和社会对话来将社会进步转变成为经济发展，同时也要通过三方机制和社会对话来将经济发展转化为社会进步；第三，嵌入各个国家的国情，对于可能影响体面劳动和就业的各项战略、计划的相关国家方针、政策的制定和修改要通过三方机制和社会对话来促成和实现；第四，要通过三方机制和社会对话来使得《劳动法》和相关管理机构、组织变得富有成效。

（四）战略支柱 4：工作中的权利——工作场所中劳动标准、原则与权利的促进和实现

在国际劳工组织的体面劳动议程中，所谓工作中的权利的具体含义是达到劳动者工作场所中劳动标准、原则以及权利的促进和实现的目标。应该指出的是，就工作中的权利的层次而言，无论是作为根本性的权利抑或是作为充分实现所有战略目标所必须具备的必要工具性条件来说，这些基本标准、原则和权利都是必不可少的。有如，劳动者的结社自由以及有效地承认集体谈判权对于体面劳动议程的如上四大战略支柱都是必不可少的。

（五）依存与互补：国际劳工组织体面劳动议程四个战略支柱的关系

如图 5-2 所示，国际劳工组织体面劳动议程四个战略支柱是不可分割的整体，此四大战略支柱之间是互相依存与互补的关系。换言之，推进此四个战略支柱中的任何一个战略支柱遇到困难和挫折将极大妨碍其他战略支柱目标的实现。为最大限度地发挥出体面劳动议程四大战略支柱的影响力，《社会正义宣言》提出，为促进它们所做的努力应成为 ILO 有关体面劳动议程全球和综合战略的重要组成部分。此外，在推进体面劳动议程四大战略支柱时，必须将性别平等与非歧视的视角切入所有相关活动的事项当中。

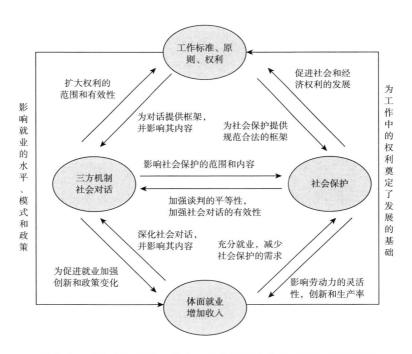

图 5-2　工作中的权利、就业、社会保护和社会对话的相互依存

资料来源：林燕玲：《体面劳动——世界与中国》，中国工人出版社，2012（笔者根据个人研究观点调整）。

二　体面劳动议程的六大基本理念

在国际劳工组织第87届国际劳工大会上，索马维亚所做的总干事报告中关于体面劳动的定义是，在自由、平等、安全以及确保人格尊严的环境下提升男人和女人获得体面的生产性工作的机会。[①] 具体来说，体面劳动议程包括六大基本理念，分别是充裕的就业机会、生产性的工作、自由的工作、平等的工作、安全的工作、具有人格尊严的工作。

（一）充裕的就业机会

就业是民生之本，实现就业本身同样是体面劳动议程的基础。国际劳工组织体面劳动议程的首要基本理念就是为所有男人和女人提供充裕的就业机会。应该指出的是，这里的就业或者工作的概念是比较宽泛的，既包括正规单位的正式工作也包括非正规部门的非正式工作，既包括社会性工作岗位也包括家庭就业[②]的范畴。相应的，工作性质包括各种类型、各种形式的生产经营型活动。可见，在国际劳工组织的体面劳动议程中，各种类型的工作机会都属于"体面工作"的范畴之中，各职业间不应当存在歧视。

（二）生产性工作

生产性工作（Productive Work）中的生产性指就业或工作本身可以为劳动者带来回报的特性，这种回报特性建立在劳动所带来产出的基础之上。生产性工作要求劳动者的劳动或者工作能够为其本人和家庭带来稳定、足额的收入，其水平应足以维持劳动者及其家庭的基本生活水平，同时还能够维持劳动力的再生产。客观上，生产性工作还能够为促进国家、社会和企业的可持续发展和整体竞争力做出贡献。

[①]　ILO，"Report of the Director-General：Decent Work"，*International Labor Conference*，87th session，Geneva，1999.

[②]　所谓家庭就业是指通过在家生产的方式获取收入借此维持生计的非正式就业方式。此类就业多以来料加工为主。

（三）　自由的工作

自由是人类永恒的追求，自由的工作同样是体面劳动议程的基本理念之一。在国际劳工组织的体面劳动议程政策框架中，所谓自由的工作具有几个层面的内涵：首先，从事何种工作、具体工作地域等皆应基于劳动者个人的自由、能动选择；其次，奴役劳动、童工等显失公平的工作应当摒弃；最后，自由的工作还要求劳动者能够自由结社，同时还要求社会不应对具体工作岗位产生歧视性看法的同时还应消除工作过程中的歧视。

（四）　平等的工作

平等同样是人类永恒的追求，工作的平等性亦是体面劳动议程的基本理念之一。在国际劳工组织的体面劳动议程政策框架中，所谓平等的工作主要包括三个层面的含义：第一，劳动者在工作过程中应当享受到平等对待，享有各种公平的福利、薪酬、晋升机会；第二，在经济全球化打破劳方与资方之间的相对平衡态势，形成"强势资本与弱势劳工"的状态下，平等的工作还意味着所有劳动者都应当得到社会各界特别是资方的尊重；第三，平等的工作还具有劳动者应当能够在工作之余兼享有家庭照顾与自由生活的权利，换言之，平等的工作本身应有利于劳动者保持工作与家庭的平衡，体面劳动议程的这一基本理念具有家庭友好型社会政策的意蕴。

（五）　安全的工作

追求安全是人类的本能需求，工作的安全性亦是体面劳动议程的基本理念之一。基于生命历程理论，每个劳动者都（可能）会经历人生的弱势阶段（状态），如疾病、失业、退休、年老等。为此，在国际劳工组织的体面劳动议程政策框架中，所谓安全的工作主要包括两个层面的含义：第一，劳动者的工作环境应当是安全的，换言之，劳动报酬的取得不应以劳动者自身的健康作为显性或隐性成本；第二，当劳动者处于罹患疾病、失业、生育、退休等相对弱势状态时，其应该享受到医疗保障、失业保险、生育保险、养老保障等福利待遇。由此可见，企业单方难以实现劳动者安全工作的目标，政府、企业和工会组织三方都应该在劳动者的安全劳动、身心健康、工作稳定性方面投入资源。

（六）具有人格尊严的工作

在国际劳工组织体面劳动议程的政策框架中，所谓具有人格尊严的工作是指劳动者在劳动过程中应当受到足够尊重。具有人格尊严的工作要求劳动者能够参与工作单位日常经营、员工福利方面的相关决策，同时劳动者具有自由结社的权利，可以根据个人意愿和利益参加工会或者退出工会组织。劳动者参与决策不仅有利于劳动者人格尊严、工作目标的实现，就促进企业自身发展的维度而言，劳动者参与决策还有助于提升企业决策的科学化水平。

三　体面劳动议程的指标体系

根据国际劳工组织于 2009 年 7 月发布的《新千年发展目标就业指标指南：兼纳全套体面劳动指标体系》（简称《体面劳动指标》），国际劳工组织的体面劳动议程共包括被称为 "体面劳动议程的实质性要素" 的 11 类衡量指标。[①]

此 11 类衡量指标分别是："就业机会""充足的收入和生产性劳动""体面工时""劳动、家庭与个人生活的融合""应废止的劳动""工作的稳定性和保障性""就业中的机会平等与待遇公平""安全的工作环境""社会保障""社会对话，员工与雇主代表""体面劳动的经济社会背景"等。如表 5-1 所示，体面劳动的 11 类衡量指标之下各自又包括 M、A、F、C、S 等二类指标。体面劳动的 11 类衡量指标之下的二类指标中，所谓 M是指主要的体面劳动指标，A 指国际劳工组织增加的体面劳动指标，F 指国际劳工组织未来可能纳入的指标或国际劳工组织开展的试验，C 则指体面劳动的经济社会背景。而（S）则是指除了对整体开展衡量之外，还需要对男女（不同性别）分别开展报告。

---

① ILO，"Guide to the New Millennium Development Goals Employment Indicators：Including the Full Set of Decent Work Indicator"，Geneva ILO，2009.

表5-1　体面劳动的指标体系

体面劳动议程的实质性要素	统计指标			C：体面劳动的经济社会背景	工作权利与体面劳动的法律框架
	M：主要的体面劳动指标	A：增加的体面劳动指标	F：未来可能纳入的指标／ILO开展的试验		
就业机会（1+2）	M15~64岁就业人口占总人口的比率（S） M 失业率（S） M15~24岁不再接受教育时未就业的青年数（S） M 非正规就业（S）	A15~64岁就业人口的劳动参与率 A15~24岁青年的失业率（S） A 据教育程度的失业（S） A 据职位的就业（S） A 自营企业主和合同制家庭工人占就业总人口比重（S） A 非农就业者中带薪就业者的比重（S）	F 未充分利用的劳动力（S）		L 政府对充分就业的承诺 L 失业保险
充足的收入和生产性劳动（1+3）	M 贫困劳动者（S） M 低报酬比率（低于小时工资中位数的2/3）（S）	A 所选择行业的平均小时工资数（S） A 平均真实收入（S） A 最低工资占工资中位数的百分比 A 制造业的工资指数 A 近期接受培训的员工（1年内/4周内）（S）			L 法定最低工资

续表

体面劳动议程的实质性要素	统计指标			C: 体面劳动的经济社会背景	工作权利与体面劳动的法律框架
	M: 主要的体面劳动指标	A: 增加的体面劳动指标	F: 未来可能纳入的指标/ILO 开展的试验		
体面工时 (1+3)	M 超时工作时间（单周超 48 小时；"常态化"工作时间）(S)	A 通常工作时间（标准化工作时间）(S)；A 员工平均工作时间 (S)；A 工时相关的失业率 (S)	F 带薪年休假（ILO 开展的试验；主要指标）		L 最高工作小时数；L 带薪年休假
劳动、家庭与个人生活的融合 (1+3)			F 非社交时间/不定时工作时间（ILO 开展的试验）；F 生育保护/不定时工作时间（ILO 开展的试验；主要指标）		L 产假（包括休假周数、接替率、覆盖率）；L 额外探亲休假
应废止的劳动 (1+3)	M 童工劳动 (S)	A 危险环境中的童工劳动 (S)	F 其他最为恶劣形式的童工劳动 (S)；F 强迫劳动 (S)		L 童工劳动（及规制政策）；L 强迫劳动（及规制政策）
工作的稳定性和保障性 (1, 2+3)	M 工作的稳定性和保障性（ILO 开展的试验）	A 临时工与全职员工的人数与工资 (S)			

续表

体面劳动议程的实质性要素	统计指标				工作权利与体面劳动的法律框架
	M：主要的体面劳动指标	A：增加的体面劳动指标	F：未来可能纳入的指标/ILO 开展的试验	C：体面劳动的经济社会背景	
就业中的机会平等与待遇公平（1，2+3）	M 基于性别的职业隔离 M 女性员工在 ISCO-88 中第 11 组以及第 12 组就业人口所占的比重	A 工资的性别差异（S） A 由国际劳工组织制定的劳动者工作中有关基本原则和权利的指标（有关消除就业和职业歧视方面的指标） A 衡量国家层面有关种族、民族、原住民、（新近）移民工人、农民工的各类歧视	F 衡量（新近）移民工人在部门间或者职业间分布情况的衡量 F 对残疾人就业情况的衡量		L 基于员工性别的反歧视立法 L 基于种族、民族、宗教或国际的反歧视立法
安全的工作环境（1+3）	M 工伤比例与死亡事故	A 无死亡的工伤比率 A 源于工伤的时间损失 A 劳动监察人员数量（每万名员工）			L 职业安全与卫生保险 L 劳动监察

续表

体面劳动议程的实质性要素	统计指标			C: 体面劳动的经济社会背景	工作权利与体面劳动的法律框架
	M: 主要的体面劳动指标	A: 增加的体面劳动指标	F: 未来可能纳入的指标/ILO开展的试验		
社会保障 (1+3)	M65岁以上享受养老保险的人口占总人口的比重 (S) M公共社会保障支出 (占GDP的百分比)	A非由劳动者家庭出资的医疗保健花费 A基本医疗保健覆盖的人群比例 (S)	F就业活跃人群缴纳养老保险的比例 (S) F基本生活收入保障的公共支出 (占GDP的百分比) F基本生活保障受益人群 (占贫困总人口的百分比) F病假 (ILO开展的试验; 增加的指标)		L养老金 (公共/私人) L患病或者因为病假而不能工作 L由于体弱不能工作
社会对话, 员工与雇主代表 (1+4)	M工会密度 (S) M隶属于雇主组织的企业比例 M集体谈判覆盖率 (S) M由国际劳工组织制定的工作中 (有关自由结社与集体谈判的) 基本原则和权利指标 (S)	A罢工和关闭/不开工的天数			L自由结社和组织权 L集体谈判权 L三方协商

续表

	统计指标				工作权利与体面劳动的法律框架
	M：主要的体面劳动指标	A：增加的体面劳动指标	F：未来可能纳入的指标/ILO 开展的试验	C：体面劳动的经济社会背景	
体面劳动议程的实质性要素				C 辍学儿童（根据年龄的百分比）(S) C 劳动年龄人口中 HIV 呈阳性的百分比估值 C 劳动生产率（就业人口的人均 GDP 水平与增长率） C 收入不公（最高的 10% 与最低的 10% 收入或消费的比率） C 通胀（CPI） C 细分经济部门的就业构成情况 C 成年人口的教育情况（成年人口识字率，成年人口中学毕业率）(S) C（增加的）- 人均 GDP（PPP）的水平与增长率 C（增加的）- 女性在各行业中的就业比例（据 ISIC 的行业分类标准） C（增加的）- 工资/收入的不平等（最高的 10% 与最低的 10% 的比率）	ILO 组织的试验反映了可持续性发展企业的营商环境，其具体指标包括：其一，教育、培训与终身学习；其二，企业文化；其三，得力的立法和监管框架；其四，法治竞争；其五，保障财产保障 ILO 组织的试验反映了其他制度安排，有如劳动法律领域，劳动部门以及其他的部门的领域
体面劳动的经济社会背景					

资料来源：笔者根据国际劳工组织《新千年发展目标就业指标指南：兼纳全套体面劳动指标体系》与焦艳玲《体面劳动——世界与中国》等资料整理而成。

第二节 体面劳动议程的国别计划

《中国体面劳动国别计划（2016-2020）》（英文缩略语为 DWCP），该计划由国际劳工组织起草，并与我国人社部、总工会等多个部委磋商后获各方认可。中国 DWCP 展示了国际劳工组织支持中国推进体面劳动四大支柱"就业、社会保护、社会对话、工作中的权利"在 2016 年至 2020 年间的具体推进愿景，其最终目标是助力中国拥有更多体面就业与工作的机会。作为国际劳工组织的派出机构，国际劳工组织北京局与我国的合作主要围绕促进和支持我国实施体面劳动议程而展开。其具体形式包括支持我国"体面劳动议程"能力建设，提供相关法律以及政策建议，分享知识，开展培训和相关试点工作等。① 作为国际劳工组织与我国合作的具体化形式，在中国 DWCP 框架中，2016 年至 2020 年中国 DWCP 的国家重点共计三个：国家重点 1（提高就业数量和就业质量）；国家重点 2（积极扩展社会保护 [工作场所内外]）；国家重点 3（加强法治，保障工作中的原则和权利）。如表 5-2 所示，在此三个国家重点之下，国际劳工组织建议中国重点争取达到八个方面成果。

一 国家重点 1：提高就业数量和就业质量

基于中国 DWCP 政策文本，在国家重点 1（提高就业数量和就业质量）之下国际劳工组织建议我国重点达成三个方面的成果。

成果 1.1：政府及社会伙伴对就业质量标准进行评估和量化的能力得到强化，以达到促进体面劳动以及可持续发展倡议的目的。

根据中国 DWCP 结果框架（公共），成果 1.1 包括三个方面指标：其中指标 1.1.1 要求我国确定、监测并报告 ILO 负责的可持续发展方面的相

---

① 国际劳工组织北京局的简介及其与我国的具体合作形式可参见《关于我们》，国际劳工组织北京局，https://www.ilo.org/beijing/about-the-office/lang--zh/index.htm。

关指标，该指标的具体目标为 2018 年必须产生基准报告，① 而 2019 年与 2020 年则必须在制定出进度报告的同时向三方成员发布报告。指标 1.1.2 则要求我国根据国际标准以及国内法律规范的相关要求，持续改进调查方法，特别是要求我国必须加入有关性别、年龄、民族以及能力方面的统计分类。② 该指标的具体目标为人社部与国家统计局应参照国际标准来制定就业数据和劳动数据。指标 1.1.3 要求我国人社部和国家统计局要提供就业质量方面的数据。③ 该指标的具体工作目标为到 2020 年底我国必须能够提供就业质量数据方面的统计报告。

成果 1.2：政府及社会伙伴制定与实施包容性以及促进性别平等的就业政策措施的能力得到强化，借此达到促进自由择业、生产性就业的目的。

根据中国 DWCP 结果框架（公共），成果 1.2 包括三个方面指标：其中，指标 1.2.1 要求人社部必须按照年龄、性别、籍贯以及残疾状况进行分类来展开细分失业率情况的登记。④ 该指标的具体工作目标为我国今后出台的就业政策相关的规划、报告必须包含对失业群体的详细分析。指标 1.2.2 要求我国要基于提高就业质量和数量的目标来改善宏观经济政策。⑤ 该指标的具体工作目标为体面劳动议程在我国宏观经济政策之中必须得到更多的明确提及。指标 1.2.3 则要求我国必须监测就业政策干预措施实际效果分析工具的具体数量变化。⑥ 该指标的具体工作目标为我国在 ILO 的协助下至少制定出两个监测就业政策干预措施实际效果的工具。

---

① 指标 1.1.1 无基准线。
② 指标 1.1.2 的基准线为我国的劳动统计指标定义和就业的概念，与国际性标准不同。
③ 指标 1.1.3 的基准线为人社部必须在 2015 年底制定出就业质量方面的统计数据框架，同时要在三个省一级劳动部门开展试点。
④ 指标 1.2.1 的基准线为我国相关数据登记尚未按照年龄、性别以及身体状况进行详细分类。
⑤ 指标 1.2.2 的基准线为在价值排序上，我国出台的宏观经济政策要体现出促进创业、社会保护、工作安全等方面优先的相关考量。同时，对于我国的海外投资行为（及投资方）要采取负责任的投资方式。此外，相关政策必须积极促进劳动生产率的提高与收入分配机制的完善。
⑥ 指标 1.2.3 的基准线为当前我国人社部在发布年度统计数据报告时仍未提供详细分类的数据以及定性分析报告。

成果 1.3：提升以权利为基础的就业服务对于广大农民工和男女青年人群的可及性及其服务水平；不断减少未就业、未接受教育或未接受培训的青年人口①的比重。

根据中国 DWCP 结果框架（公共），成果 1.3 包括两个方面指标：其中，指标 1.3.1 要求我国在出具 15 岁到 24 岁未就业同时未参加教育培训的青年人群比例时必须按照年龄、性别、户口以及残疾状况进行详细分类。② 该指标明确为使相关数据可以获得。指标 1.3.2 要求我国努力改善职业培训机构和公共服务就业服务的联系，以积极促进我国男性求职者和女性求职者能有更好的技能匹配。③ 该指标的具体工作目标为，我国一方面要进一步扩大针对劳动者的职业培训覆盖面；另一方面，要努力提高各类职业培训教育的针对性与有效性。借此积极因应我国青年人群、青年残疾人口以及女性劳动者的异质性需求。

二 国家重点 2：积极扩展工作场所内外的社会保护

基于中国 DWCP 政策文本，在国家重点 2（积极扩展社会保护［工作场所内外］）之下国际劳工组织建议我国重点达成如下两个方面的成果。

成果 2.1：倡导和扩大社会保障在工作场所内外的覆盖面。

根据中国 DWCP 结果框架（公共），成果 2.1 包括三个方面指标：其中，指标 2.1.1 要求我国政府提升旨在提高各社会保险项目覆盖水平或者待遇水平的相关政策的数量。④ 该指标的具体工作目标为，在 ILO 的相关技术支持下，我国尽早完成批准国际劳工组织 102 号公约（《社会保障

---

① 在国际劳工组织发布的《体面劳动与 2030 年可持续发展目标》中，既未就业，也未接受培训或者教育的年轻人被称为"啃老族"。该报告指出，全球每五个年轻人中就有一个"啃老族"。

② 指标 1.3.1 的基准线为我国仍未提供未就业同时亦未参加教育培训的青年人口的相关数据。

③ 指标 1.3.2 的基准线是已经建立了联系。

④ 指标 2.1.1 的基准线是我国目前建立起的 5 项社会保险项目的运营与提供应该更加平等，保障水平应该更加充分，同时社会保险基金应当更加具有可持续性。具体来说，其重点包括：其一，要推进城乡社保待遇的均等化；其二，要实行延退政策；其三，要不断扩大养老保险项目的覆盖率。

（最低标准）公约》）的相关筹备工作，并依照该公约的相关原则通过 2 项到 4 项旨在提高各具体社会保险项目覆盖率或者待遇水平的相关政策。该指标还要求我国的养老保险覆盖率要达到 90% 以上。指标 2.1.2 要求各级政府与社会伙伴以农民工群体、女性以及非标准就业人员为政策对象的相关社会保护政策措施的数量要不断提升。① 该指标的具体工作目标为到 2020 年政府（社会合作伙伴）致力于改善农民工群体、妇女以及非标准就业人员的社会保护措施要颁行 2 项到 4 项。指标 2.1.3 要求我国在国家层面上展开对话与南南合作的基础上提升知识分享的数量。② 该指标设定的具体工作目标为每年一次。

成果 2.2：根据国际劳工组织标准和中国法律之规定，加强劳动监察、预防性职业安全和卫生文化，以达到进一步保护所有劳工的权利，使得工作环境更加安全、有保障。

根据中国 DWCP 结果框架（公共），成果 2.2 包括三个方面指标：其中指标 2.2.1 要求我国在发布工伤死亡事故与各类安全生产事故及重大事故的具体数量时，必须按照生产企业、年龄、性别、户口以及残疾状况进行详细分类。③ 在基准线上，ILO 要求我国今后发布相关数据时必须按照事故以及企业类型进行详细分类。指标 2.2.2 则要求我国政府（社会伙伴）采取相关战略举措，提高各类工作（劳动）场所的遵纪守法水平。④ 该指标的具体工作目标设定为各级政府（社会合作伙伴）为了促进社会对话和劳动监察，应采取战略性举措以求改善工作（劳动）场所的合规性水平。指标 2.2.3 要求我国政府积极促进各地将劳动监察的总体战略从以执法为主进一步扩大延伸至提供相关服务。⑤ 该指标的具体工作目标

---

① 指标 2.1.2 的基准线是我国近年来陆续出台了一些政策措施，这些措施有力保障了农民工群体与灵活就业人员依法参加基本医疗保险的权益。但应当正视的是，我国基本医疗保险制度对于农民工群体与灵活就业人员群体的覆盖面（水平）仍有待提高。

② 指标 2.1.3 的基准线为 2016 年有一次。

③ 指标 2.2.1 的基准线为我国目前发布的相关数据没有展开详细分类。

④ 指标 2.2.2 的基准线为我国当前工作（劳动场所）的合规性水平很大程度上依赖于执法部门的执法强度，同时代表性仍有待提高。

⑤ 指标 2.2.3 的基准线为 SCORE 项目正全力实施第二阶段，目前上海、重庆、浙江、四川与辽宁等省市正在实施之中。

为在既有 SCORE① 成熟的基础上，不断进行项目补充，同时将该项目的覆盖面扩大到国内新的省市与其他经济部门当中。

三　国家重点 3：加强法治，保障工作中的原则和权利

基于中国 DWCP 政策文本，在国家重点 3（加强法治，保障工作中的原则和权利）之下国际劳工组织建议我国重点达成如下三个方面的成果。

成果 3.1：根据国际标准和中国法律之规定，加强对工作条件、保护劳动者权利、预防和处置劳动纠纷的相关机制。

根据中国 DWCP 结果框架（公共），成果 3.1 包括三个方面指标：指标 3.1.1 要求我国加强集体协商、和谐劳动关系以及保护从事非标准形式就业劳动者的各类法律规定之间的内恰性与一致性。② 其具体工作目标为通过三方协商制定相关政策措施，确保相关法律法规之间的内恰性与一致性。指标 3.1.2 要求我国为了构建和谐劳动关系，要积极通过劳动关系三方机制的协调，积极推动集体合同、集体协商制度建设。③ 该指标的具体工作目标为建构出完善的集体合同制度。指标 3.1.3 要求我国政府积极研究并努力改进最低工作确定机制。④ 其具体工作目标为我国的最低工资调适机制要得到进一步完善。

成果 3.2：根据国际标准和中国法律之规定，加强雇主组织和工人组织充当劳动力市场机制的能力，使得决策过程在各层面上都能变得更加具有积极性、包容性、参与性与代表性。

根据中国 DWCP 结果框架（公共），成果 3.2 包括两个方面指标：

---

① 该项目中文名称为企业可持续发展项目。实践中，项目的开展有助于政府与企业、安全与生产、员工与企业三个方面关系的改善与转变，亦有利于重塑"政府-企业-工人"三方关系。

② 指标 3.1.1 的基准线为当前我国针对非标准就业劳动者保护和集体协商的法律法规尚未形成完整体系。

③ 指标 3.1.2 的基准线为当前我国的集体合同制度仍不够完善，同时集体协商制度的实效性亦有待加强。

④ 指标 3.1.3 的基准线为当前我国的最低工资由政府、企业代表与工会组织协商之后共同确定。

其中，指标 3.2.1 要求积极促进社会伙伴参与包括国际劳工标准批约在内的劳动力市场治理政策的制定与修改。[①] 该指标的具体努力方向为，使得中华全国总工会与中国企业联合会在集体谈判、工资、性别平等的促进、可持续发展目标及其相关劳动统计数据、预防纠纷、职业安全与卫生等方面的服务与知识均得到加强。指标 3.2.2 要求我国增加并积极改善集体协商的实践力度。[②] 该指标的具体工作目标为中华全国总工会与中国企业联合会为其各自代表对象（成员）提供经过改善的集体谈判服务，借此在国家、行业以及工作场所层面上促进和谐劳动关系的构建。

成果 3.3：中国政府在国内外继续加强法制建设，在社会伙伴的参与协助下，基于中国国情的实际，更好地批准和实施国际劳工标准。

根据中国 DWCP 结果框架（公共），成果 3.3 包括两个方面指标：其中指标 3.3.1 要求我国政府积极批准国际标准（公约），特别强调核心和治理公约的批准。[③] 指标 3.3.1 的目标非常明确，一方面要促成我国政府批准 C29 号、C81 号、C102 号、C174 号、C187 号公约，同时要积极做好 C95 号、C131 号、C183 号、C189 号公约批准的相关筹备工作。指标 3.3.2 要求对于我国已经批准的公约和标准各级政府要努力实施。[④] 其具体目标设置根据国际劳工组织公约与建议书实施专家委员会截至 2016 年的回应评论。

---

① 指标 3.2.1 的基准线包括中华全国总工会与中国企业联合会两个层面。其中中华全国总工会的主要计划包括社会保障、集体谈判、性别平等、法律服务以及劳动保护和技能培训等。而中国企业联合会的主要计划则包括了包容性的残疾人就业、职业安全与卫生以及工资研究等。

② 指标 3.2.2 的基准线为中华全国总工会与中国企业联合会各有关促进集体协商的计划。

③ 指标 3.3.1 的基准线包括 4 项核心公约、2 项治理公约以及合计 14 项的技术公约。根据中国 DWCP 文本显示，ILO 正在积极推广 C29 号公约。而我国政府亦已表示出了对于 C29 号、C81 号、C95 号、C102 号、C131 号、C174 号、C183 号、C187 号、C189 号公约的批准意愿。

④ 指标 3.3.2 的基准线为国际劳工组织公约与建议书实施专家委员会认为，我国在 C100 号、C111 号、C138 号、C155 号、C182 号公约以及其他一些批准公约上存在一定执行上的不足之处。

表 5-2　中国 DWCP 政策要点框架①

DWCP重点	国家重点 1：提高就业数量和就业质量	国家重点 2：积极扩展社会保护（工作场所内外）	国家重点 3：加强法治，保障工作中的原则和权利
可持续发展目标	目标 8：促进经济增长，促进充分就业、生产性就业以及人人享有体面劳动 此外： 目标 1：在全球消除任何形式的贫困 目标 5：实现性别平等，为妇女与儿童赋权 目标 10：减少国家之间（国家内部）的不平等 目标 13：采取应急措施应对气候变化，消除不利影响 目标 17：采取强化措施，可持续发展的全球伙伴关系得到重振	目标 1：在全球消除任何形式的贫困 此外： 目标 3：确保生活方式健康，同时促进不同年龄人群的福利 目标 8：促进经济增长，促进充分就业、生产性就业以及人人享有体面劳动 目标 10：减少国家之间（国家内部）的不平等 目标 17：采取强化措施，可持续发展的全球伙伴关系得到重振	目标 16：构建和谐和包容性的社会，促进可持续发展；提升普通民众司法诉讼的可及性；各层级建立有效的、同责与包容性的机制 此外： 目标 5：实现性别平等，为妇女与儿童赋权 目标 8：促进经济增长，促进充分就业、生产性就业以及人人享有体面劳动 目标 10：减少国家之间（国家内部）的不平等

① 资料来源：CHINA DECENT WORK COUNTRY PROGRAMME 2016-2020，来源于国际劳工组织网站，http://ilo.org/wcmsp5/groups/public/-asia/-ro-bangkok/-ilo-beijing/documents/publication/wcms_549135.pdf，笔者翻译整理而成，具体内容略有修改。

续表

DWCP 重点	国家重点 1：提高就业数量和就业质量	国家重点 2：积极扩展社会保护（工作场所内外）	国家重点 3：加强法治，保障工作中的原则和权利
UN 发展援助框架（2016 年至 2020 年）	重点领域 1：减贫、促进公平发展 重点领域 2：生活环境优化；推进可持续发展 重点领域 3：全球事务参与得到强化	重点领域 1：减贫、促进公平发展 重点领域 3：全球事务参与得到强化	重点领域 1：减贫、促进公平发展 重点领域 3：全球事务参与得到强化
战略框架成果（2016 年至 2017 年）	成果 1：创造更多更好就业岗位，同时改善青年员工的就业前景（以实现包容性增长为依归） 成果 4：促进企业可持续发展 成果 A：体面劳动倡议	成果 3：建立、扩大社会保护底线（SPF） 成果 6：引领非正规经济发展，使之实现正规化 成果 7：加强劳动监察，使得工作场所符合规定	成果 2：批准、实施国际劳工标准 成果 8：确保工人所从事工作的形式是可接受的 成果 9：使得劳务移民政策公平而且有效 成果 10：建立起高效的雇主组织与工人组织
《十三五规划》纲要	第 22 章：实施制造强国战略 第 58 章：完善脱贫攻坚支撑体系 第 59 章：推进教育现代化 第 62 章：实施就业优先战略 第 66 章：保障妇女未成年人和残疾人基本权益	第 56 章：推进精准扶贫、精准脱贫 第 58 章：完善脱贫攻坚支撑体系 第 60 章：推进健康中国建设 第 61 章：增加公共服务供给 第 63 章：缩小收入差距 第 64 章：改革完善社会保障制度 第 65 章：积极应对人口老龄化 第 66 章：保障妇女未成年人和残疾人基本权益 第 72 章：健全公共安全体系	第 52 章：积极参与全球经济治理 第 62 章：实施就业优先战略 第 66 章：保障妇女未成年人和残疾人基本权益 第 70 章：完善社会治理体系 第 75 章：全国推进法治中国建设

续表

DWCP 重点	国家重点 1：提高就业数量和就业质量	国家重点 2：积极扩展社会保护（工作场所内外）	国家重点 3：加强法治、保障工作中的原则和权利
DWCP 的成果产出	成果 1.1 政府及社会伙伴对就业质量标准进行评估和量化得到强化，以达到促进体面劳动以及可持续发展倡议的目的 成果 1.2 政府及社会伙伴制定与实施措施包容性以及促进性别平等的就业政策，借此达到自由择业、生产性就业的目的 成果 1.3 提升以权利为基础的就业服务对于广大民工和男女青年人群的可及性及其服务水平；不断减少未就业、未接受教育或未接受培训的青年人口的比重	成果 2.1 倡导和扩大社会保障在工作场所内外的覆盖面 成果 2.2 根据国际劳工组织标准和中国法律之规定，加强劳动监察，预防性职业安全和卫生文化，以达到进一步保护所有劳工的权利，使得工作环境更加安全、有保障	成果 3.1 根据国际标准和中国法律之规定，加强对工作条件、保护劳动者权利、预防和处置劳动纠纷的相关机制 成果 3.2 根据国际标准和中国法律之规定，加强雇主组织和工人组织在决策过程在各力市场机制的能力，使得能变得更加具有积极性、包容性、参与性与代表性 成果 3.3 中国政府在国内外继续加强立法制建设，在社会伙伴的参与和助力下，基于中国国情的实际，更好地批准和实施国际劳工标准

第三节　体面劳动议程的政策启示

一　体面劳动议程的指标体系对我国调适农民工社会政策的启示

体面劳动的 11 类衡量指标及各指标下包含的 M、A、F、C、S 等二类指标的具体设置对于我国调适农民工社会政策，建构更加完善的农民工社会保护体系具有如下启示。

启示 1：对于体面劳动的衡量应该包括体面劳动的所有方面，同时也应该包括对不同年龄、性别、工作种类、种族、身体状况劳动者的衡量。换言之，不同背景的劳动者都应该享有同等体面劳动的权利。借此，嵌入本项目的研究框架之中，国家在调适农民工社会政策、建构完善农民工社会保护体系时应当将流迁模式多元化与代际需求异质性的农民工群体均纳入到社会保护体系之中。农民工社会政策的调适应以构建起更加具有包容性的社会保护体系为依归。

启示 2：工作权利与体面劳动的法律框架在体面劳动的指标体系中具有重要意义和突出作用。有如，为了规制就业中的机会平等与待遇公平，国际劳工组织要求各国完善基于员工性别的反歧视立法，同时要完善基于种族、民族、宗教抑或国际的反歧视立法。由此可见，农民工社会政策的调适必须建立在法制化的基础之上。

启示 3：国际劳工组织的体面劳动指标体系设计突出了对劳动者本人及其家庭的关注和保护，特别是高度重视劳动者及其家庭的基本生计维持和劳动力再生产。有如，在"劳动、家庭与个人生活的融合"指标中，关于 F 生育保护、L 产假（包括休假周数、接替率、覆盖率）、L 额外探亲假的设置。又有如，在"社会保障"指标中，M 型二类指标包括：65 岁以上享受养老保险的人口占总人口的比重、公共社会保障支出（占 GDP 的百分比）、非由劳动者家庭出资的医疗保健花费；A 型二类指标包括：基本医疗保健覆盖的人群比例；F 型二类指标包括：就业活跃人群缴纳养老保险的比例、基本生活收入保障的公共支出（占 GDP 的百分比）、基本生活保障受益人群（占贫困总人口的百分比）、病假（ILO 开展的试验；增加的

指标）；相关的法律框架则包括：养老金（公共/私人）、患病或者因为请
病假而不能工作、由于体弱不能工作等。借此对农民工社会政策调适的启
示是，不仅要关注农民工个体的社会保护，还要构建农民工家庭友好型的
社会政策，有如，农民工随迁子女教育问题、农民工家庭关怀等。

启示4：国际劳工组织的体面劳动指标体系设计具有生命历程的意蕴。
有如，在"就业机会"衡量指标中，国际劳工组织在二类指标中纳入了
M15～24岁不再接受教育同时未就业的青年数与A15～24岁青年的失业率
两个指标，同时体面劳动指标体系还将失业、教育、生育、工伤、养老等
不同生命阶段的需求转化为具体的衡量指标。借此，农民工社会政策的调
适同样必须具有生命历程的考量，在政策调适中既要考虑新生代农民工的
需求，也要考虑第一代农民工的需求。

二 体面劳动议程的国别计划对我国调适农民工社会政策的启示

中国在 DWCP 文本的框架范围内，在三个国家重点之下，国际劳工组
织建议中国重点争取达到的八个方面成果对于我国调适农民工社会政策均
具有非常重要的参考价值。嵌入本项目研究主题，根据其重要性程度，中
国 DWCP 文本对我国调适农民工社会政策的具体启示如下。

启示1：根据成果1.3，要为农民工群体特别是新生代农民工群体提供
更多以公民权利为基础的就业服务和社会保护。根据国际劳工组织的相关
研究表明，青年劳工往往工作环境较差，该群体工资水平偏低，总体工作
时间较长，社会保护缺乏，而且经常处于危害性抑或安全性缺乏的工作环
境之中。有如，在国际劳工组织 2018 年出版的《保护青年工人的安全与
健康》研究报告中，该组织指出了两大类可能威胁全球青年工人的安全与
健康的影响因素，包括五大风险与六大危害。[①] 其中第一类为青年工人特
有的风险因素。主要包括五个方面的风险，分别是：Ⅰ"社会心理和情感
发展阶段"；Ⅱ"技能和工作经验"；Ⅲ"生理发展阶段"；Ⅳ"教育程

---

① 危害和风险这两个词汇经常被交叉应用，嵌入青年工人保护的一体中，在国际劳工组织
的政策框架中两者有显著区别：危害主要指对青年工人可能造成伤害的化学品、高空作
业、长时间工作等事务。而风险则主要包括如下两个方面情形的结合，其一是高危情况
发生的可能性；其二则是伤害产生的严重性程度，包括其可能的长期后果等。

度"；Ⅴ "跨领域因素"。而第二类则是青年工人经常接触的工作风险。这类风险主要包括六大类：Ⅰ "人体工程学危害"；Ⅱ "心理危害"；Ⅲ "化学危害"；Ⅳ "生物危害"；Ⅴ "物理危害"；Ⅵ "安全危害"。因此，要为农民工群体特别是新生代农民工群体提供更多以公民权利为基础的就业服务和社会保护，以减少未就业（失业）、缺乏培训与其他社会保护的新生代农民工的人数。ILO 框架中青年工人特有的风险因素和青年工人经常接触的工作危害见图 5-3。

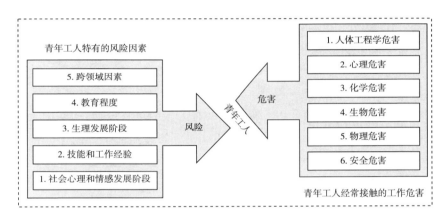

图 5-3　ILO 框架中青年工人特有的风险因素和青年工人经常接触的工作危害

資料来源：根据国际劳工组织《保护青年工人的安全与健康》的相关内容，由笔者自制而成。

启示 2：根据成果 2.1，要倡导和扩大社会保障在工作场所内外的覆盖面。国际劳工组织认为，我国社会保护体系的公平性、可持续性以及普惠性仍有待提升。因此，嵌入本项目研究主题，必须大力加强对农民工群体特别是新生代农民工群体的社会保护。有如，应根据农民工各城镇社会保险项目参保率偏低的实现扩大该群体的社保覆盖率。又有如，应根据农民工群体跨省域流动的需要提升社会保险项目转移接续的顺畅性。

启示 3：根据指标 1.1.2、指标 1.2.1、指标 1.3.1 以及指标 2.2.1，国际劳工组织体面劳动政策框架要求我国对劳动者就业促进与社会保护（及其具体衡量指标的设定）政策的制定更加细致、更具有针对性。嵌入本项目研究主题之中，农民工社会政策在调适、建构过程中在社会保护覆盖面更加具有包容性的同时，对于流迁模式多元化与代际需求异质性的农民工群体应该出台"分层分类"的细分社会政策以因应差别化群体的异质性社会保护需求。

启示 4：根据成果 1.2，政府及社会伙伴制定与实施包容性以及促进性别平等的就业政策措施的能力应得到强化。而体面劳动议程六大基本理念中"充裕的就业机会"中所谓就业包括各种类型、各种形式的生产经营型活动，既包括社会性工作岗位也包括家庭就业的范畴。现实中，许多农民工特别是女性农民工返乡之后在家从事"在家做杂务"这一不是职业的"职业选择"。为此，应根据其可用于工作时间碎片化、不固定的特点鼓励其以家庭就业的形式开展工作。

启示 5：根据成果 2.2，民营企业与小微企业密集地区也是新生代农民工群体密集就业地区，该类地区具有国际劳工组织企业可持续发展（SCORE）项目扎根的最合适土壤。在既有 SCORE 项目成熟的基础上，不断进行 SCORE 项目补充，同时将 SCORE 项目的覆盖面扩大到国内未覆盖省市与其他经济部门当中。通过 SCORE 项目的有效实施切实帮助企业采取措施尊重新生代农民工群体的权利，在改善该群体工作环境、条件的同时增强企业竞争力。

第六章

农民工社会政策调适：以"终身—全程"式农民工社会保护体系为依归

第一节　农民工社会政策调适：宏观目标、中观原则与微观建构

　　本书研究的主体是新生代农民工群体，同时对于新生代群体的研究是在流迁模式多元分化的背景之下。换言之，本书的研究主题是多元流迁模式下（流动中的）新生代农民工群体异质性的社会保护需求与差别化的社会政策调适。经过课题组全体成员多次深入讨论，我们认为，农民工群体之所以在现代社会中处于相对弱势地位，是渐进的个人生命历程与剧烈的社会变迁交互作用的结果。① 因此，我们不能仅针对新生代农民工群体谈该群体的社会保护建构之道，同样，我们亦不可只针对流动中的农民工群体谈该群体的社会政策调适之术。进而言之，本章作为研究报告的对策部分并不局限于对作为"中游"群体的新生代农民工群体的社会保护问题展开研究，基于生命历程理论，我们同样关注新生代农民工群体的"上游"

---

① 陈占江：《生命历程理论视野下的新生代农民工社会保护研究》，《学术交流》2008 年第 11 期。

群体①与"下游"群体。② 同时，本章所提出的对策建议亦不仅仅针对作为"中游"状态的流动农民工群体，③ 该群体的"上游"状态——已经在流入地定居的"已定居农民工"④ 以及流动农民工群体的"下游"状态——真实情境中已经返回家乡的"返乡农民工"⑤ 的社会保护问题同样在我们的思考范畴之内。

如前文所述，面对农民工群体流迁模式多元化与代际需求异质性的现实，许多学者更加侧重就该群体多元化的流迁模式或者异质性的代际需求中的某一方面提出农民工细分社会政策调适的对策建议，鲜有学者将此农民工社会保护问题的两个方面结合起来展开研究，同时既有研究成果也相对缺乏宏观目标建构与中观原则确立的研究。就农民工社会政策调适的宏观目标，我们认为，在农民工社会政策"公民权利"范式下，必须以建构"终身—全程"式农民工社会保护体系为依归来展开农民工社会政策调适的研究。换言之，基于农民工群体流迁模式多元化与代际需求异质性的现实出发，农民工社会保护体系应该能覆盖农民工个体的整个生命周期，同时该体系亦应为处于不同流迁状态的（新生代）农民工群体提供充分的社会保护。

基于社会福利政策的分析框架，如图 6-1 所示，无论是农民工社会保护体系的整体建构抑或是细分农民工社会政策的微观调适都可以嵌入分配基础、分配内容、服务输送、资金筹集此四个分析维度之中。在此四个维度之下，以建构"终身—全程"式农民工社会保护体系为依归，本课题组在梳理典型省市农民工社会政策创新的实践及其启示的同时，总结体面劳动议程的政策框架、国别计划及其政策启示的基础上，我们认为农民工社会细分社会政策的调适必须遵循"法治原则、包容性原则、'分层分类'原则、'家庭友好'原则、'七得'原则、'避免撇脂'原则、'弹性灵活'原则"七个方面的中观指导原则。基于此七个方面的中观原则调适农民工社会政策可在一定程度上克服现行农民工社会保护体系的不足之处，有助于社会保护体系扩展、覆盖至农民工群体的"终身"历程与流迁"全程"。

---

① 指预备进入劳动力市场的农村"两后生"以及义务教育阶段学生。
② 指仍在流动中的第一代农民工以及退出劳动力市场的老龄农民工。
③ 所谓"返乡型"、"循环型"以及"定居型"农民工，仅指该群体在个人流迁意愿上倾向于"返乡、循环抑或定居"，而非真正做出了相关决策并付诸行动。
④ 其户籍意义上的身份应是城市居民或"新市民"。
⑤ 就其职业身份而言，返乡农民工实质上是农民。

基于此七个中观原则，本课题将立足在"生存—问题"型农民工社会政策、"生存—福利"型农民工社会政策、"发展—问题"型农民工社会政策以及"发展—福利"型农民工社会政策四个象限内展开农民工细分社会政策调适依据和调适策略的对策研究。

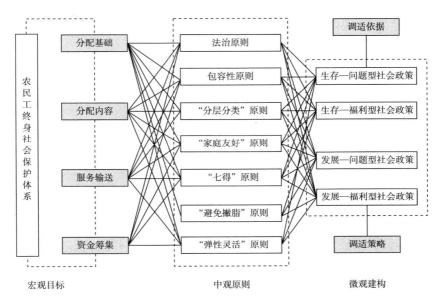

图 6-1　农民工社会政策调适的宏观目标、中观原则与微观建构之间关系示意
资料来源：作者根据资料整理。

第二节　宏观目标

Sabates-Wheeler 等（2003）在其移民迁移社会政策分析框架之中，将国际移民处于相对弱势地位的成因归结为四个方面的因素：第一是时间因素；第二是空间因素；第三是社会政治因素；第四是社会文化因素。借鉴 Sabates-Wheeler 等的移民迁移社会政策分析框架，我们认为，与本研究对"农民工"以及"新生代农民工"的严格限定的"窄口径"不同，农民工社会政策调适应采取宽口径的"包容性原则"，其调适的最终目标应是建构起包容性较强的"终身—全程"式农民工社会保护体系（如图 6-2 所示）。

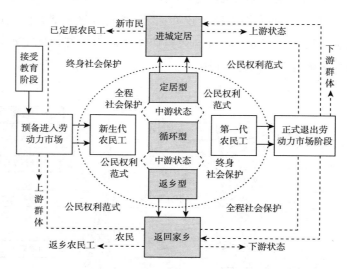

图 6-2　"终身—全程"式农民工社会保护体系
资料来源：作者根据资料整理。

　　基于时间因素考量，Sabates-Wheeler 等（2003）认为移民的具体迁移过程包含不同时间阶段，每个阶段需要面临不同的风险，不同时间阶段其弱势性成因与表现不尽相同。如果将时间因素嵌入生命历程的理论框架内，我们发现农民工个体不仅在外出务工期间的不同阶段需要面临不同的风险，其生命历程的每个阶段均面临不同的风险。具体来说，在生命历程的视阈中，农民工个体生命的不同阶段存在相互联系，个体前一阶段的经历必然会对其人生后一阶段的经历产生深刻影响。换言之，农民工个体生命不同阶段的内在关联性意味着前一阶段的弱势性或者面临的风险会在人生的后一阶段重新出现，或者会影响到后一阶段有关生活、工作与发展的机会。在针对龙岩、南平与三明三地 56 名返乡农民工的访谈中，我们了解到基于生活成本考量而被迫返乡的新生代农民工中有不少人在外出打工之前属于"留守儿童"。由于长期在"家庭离散"的状态下生活、学习，留守儿童群体在思想品行、智力水平、身体素质、心理健康以及学业表现等方面明显落后于非留守家庭儿童。"一步输，步步输"，由于在留守期间处于相对弱势的地位，在开启外出打工这一重要生命事件之后，其在生命早期留守阶段所遇到的"思想品行、智力水平、身体素质、心理健康"等方面的问题会重新出现并影响其在流入地务工期间的生活、工作与发展。
"工作稳定性较差、收入水平较低、缺乏社会支持"① 等新生代农民工群体
在流入地城市务工期间普遍面临的问题在有留守经历的新生代农民工群体
中表现得特别突出。

由此可见，基于时间因素，农民工个体在不同生命阶段会面临不同的
风险，而且前期的经历会对后期产生深刻印象；基于空间因素，农民工个
体在复杂而多变的流迁全程中面临着社会保护不足的问题和困难，正是基
于这一现实，如图6-2所示，在"公民权利"政策范式下，就农民工社会
保护体系的战略，农民工社会政策调适的目标应当是建构起"终身—全
程"式农民工社会保护体系。

所谓"终身"社会保护有两个层面的内涵：其一，是指在代际分化的
视角下，农民工社会保护体系可以覆盖正处于流动务工状态中的新生代农
民工群体与第一代农民工群体（可合称为"中游"群体）；其二，"每个
人的人生都是一次携带一张单程票的旅程"，在生命历程的视阈中，对处
于流动务工状态的新生代农民工而言，"年轻人、外地人、农村人"的标
签随着时间的推移会变成"中年人、外地人、农村人"，继而还会进一步
变成"老年人、外地人、农村人"。因此，农民工社会保护体系应当覆盖
每一个农民工从青年到中年又到老年的不同生命阶段。不仅如此，农民工
社会保护体系还应将农民工的"上游"群体与"下游"群体纳入农民工社
会保护体系框架之内。所谓"上游"群体是指正处于接受教育阶段的农村
学生与预备进入城镇劳动力市场务工的农村人口特别是农村青年；所谓
"下游"群体是指已经因年龄原因已正式退出城镇劳动力市场的"老龄农
民工"。本课题组针对本课题研究展开的问卷调查数据与深度访谈过程表
明，受教育程度对农民工在城镇务工期间的工作、生活状态有显著影响。
因此，人口流出地政府特别是贫困地区的人口流出地政府要加大对农村
教育的投入力度，要将农村教育列为民生建设的首要举措。经过对安康
市"13年免费教育"实践与经验的调研，我们总结出一个颇具发展型社
会政策意蕴的以教育促进农民工就业与生活质量提升的"安康经

---

① 指农民工在城市流动过程中从个人的社会网络中可以获得的物质帮助和精神帮助的总和。
　　一般来说，包括政策支持、就业支持与情感支持三个方面。

验"——"越穷越要舍得花钱抓教育"。人口流出地政府要积极扩大免费教育与教育扶持政策的覆盖面，尽可能在"学前教育阶段""义务教育阶段""普通高中阶段""中等职业学校教育阶段""普通高校教育阶段"五个阶段中对贫困农村学生提供种类较为齐全的教育扶贫类支持项目。①

对于即将进入城镇劳动力市场的农民特别是青年农民，流出地政府要采取灵活多样的方式突出对该群体实用性与技能型方面的培训的同时，要加大对该群体求职方式与途径、权益保障注意事项、城市生活与交往技能、务工常用法律知识方面的培训，以帮助该群体尽快适应城镇务工生活。基于社会政治因素与社会文化因素，对于已经在城镇稳定务工的新生代农民工与第一代农民工，则要根据代际分化背景下此两个流动农民工亚群体异质性的社会保护需求出台更具有针对性的社会政策措施，或者在具体社会政策执行时要基于该亚群体的社会需求偏好侧重加大对其的保护力度。② 对于已经退出城镇劳动力市场的"老龄农民工"群体而言，生存安全需要是他们的主要诉求，为此应该正视该群体在城镇务工期间所做出的贡献及该群体在退出城镇劳动力市场之后的主要利益诉求，③ 通过社会保险政策的调适、农村养老服务体系的构建与完善、"老龄农民工"关怀等措施的实施不断完善对该群体的社会保护。

基于空间因素考量，国际移民在流入地城市面临着健康和医疗等服务不足、社会机会缺失、社会资本缺乏等诸多社会保护不足的问题和困难。嵌入本项目的研究主题，农民工群体在流迁过程中可能面临着比国际移民更为复杂的形势与环境。一方面，处于流动务工状态的农民工与国际移民一样在流入地面临着公共服务不足、社会资本缺乏、社会机会缺失等社会保护供需失衡的问题和困难。另一方面，对于在一个或多个流入地城市务工最终返回家乡农村的返乡农民工而言，由于潜意识里镌刻着不可磨灭的城市生活烙印，家乡农村可能只是一个"熟悉而又陌生的地方"。而对于

---

① 现实中，并非所有贫困地区的农村学生都会成为农民工。但基于高等教育机会阶层辈出率的视角考量，就实现而言，进城打工仍然是贫困农村学生毕业或辍学之后的主要出路之一。

② 有如，与职业技能提升相关的培训就应该以新生代群体为重点。

③ "老龄农民工"正式退出城镇劳动力市场以后，其具体流向包括定居城镇与返回家乡两种，同时以返回家乡为主。

最终在城市落户的"已定居农民工"来说，在面临可持续生计挑战的同时如何顺利实现城市社会融入和社区融入亦难言轻松。[①] 因此，所谓"全程"社会保护是指在流迁模式多元分化的视角下，农民工社会保护体系可以覆盖正处于流动务工状态（可称为"中游"状态）中的"定居型"农民工群体、"循环型"农民工群体与"返乡型"农民工群体。[②] 不仅如此，农民工社会保护体系还应将农民工群体"在城市流动"的"上游"状态与"下游"状态[③]纳入农民工社会保护体系框架之内。所谓农民工"在城市流动"的"上游"状态是指通过"梯度户籍化城市化"路径实现在城镇落户的已定居农民工或新市民群体。在针对该群体的访谈中，我们了解到该群体比较关注以下几个方面的焦点问题：其一是如何解决可持续生计问题；其二是如何适应和融入所在城市社会；其三是其老家农地"三权"后续将如何处置；其四是对于未购房的新市民而言，如何解决住房保障问题。而所谓农民工"在城市流动"的"下游状态"是指因各种原因已经返回家乡六个月以上的返乡农民工群体。该群体可以细分为"主动返乡型农民工"与"被动返乡型农民工"两大类。其中，"主动返乡型农民工"又可细分为"发展机会驱动型"与"稳定生活驱动型"两类，"被动返乡型农民工"则可细分为"生活成本考量型"与"家庭需要考量型"两类。此四类细分返乡农民工群体的社会保护需求侧重点各不相同，因此农民工社会保护体系的调适、建构应当能覆盖此四类差别化的农民工群体，同时所提供的具体公共服务应当能积极回应其异质性的社会保护需求偏好。

第三节　中观原则

基于农民工群体流迁模式多元化与代际需求异质性的现实，以建构"终身—全程"式社会保护体系为依归，在梳理、总结典型省市农民工社

[①] 所谓"融不进的城市，回不去的农村"即是对这一困境的简练表达。

[②] 无论是"定居型"抑或"返乡型"只是开展问卷调查时流动农民工个体的主观流迁意愿判断。现实中，该农民工并未做出在流入地定居或者返回家乡的决策并付诸行动而更类似处于"循环"的状态之中。从这个角度来说，所有流动农民工均是"循环型"农民工。

[③] 处于"上游"状态的已定居农民工已取得流入地城镇户籍；而处于"下游"状态的返乡农民工则已经返回流出地城镇6个月以上，且主观意愿上将不再外出务工。

会政策创新的实践及其启示以及"体面劳动"议程的政策框架、国别计划及其政策启示的基础上，我们认为农民工社会政策的调适应遵循法治原则、"包容性"原则、"分层分类"原则、"家庭友好"原则、"七得"原则、"避免撇脂"原则、"弹性灵活"原则七大中观原则。

（一）法治①原则

法治原则是农民工社会政策体系调适、建构的基本原则。其具体含义包括"有法可依""有法必依""执法必严与违法必究"。所谓"有法可依"的内涵主要有三点：其一，与农民工群体社会保护相关的法律、制度、文件、方案必须能够为农民工群体提供"终身—全程"式充足的社会保护；其二，与农民工群体社会保护相关的法律、制度、文件、方案必须具有内恰性，特别是与农民工社会保护相关的制度、文件、方案必须遵循相关法律规定；其三，与农民工群体社会保护相关的法律、制度、通知、方案本身不会造成新的歧视与不平等，具有代际公平、群际公平②与群体内部公平③的特征。所谓"有法必依"是指要按照农民工社会保护相关法律、制度、文件、方案的规定给予农民工群体充足的社会保护，积极回应、满足其社会保护需求。"执法必严与违法必究"指对于破坏农民工群体合法权益的行为，如欠薪、拒签劳动合同、不按照规定为农民工缴纳社会保险等，要根据相关规定给予惩戒，从而加强对农民工群体的保护。基于法治原则，"有法可依"的细分准则可以解决农民工群体社会保护进程中有关制度设计中的许多困惑与不确定。有如，是否应该为农民工群体专设有关养老、医疗等细分社会保险项目？具体来说，是否应该专设农民工养老保险制度或农民工医疗保险制度等。进而言之，基于代际需求异质性的视角，同时考虑到我国人口老龄化的形势，是否应该为解决第一代农民

---

① 这里的法并非单纯指法律法规，而是指与农民工群体社会保护相关的法律、制度、文件、方案等，可理解为为农民工提供充足社会保护的方法与途径。

② 所谓群际公平，指农民工社会保护体系的设计与运营要保持农民工群体与市民群体、农民工群体与普通农民群体的公平性。

③ 所谓群体内部公平，指农民工社会保护体系的设计与运营要保持农民工群体内部不同亚群体之间的公平性。有如，农民工社会保护体系要保持其在不同流迁模式农民工群体之间的公平性。基于代际分化的视角，农民工群体又可划分为第一代农民工亚群体与新生代农民工亚群体（从这个角度来说，代际公平是一种特殊的群体公平），该社会保护体系要保持第一代农民工亚群体与新生代农民工亚群体之间的公平性。

工或老龄农民工的养老问题而专门出台"统一全国农民工养老保险制度"？又有如，是否应该基于新生代农民工群体已经成为农民工群体主力军的现实及其异质性的培训需求，出台新生代农民工技能培训的相关规定？此外，基于流迁模式多元分化的现实，是否应该根据返乡农民工的实际需求制定鼓励其创业就业的相关扶持措施？

通过对是否应该建立"统一全国农民工养老保险制度"为个案展开分析，对于如上困惑与不确定的澄清有所裨益。在新型城镇化与实施乡村振兴战略的双重背景下，农民工群体的社会保护问题已成为许多全国人大代表与全国政协委员关注的热点议题，全国人大代表所提建议与全国政协委员所提的提案中有不少与农民工群体社会保护相关。系统梳理这些建议和提案我们发现其中存在一些要求为农民工群体专设有关养老、医疗等细分社会保险项目的建议与提案。有如，2016 年召开的政协十二届全国委员会第四次会议中，有政协委员提出《关于关注第一代农民工的提案》（该《提案》为政协十二届全国委员会第四次会议的第 2895 号提案，亦是社会管理类 255 号提案，简称《2895 号提案》）。系统梳理该提案内容及人力资源和社会保障部对该提案的答复（人社提字〔2016〕79 号）颇为有趣。《2895 号提案》第二部分的提议为建议国家通过立法或者出台具体政策的形式"统一全国农民工养老保险制度"。《2895 号提案》在人口老龄化的背景下，基于对第一代农民工养老问题的关切提出这一建议，该《提案》反映出社会各界对于老年农民工群体养老保障问题的关注。但该建议在实际上并没有为人力资源和社会保障部所采纳，人社部在对该提案的答复（人社提字〔2016〕79 号）中指出《社会保险法》已明确做出规定，"进城务工的农村居民依照本法规定参加社会保险"，换言之，农民工群体的社会保险项目设置应该遵从《社会保险法》的相关规定，即应遵循"法治原则"，在"有法可依"的情况下应做到"有法必依"。

那么就《2895 号提案》从提出到获得人社部回复过程的个案而言，为什么在制度安排上该《提案》的相关建议没有获得"制度安排"的积极回应呢？基于农民工社会政策"四位一体"的建构模型，经过深度访谈与问卷调查，我们得知"四位"中，老龄农民工群体自身对于养老保障问题颇为关切；而市民群体、农民群体同样对老龄农民工群体的养老问题颇为关注，社会认同亦比较到位。那么，其"制度安排"没有到位的原因只可能是"价值理念"方面的问题。那么嵌入该群体问题分析的具体语境来说，这里的"价值理念"应当是什么呢？我们认为该理念应当是"法治原则"，意即与农民工社会保险相关政策的调适必须做到"有法必依"，而现行《社会保险法》第十二章第九十五条已明确规定"进城务工的农村居民依照本法规定参加"社会保险。正是因为如此，建立"统一全国农民工养老保险制度"的建议并未得到人社部门的积极回应。此外，从人社部对《2895号提案》这一建议的具体答复（人社提字〔2016〕79号）中我们可以看出，当前国家解决农民工社会保险制度设计问题的总体思路：遵循《社会保险法》的相关规定，不为农民工群体专设具体的农民工社会保险制度。现实中，我国当前已经构建出比较完善的基本养老保险制度平台，该制度平台中职工基本养老保险和城乡居民基本养老保险已在制度设计层面上实现了对全体国民的全覆盖。因此，应该遵循现行法律的相关规定，将在城镇实现稳定就业的农民工纳入职工基本养老保险制度之中，而对于灵活就业与非正规就业的农民工则该群体可以根据自身实际，选择在其流入地参加职工基本养老保险[1]或者在其户籍地参加城乡居民基本养老保险。就农民工群体医疗保险参保方式问题，该答复（人社提字〔2016〕79号）同样基于如上逻辑做出了农民工应该根据其就业特点选择参加不同医保项目的具体方式与路径。[2]

在2017年召开的政协十二届全国委员会第五次会议中，有政协委员提出《关于进一步完善新生代农民工创业培训政策的提案》[3]（简称《3676号提案》）。《3676号提案》与《2895号提案》比较类似的是，两个《提案》均针对细分农民工亚群体的某项具体社会保护需求，其中《3676号提

---

[1] 以福建省为例，该省将对在流入地城镇就业的农民工接续或参加企业职工基本养老保险的具体流程做出如下规定：其一，首次参保的农民工。对于持有流入地《居住证》的农民工，在流入地城镇灵活就业或者从事个体经营的，在本人自愿的前提下，可以用灵活就业人员或者城镇个体经营者的身份参加流入地城镇的企业职工基本养老保险；其二，需要接续参保的农民工。对于已经参加了流入地城镇企业职工基本养老保险的农民工，如果因故和用人单位解除劳动关系或者自谋职业的，在持有流入地城镇《居住证》的前提下，可在流入地城镇以灵活就业人员的身份办理企业职工基本养老保险关系的接续。

[2] 在现行政策框架之下，凡与用人单位建立正式劳动关系的农民工，应参加职工基本医疗保险。其他就业形式较为灵活的农民工可以自愿参加职工基本医疗保险，亦可根据个人实际参加流入地城镇居民医疗保险或流出地新农合。

[3] 该《提案》是政协十二届全国委员会第五次会议社会管理类第352号提案，亦是该会议的第3676号提案。

案》是针对新生代农民工亚群体的创业培训政策需求，而《2895 号提案》则针对第一代农民工的养老保险制度构建需求。但两个《提案》的最终处理结果却截然不同，人力资源和社会保障部对《3676 号提案》的答复（人社提字〔2017〕26 号）指出，加强对新生代农民工群体的创业培训是提升其实际创业能力的重要举措，《3676 号提案》的相关建议对于人社部门后续完善新生代农民工群体创业培训相关政策的设计十分重要，值得认真学习借鉴。值得注意的是，2019 年 1 月 9 日，人社部印发了《新生代农民工职业技能提升计划（2019—2022 年）》，该《提升计划》中的部分内容与《3676 号提案》的相关建议相类似。就《3676 号提案》从提出到获得人社部回复过程的个案来说，为什么在制度安排上《3676 号提案》的政策建议最终获得作为政策执行方的人社部的积极回应呢？同样基于农民工社会政策"四位一体"的建构模型，经过深度访谈与问卷调查，我们发现，新生代农民工群体特别是具有创业意愿的新生代农民工对于创业技能培训诉求较为强烈，这与人社部对于该群体"两高、两强和两低"① 群体特征的基本判断是一致的。有学者认为，"两高、两强和两低"是社会对新生代农民工群体贴的标签。本课题组无论是在针对苏州、泉州、温州与东莞四地新生代农民工的调查与访谈，抑或是针对福建省内沿海三市流动农民工与福建省内山区三市返乡农民工的问卷调查与深度访谈过程中，均感受到相对第一代农民工群体而言，新生代农民工对于通过各类培训提升自身技能并借此改善个人薪酬水平与职业前景的强烈渴望。正因为如此，该群体参加培训的愿望与实际参培率均比第一代农民工高。对东南沿海省份四市 2250 名新生代农民工的问卷调查显示，有 455 人（20.2%）的新生代农民工采取个人报名的方式参加培训，此外，在问及"您会考虑参加各类有助提升个人技能或者素质的培训项目吗？"这一问题时，在 2250 名新生代农民工中，有 81.6% 的受访者（1836 人）表示愿意参加。而本课题组通过对泉州市、厦门市、福州市三地 1096 名流动农民工问卷调查数据的分析，发现新生代农民工参加过培训的比例高于第一代农民工，其中新生代

---

① 在培训与就业方面，新生代农民工相对第一代农民工具有"两高、两强和两低"的特点。所谓"两高"是指该群体的受教育程度较高同时职业期望较高；所谓"两强"是指该群体技能提升意愿较强同时创业意识也比较强；所谓"两低"是指该群体就业稳定性比较低同时技能水平亦比较低。

农民工的参培率为 47.1%，而第一代农民工的参培率为 38.9%。课题组针对龙岩、南平与三明三地返乡新老两代农民工的问卷调查数据亦显示，新生代农民工在返乡前接受培训的比例（62.9%）显著高于第一代返乡农民工（44.9%）。但此三个山区市返乡农民工返乡前参加政府部门组织培训的比例较低，同时基本上不存在代际差异。这说明各级政府亟须加大对农民工群体的培训力度。正是在这一背景下，各级政府部门、市民群体、农民群体同样对新生代农民工群体的返乡创业问题颇为关注，社会认同亦比较到位。有如，《新生代农民工职业技能提升计划（2019—2022 年）》指出，帮助农民工特别是其中的新生代农民工群体增加接受教育与培训的机会，可促进该群体岗位胜任能力和专业技能的提升。可见，基于发展型社会政策理念，通过培训能提升新生代农民工群体的专业技能水平及其在劳动力市场中的竞争能力。但基于各流入地政府"工具理性"的角度来说，通过加强对农民工特别是其中的新生代农民工群体的培训，有助于将其培养成为"稳定就业的产业工人"和"高素质技能劳动者"，这无论对流入地的经济发展或者产业升级来说均是必不可少的对生产要素的投资。

在"四位"中，在新生代农民工自身以及社会认同条件均比较到位的情况下，能否顺利通过"制度安排"主要取决于《3676 号提案》本身是否符合"法治原则"的价值理念。如前文所述，所谓"有法可依"主要包括三个方面内容：一是政策设计能够为农民工群体提供"终身—全程"式充足的社会保护；二是各层级政策之间必须具有内恰性，必须遵循相关法律规定；三是新的政策设计不会造成新的歧视与不平等。就此，我们认为，加强新生代农民工群体创业或职业技能相关培训方面细分政策的出台，首先是农民工社会保护体系基于代际分化现实考量的拓展、延伸和细化，在新生代农民工群体已占农民工总数 50.5% 的背景下，出台"针对群体和时代特点"的细分培训政策确有必要。其次，相关细分政策的出台是在现行法律制度的框架之内，且该细分政策与其他政策之间具有内恰性。再次，此细分政策的出台虽然"以新生代农民工群体为重点"或"重点改善新生代农民工群体"，但实践中并不排斥第一代农民工群体的参与，符合代际公平的理念。因此，在符合"法治理念"的背景下，针对新生代农民工创业与职业技能培训的"制度安排"的出现应属自然之举，亦是顺势而为。

（二）"包容性"原则

"包容性"原则包括三个层面的含义：其一，社会保护对象的包容性；其二，社会保护供给方的包容性；其三，社会保护内容的包容性。如表6-1所示，基于分配基础的维度，社会保护对象的包容性主要基于生命历程理论、公民权理论以及Sabates-Wheeler等的移民迁移社会政策分析框架。就其具体内容而言，"包容性"原则认为农民工社会保护体系应包容不同流迁模式农民工群体及其"上游"状态与"下游"状态，同时还应包容不同代际农民工群体及其"上游"群体与"下游"群体。相应的，对农民工相关社会政策的调适应遵循"终身—全程"式原则。基于流迁模式多元分化的视角，农民工社会保护体系的保护对象应该包括"定居型"农民工、"循环型"农民工、"返乡型"农民工。同时还应该包括其"上游"状态已定居农民工（新市民）与"下游"状态已返乡农民工。深圳市新入户市民系列培训与关爱措施提升了深圳市新入户市民对深圳市的归属感与荣誉感，有助于该群体尽快实现社区融入与城市社会融入。基于代际分化的视角，农民工社会保护体系的保护对象还应该包括新生代农民工、第一代农民工。此外，农村学生、尚未进入城市劳务市场的农村劳动力以及已退出劳务市场的老龄农民工群体亦是农民工社会保护应包容的政策对象。安康市教育扶贫帮扶政策对农村学生的社会保护，该政策的有效实施对于安康市农村后备劳动力素质以及后续在劳动力市场中竞争力的提升亦有着极其明显的促进作用。

表6-1　"包容性"原则的层次、具体内容、理论基础、实践范例与所处维度

包容层次	具体内容	理论基础	实践范例	所处维度
对社会保护对象的包容	流迁模式："定居型"农民工、"循环型"农民工、"返乡型"农民工；已定居农民工、已返乡农民工	Sabates-Wheeler等的移民迁移社会政策分析框架；公民权理论	深圳市新入户市民系列培训与关爱措施	分配基础的维度
	代际分化：农村学生、尚未进入城市劳务市场的农村劳动力；新生代农民工、第一代农民工；已退出劳务市场的老龄农民工	生命历程理论；发展型社会政策理论；公民权理论	安康市教育扶贫帮扶政策对农村学生的社会保护	

续表

包容层次	具体内容	理论基础	实践范例	所处维度
对社会保护供给方的包容	农民工社会保护体系的构建完善既需要来自政府和市场的正式政策安排与制度因应，也需要来自政府和市场之外的援手和帮助	Sabates - Wheeler 等的移民迁移社会政策分析框架；发展型社会政策	晋江市慈善总会对贫困农民工及其家庭的关爱与保护实践	服务输送与资金筹集的维度
对社会保护内容的包容	农民工社会保护内容（项目）应该尽量覆盖该群体流动过程中的各方面具体需要，有如农民工社会政策"二元四分"分析框架中的各具体细分社会政策项目。同时要特别重视现期以及预期劳动力人力资本和社会资本的投资；有如，重视发展基础教育、职业教育与职业培训；重视弱势群体健康状况的改善；重视优化相关制度与政策设计与实施，为弱势群体提供必需的基本公共服务	农民工社会政策"二元四分"分析框架；发展型社会政策；包容性社会发展	持有晋江市居住证的流动人口可享受 30 项优惠政策待遇	分配内容的维度

资料来源：作者根据资料整理。

基于服务输送与资金筹集的维度，社会保护供给方的包容性主要基于发展型社会政策理论以及 Sabates-Wheeler 等的移民迁移社会政策分析框架。发展型社会政策理论与 Sabates-Wheeler 等的移民迁移社会政策分析框架均具有明显的福利多元主义的意蕴，在服务输送与资金筹集的维度上，农民工社会保护体系的构建完善既需要来自政府和市场的正式政策安排与制度因应，也需要来自政府和市场之外的援手和帮助。有如，晋江市慈善总会对贫困农民工及其家庭的关爱与保护实践即有力补充了政府和市场社会保护的不足。作为社会组织，晋江市慈善总会历年在确定因病致贫、生活困难等特困对象时，把部分特困农民工群体纳入救助范围之内。有如，在晋江市慈善总会和晋江市团市委联合举办的"困难青少年慈善救助活动"中，该活动的首批受益者包括了 105 名贫困农民工家庭子女，每人获得了 1000 元慰问金。

基于分配内容的维度，社会保护内容的包容性主要源于农民工社会政策"二元四分"分析框架、发展型社会政策理论以及包容性社会发展理念。就其具体内涵而言，农民工社会保护内容（项目）应该尽量覆盖该群体流动过程中的各方面具体需要，有如农民工社会政策"二元四分"分析框架中的各具体细分社会政策项目。同时要特别重视现期以及预期劳动力人力资本和社会资本的投资：有如，重视发展基础教育、职业教育与职业培训；重视弱势群体健康状况的改善；重视优化相关制度与政策设计与实施，为弱势群体提供必需的基本公共服务。有如，持有晋江市居住证的流动人口可享受 30 项优惠政策待遇。此 30 项优惠政策待遇可覆盖在晋江务工农民工群体的"生存-问题"型社会保护需求、"生存-福利"型社会保护需求、"发展-问题"型社会保护需求以及"发展-福利"型社会保护需求。

（三）"分层分类"原则

农民工并非均质化的整体，该群体多元分化的事实与趋势，决定了要合理、妥善地因应这一庞大群体异质性的社会保护需求问题，农民工社会政策体系必须基于差别化的分层分类原则①展开调适、建构。嵌入本课题的研究主题，要正视农民工群体流迁模式多元化及代际需求异质性的事实，进而言之，均质化的社会政策已无法适应多元流迁模式下"定居型"农民工群体、"返乡型"农民工群体以及"循环型"农民工群体异质性的社会保护需求，在代际分化的背景下也没办法比较有针对性地因应新生代农民工群体与第一代农民工群体异质性的社会保护需求。有如，基于流迁模式分化的视角，农民工群体可细分为"定居型"农民工、"返乡型"农民工以及"循环型"农民工。在现实的政策执行环境中，在某个城市落户的政策门槛确定时，农民工最终是否落户主要取决于两个因素：Ⅰ本人落户意愿；Ⅱ本人落户条件。

根据此双重标准，如图 6-3 所示，不同落户意愿与落户条件的农民工群体可细分为四类：Ⅰ有意愿有条件型；Ⅱ有意愿无条件型；Ⅲ无意愿有条件型；Ⅳ无意愿无条件型。其中，Ⅰ有意愿有条件型与Ⅱ有意愿无条件型为"定居型"农民工；而Ⅲ无意愿有条件型与Ⅳ无意愿无条件型为"返乡型"农民工与"循环型"农民工。

① 本书对于农民工群体分层分类的研究仅限于流迁模式的分化与代际的分化。现实中，性别、职业、收入水平等皆可以成为将农民工群体细分为若干亚群体的具体标准。囿于研究主题，我们不展开相关研究。

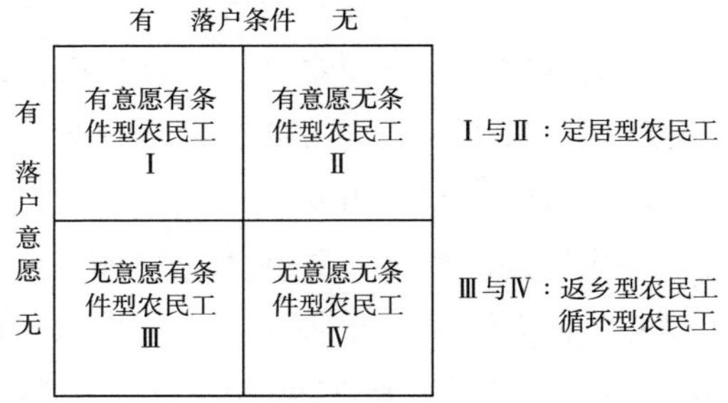

图 6-3 "落户意愿与落户条件"双重标准下农民工的分类
资料来源：作者根据资料整理。

对流入地城市而言，对于不同流迁意愿的农民工群体应该在坚持"法治"原则的前提下为其提供差异化的社会保护路径。如图 6-4 所示，双向度城镇背景下不同"定居意愿""定居条件"农民工群体的城市融入与社会保护路径有所差别。对于"定居型"农民工群体中的"有意愿有条件型"农民工，应该在既定户籍政策框架下，基于"准入制"通过梯度"户籍化城市化"的路径在为该群体提供充裕社会保护的同时积极促进其在城市落户。对于"定居型"农民工群体中的"有意愿无条件型"①农民工，应该通过办理居住证制度，借由与居住证挂钩的公共服务供给机制在遏制社会排斥②的同时提升其能力素质，促进该群体在城市落户。"无意愿有条件型"与"无意愿无条件型"由"返乡型"农民工群体与"循环型"农民工群体组成。对于此两类群体，③应该借由与居住证挂钩的公共服务供给机制在遏制社会排斥的同时提升其在城市就业、创业的能力。对其中的"循环型"农民工群体而言，社会政策要在遏制社会排斥的同时促进其在城市"赚钱打拼"。对于"返乡型"农民工群体而言，社会政策要在遏制社会排斥的同时提升其创业能力与就业能力，以便其做出返乡决策并将之付诸实际行动时能够顺利返乡。基于代际分化的视角，农民工群体可划分为新生代农民工群体与第一代农民工群体两大类，这两个差异化群体存在异质性的社会保护需求。因此，农民工社会保护体系对于新老农民工群

① 在一些政策文本中，该类农民工群体被称为"暂不具备条件的农民工"。
② 包括结构性排斥与功能性排斥。
③ 在一些政策文本中，无意愿在流入地落户的该类农民工群体被统称为"其他暂住人口"。

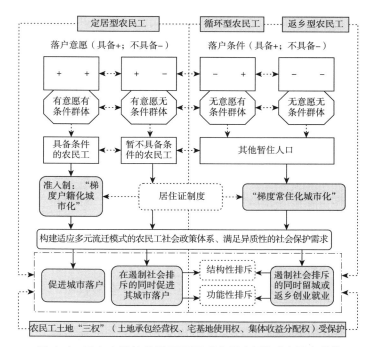

**图6-4　双向度城镇背景下不同"定居意愿""定居条件"
农民工群体的城市融入与社会保护路径**

资料来源：沈君彬：《社会政策视阈下的新生代农民工城市融入：一个分析的框架》，《中共福建省委党校学报》2012年第10期。笔者根据个人的理解与研究对原文的图形内容与形式进行了修改。

体，应该在坚持"法治"原则的前提下为其提供差异化的社会保护服务。以流动农民工群体的代际分化为例，本课题组对泉州、厦门、福州三地1096名流动农民工开展问卷调查的统计数据显示，新老农民工群体的社会保护现状与需求主要在七个方面存在显著差异，为此必须基于"分层分类"的原则对新老农民工群体实行差别化的社会政策因应。

具体来说，第一，本次调查数据显示，新生代农民工对其流入地城镇主观印象的评价比第一代农民工略低。同时，在流入地城镇流动过程中，新生代农民工获得工会等相关部门、组织帮助的比例稍低于第一代农民工。各级工会、团委等相关部门、组织可有针对性地开展新生代农民工群体的关爱、帮扶行动，在提升其获得感与幸福感的同时增强其在流入地的归属感与认同感。第二，在加班费标准上，新生代农民工总体上略低于第一代农民工。其主要原因在于该群体务工时间相对较短，经验积累较少，应该通过有针对性的培训提升其素质与专业技能，从而达到提升职工工资收入的目的。第三，第一代农民工比新生代农民工更可能遇到工资被拖欠的问题，但是新生代农民工面临着比第一代农民工更多地被罚扣工资的情况。可见，常态化的开展劳动监察，确实保障农民工群体各方面合法权益对新老农民工群体来说都是急需的。第四，在"定居型"群体中，新生代农民工群体的比例远高于第一代农民工群体；在"返乡型"群体中，第一代农民工群体的比例远高于新生代农民工群体；在"循环型"群体中，新生代农民工群体的比例与第一代农民工群体接近持平。相对于该亚群体较高的城市定居意愿与相对较低的定居比例，不少新生代农民工对于自身身份认同的模糊与不确定充满焦虑与疑惑。由此可见，各地在深化户籍制度改革的过程中，应当以新生代农民工为重点群体之一推进其在城镇落户。第五，虽然新生代农民工合同签订率较高，但实际更换工作的比例亦比较高。说明该群体的就业稳定性较低。新生代农民工合同签订率稍高于第一代农民工，但该群体通过签订劳动合同维护自身合法权益的意识仍有待加强。此外，无论是工伤保险、养老保险、医疗保险（含生育保险）抑或是失业保险，第一代农民工的参保比例均显著高于新生代农民工。由于该群体较年轻且对于社会保险重要性认识不足，同时也与其流动性较高有关。因此，人力资源和社会保障部门在开展社会保险业务宣传、扩面时应该以新生代农民工群体为重点，在尊重其流迁决策（或更换工作的决定）的同时要通过加大对该群体的培训，提升其专业技能与素质。此外，为保障其合法权益，要加大对用人单位依法用工的劳动监察力度，督促企业与员工签订劳动合同，促进新生代农民工群体稳定就业。第六，较之第一代农民工，新生代农民工倾向于"回乡购买住房"，第一代农民工倾向于"在流入地购买住房"。由此可见，流入地与流出地要针对农民工群体的住房保障需求积极推进农民工群体缴贷公积金制度，同时通过购房补贴、公租房等形式多样的住房保障供给积极因应新老农民工群体的住房保障需求。第七，新生代农民工"消极维权"的比例低于第一代农民工，新生代农民工群体在维权渠道选择上总体趋于理性务实，值得肯定。基于这一代际分化的现实，应该有针对性地加大对第一代农民工法律培训的力度，增强其理性维权的意识。

（四）"家庭友好"原则

如表6-2所示，生命历程视阈下不同生命周期内农民工本人及其原生家庭与新生家庭具有多样性的需求。面对这些需求，特别是家庭需求，我们认为，农民工社会政策的调适需要引入"家庭视角"，以因应农民工家庭的各种社会保护需求为依归，构建出家庭友好型的农民工社会政策体系，以达到有效规避农民工家庭在不同生命周期内潜在的各种风险的目的。

表 6-2　生命历程视阈下农民工及其原生家庭与新生家庭需求

生命阶段	农民工个人需求		原生家庭需求	新生家庭需求
义务教育教育阶段	接受优质教育、提升个人素质		获得学费补助	暂无
"双后"阶段	接受职业技能培训，提升个人在劳动力市场的竞争力或创业能力		获得学费与培训费补助	暂无
离开原生家庭在外务工	就业需求	社会保险需求；职业培训需求；权益保护需求；住房保障需求；落户需求；人文关怀需求	家庭经济需求；老人照顾需求；家庭成员就业需求（如上需求延续至原生家庭结束为止）	暂无
择偶与结婚	寻找合适对象的平台		对子女婚配的家庭期望；家庭传承与延续的需要；婚聘费用；住房需求	住房需求；资金需求
生育	满足个人性别偏好与数量；降低生育成本		成年子女照顾需求	孕妇的照顾；平衡孕期收入减少同时经济支出增加的矛盾
抚养尚未独立孩子	因育儿需要导致家庭经济成本增加；因育儿需要导致家庭社会成本增加（夫妻两地、留守儿童）		孙辈的照顾和教育；（两地）家人情感需求	孩子照顾需要；孩子教育需求；（两地）亲子情感需求；夫妇团聚需要
孩子成年及结婚	成年子女婚聘费用		根据家庭实际存续情况有不同相关需求，如为父母送终等	成年子女就业需求、住房需求、情感支持等
孙辈诞生	孙辈的照顾和教育			成年子女家庭维持需要；孙辈的照顾和教育；照顾老人；情感需求
返回家乡面临家庭结束或解体	生存安全需求；留守在家的情感需求	社会保险需求；人文关怀需求		

资料来源：作者根据资料整理。

基于生命历程理论，本书在第二章中对龙岩、南平与三明三地56名农民工（其中新生代农民工20名）的深度访谈结果表明，"结婚、生子、家人病故"等"被动型生命事件"对于农民工个体的流迁决策影响显著。如前文所述，基于家庭收益逻辑，农民工特别是新生代农民工个体面临着工作在城市而"养病""育儿""奉亲"在农村的现实，家庭发生变故后，其家庭收益结构发生了变化，返回家乡充当家庭"主心骨"更多承担起家庭照料责任成为不少新生代农民工做出返乡决策的重要动因。

就总体而言，现行农民工社会政策体系对农民工家庭仍不够友好，集中体现在"拆分型劳动力再生产体制"将原本应该在城市展开的工作、养家、养育、奉亲与养老的生命历程机械分割成为在城市工作，在农村养家、养育、奉亲与养老。通过农民工社会政策的调适，构建起能更好因应农民工及其家庭需求的社会保护体系，对农民工及其家庭加强应对"被动型生命事件"的能力至关重要。有如，作为后备劳动力农村学生群体受教育阶段对其个人素质的提升至关重要，地方财政应当加大对该群体义务教育阶段及"双后"阶段的教育与培训投入，切实减轻其家庭负担。此外，基于农民工流动"家庭化"与"分离化"的二元分化，应该进一步完善教育政策、住房保障政策以及户籍政策的设计，从源头上减少农村青少年与儿童留守的现象，积极回应"抚养尚未独立孩子阶段"农民工家庭孩子照顾需要、孩子教育需求、亲子情感需求以及夫妇团聚需要，提升农民工家庭幸福感与获得感。又有如，当农民工家庭进入"返回家乡面临家庭结束或解体"阶段时，一方面老龄农民工自身面临着比较迫切的生存安全需求与留守在家的情感需求，另一方，其子女家庭既面临着维系新生家庭的需求，同时又面临着照顾原生家庭的重任。[①] 为此，一方面，社会保险政策应积极因应老龄返乡农民工群体的生存安全需要的同时，社会各界特别是基层组织要通过人文关怀在一定程度上纾解其情感需求；另一方面，应当借鉴晋江市积极调适农民工相关住房保障政策、户籍政策与教育政策的相关经验，让新生代农民工能够实现家庭化流动，积极响应新生代农民工所在新生家庭的家庭维持需要、照顾老人需要以及情感需求。

---

① 在针对农民工群体的深度访谈中，我们发现了农民工身份代际传递的现象与趋势。换言之，新生代农民工的原生家庭中许多是农民工家庭。从这一角度考量，对新生代农民工群体提供社会保护即是对老龄农民工群体提供社会保护。

（五）"七得"原则

面对农民工群体流迁模式多元分化的现实，借鉴福建省晋江市农民工社会保护体系所具有的"进得来""留得住""融得入"[①] 的区域特色，基于农民工群体的实际流迁的可能与过程考量，本课题组尝试提出农民工社会政策体系调适建构的"七得"原则。具体来说，所谓"七得"原则共计包括"拎得清、出得去、进得来、留得住、融得进、走得顺、回得好"七个农民工社会政策调适建议遵循的细分指导原则。"七得"原则的实质是要充分尊重农民工个体根据个人及其家庭的需求偏好而所做出的流迁决策，同时农民工社会保护体系必须能够最大限度地去积极因应多元化流迁模式农民工群体的异质性社会保护需求以便该群体可以将个人的主观流迁意愿转化为实际流迁行为。

第一是要"拎得清"。所谓"拎得清"是指中央政府与地方政府特别是地方政府要充分尊重农民工个体根据个人及其家庭的需求偏好而所做出的流迁决策同时积极因应其需求。进而言之，在新型城镇化与实施乡村振兴的双重国家战略下，促进城乡要素双向自由流动已成各方共识，亦已成为国家政策的一部分。在国家层面上的不同文本中，"尊重城乡居民自主定居意愿"[②] "坚持尊重群众意愿"[③] "充分尊重农民意愿和自主定居权利"[④] "尊重意愿、自主选择"[⑤] "尊重农民在进城和留乡问题上的自主选择权"[⑥] "充分尊重群众自主定居意愿……严格防止'被落户'"[⑦] 等类似措辞的频繁出现表明，中央决策层已经敏锐捕捉到农民工流迁模式多元分化的趋势并且正视、尊重并积极回应这一现实。应当正视的是，以"乡-

---

① 应当指出的是，囿于其"人口净流入地"的区域定位限制，晋江市农民工社会保护体系"进得来""留得住""融得入"的"三得"原则有一定局限性。
② 可参见国务院《关于进一步推进户籍制度改革的意见》（国发〔2014〕25号）。
③ 可参见国务院《关于深入推进新型城镇化建设的若干意见》（国发〔2016〕8号）。
④ 可参见国务院《关于实施支持农业转移人口市民化若干财政政策的通知》（国发〔2016〕44号）。
⑤ 可参见《国家新型城镇化规划（2014-2020年）》。
⑥ 可参见《国务院办公厅关于积极稳妥推进户籍管理制度改革的通知》（国办发〔2011〕9号）。
⑦ 可参见《国务院办公厅关于印发推动1亿非户籍人口在城市落户方案的通知》（国办发〔2016〕72号）。

城流动人口"为主的劳动力蓄水池不再取之不尽,农民工群体数量正"从无限供给向有限供给转变"。在此背景下,农民工特别是具有比较丰富在城镇务工经验同时具备一定资金、技术积累的农民工是流出地政府"吸引其返乡创业就业"与流入地政府"助力其在流入地落户"的目标群体。为此,地方政府应基于全国一盘棋的意识,正视并处理好流迁模式多元化视阈下农民工群体"代际新老分化""能力与素质高低有别"的现实,在调适农民工相关社会政策、建构完善农民工社会保护体系时应着力避免"嫌老爱新、去粗取精"等"撇脂"现象的发生。

第二是要"出得去"。① 基于前馈控制理念与生命历程理论,为提升农村后备劳动力未来在劳动力市场中的竞争力,流出地政府应该重点在教育政策方面有所创新,通过加大相关财政投入提升学前教育、义务教育和针对"两后"群体教育的可及性与教学质量,提升该群体在劳动力市场的预期竞争力。流出地政府要在初高中阶段普及"职业规划教育进课堂"活动,尽早让孩子们产生职业规划意识。另一方面,对于即将进入城镇务工的农民工特别是其中的新生代农民工,流出地政府要在突出实用性与技能型培训的同时,加大对该群体求职方式与途径、权益保障注意事项、城市生活与交往技能、务工常用法律知识方面的培训,同时中央财政应侧重加大对流出地人力资源培育与教育事业发展的转移支付力度。同时,流出地政府要加大与流入地政府的沟通、联系,采取"走出去"和"请进来"两条腿走路,积极拓宽劳务输出渠道,助力农民工稳定就业。

第三是要"进得来"。基于流迁模式分化的视角,在既定户籍改革基本原则和制度框架下,除了少数特大城市外,对于"定居型"农民工群体而言,所谓"进得来"是指流入地政府要通过深化户籍制度改革显著降低农民工群体在工作地落户的门槛。流出地政府要严格遵守《农村土地承包

---

① Sabates-Wheeler 在其移民社会保护机制中提出,虽然迁移会让移民群体在许多方面产生弱势性,但应该看到的是,迁移本身亦是移民本人及其家庭抵御和应对各类风险的非正式社会保护机制之一。嵌入本项目的研究主题,对农民工群体特别是新生代农民工群体而言,鼓励其外出务工本身也是农民工社会保护体系的重要组成部分。换言之,各层级政府特别是人口流出地政府在调适农民工社会政策时积极创造条件让农民工顺利"出得去",就是为农民工群体提供了社会保护。

法》的法条，^①不得以退出农户"三权"为农民工进城落户的前提条件或变相要求。而为了吸引"返乡型"农民工群体与"循环型"农民工群体到本城镇就业、创业，各流入地城镇政府必须积极完善本地的居住证制度，同时将该制度与各项具体社会保护政策特别是就业政策、住房保障政策、教育政策、医疗保障政策等农民工群体在城镇具有刚性需求的社会政策相挂钩，通过提升"居住证含金量"的方式积极吸纳农民工群体到该地创业就业。如前文所述，晋江市正是通过流动人口居住证管理制度的有效实施，将居住证与社会保障、公共服务以及部分政治权益相挂钩提升了该市对于外地农民工的吸引力，实现了该市《居住证管理规定》提出的"吸引和聚集更多的优质人力资源"的目的。

第四是要"留得住"。"留得住"的对象应该是已经在流入地工作、生活的新老农民工群体。应该看到的是，农民工在用手劳动的同时，也在用脚投票。万事开头难，对于初次外出务工的新生代农民工来说，外出打工作为个人重要生命事件之一，其最初适应状况如何对其后续打工生涯有着重要影响。为此，流入地政府要针对外来农民工特别是其中的新生代农民工开展心理辅导、引导培训与岗前培训，帮助其尽快适应从农民到工人，从求学者到工作者的轨迹转变。基于流迁模式分化的视角，除了少数特大城市外，对于尚未落户同时又具备落户条件的"定居型"农民工来说，流入地政府要积极创造条件助力其尽快落户。对于没有或者暂时没有意愿在流入地落户的农民工来说，流入地政府要积极优化相关就业创业环境与社会保护水平满足其"赚钱打拼"的核心利益诉求。本课题组在针对福建省泉州、厦门与福州三地556名新生代农民工的调查中，没有更换过工作的新生代农民工仅有78人，占总数的14%，而更换过至少一次工作的新生代农民工则有478人，占被调查新生代农民工总数的86%。再次，基于代际分化的视角，新生代农民工群体"短工化"的趋势日趋明显。为此，流入地政府要意识到新生代农民工已经成为农民工群体的主力军与生力军的现状，制定出适应此"外地人、农村人、年轻人"群体代际特征的具体社

---

① 新修订的《农村土地承包法》于2019年1月1日开始正式实施，基于农民工在城市落户及打工就业的高度不确定性与复杂性考量，该法首次以法律的形式明确"不得以退出土地承包经营权作为农户进城落户的条件"，进城落户农民工的土地承包经营权的保护做到了"有法可依"。因此，当农民进城落户后，土地发包方无权将其承包地收回。

会政策，积极因应其异质性的社会保护需求。

第五是要"融得进"。"融得进"是针对农民工群体"身在曹营心在汉"的问题，或者说要增强该群体对于流入地的归属感与认同感的问题。基于流迁模式分化的视角，"融得进"的对象包括已入户的"新市民"、尚未入户的"定居型"农民工群体以及没有或者暂时没有落户意愿的"返乡型"农民工与"循环型"农民工。对于已入户的"新市民"，可借鉴深圳市新入户市民系列培训与关爱措施的实践与经验，提升其对所入籍城镇历史、文化与各方面发展情况的了解，借此提升其作为城镇一分子的归属感、认同感与自豪感。对于"返乡型"农民工与"循环型"农民工，可借鉴晋江市的相关经验，通过住房保障、随迁子女教育、文化与农民工（人文）关怀等系列措施的有效实施，让农民工及其家庭能够顺利融入学校、融入社区与融入城市，在潜移默化中增加他们对流入地城镇的归属感与认同感。

第六是要"走得顺"。在现实情境中，不同农民工的实际流迁走向复杂而多变。"走得顺"主要针对"循环型"农民工群体与"返乡型"农民工群体。有如，"循环型"农民工做出在务工地城镇内流动或者流出务工地城镇到别的城镇打工，又有如，"返乡型"农民工做出返乡决策并付诸行动时，农民工社会保护体系必须能积极因应其流动带来的相关需求。具体来说，有如，职工基本养老保险制度和职工基本医疗保险制度等社会保险制度要在不同城际间实现无隙对接，确保流动农民工群体的社会保险保障权益。又有如，当农民工因循环流动或返乡需要离职时，在《劳动法》与《劳动合同法》的规制范围内，在符合企业相关规定的前提下，应确保企业必须足额、及时结算劳动报酬。

第七是要"回得好"。基于流迁模式分化的视角，所谓"回得好"主要针对已实际返乡农民工群体。如本书第四章所述，返乡农民工群体可分为"主动返乡型农民工"与"被动返乡型农民工"两大类。其中，"主动返乡型农民工"可细分为"发展机会驱动型"与"稳定生活驱动型"两类，"被动返乡型农民工"则可细分为"生活成本考量型"与"家庭需要考量型"两类。因此，对于已实际返回家乡的异质性农民工群体差别化的需求，现行社会保护体系在总体上应该大致能给予覆盖与满足，同时各地可根据地域特点与本区域返乡农民工的实际需求通过细分社会政策的调适积极因应。有如，本课题组针对龙岩、南平与三明等福建三个山区市的调查与访谈，源于地利，此三地在产业链条中分工机会相比东北地区或西部地区更多一些，因此该次调查中此三地市农民工返乡创业的机会相对比较多，创业意愿亦显著高于全国平均水平。[1] 因此，这类地区地方政府应当加大对返乡农民工创业类培训的实施力度，使得区域性培训政策更加有的放矢。

（六）"避免撇脂"原则[2]

在 Sabates-Wheeler 等（2003）的移民迁移社会政策分析框架之中，就社会政治因素而言，由于缺乏流入地政府的政治承诺，国际移民需要面临诸多制度层面的约束，往往处于被排斥、被剥夺、被歧视的弱势困境之中。基于"人才兴市"战略，各城市"抢人大战"愈演愈烈。而在"刘易斯拐点"之下农村作为劳动力蓄水池的作用已日趋枯竭，"抢人"的对象已经从高素质人才、大学毕业生"下探"到高素质农民工群体。如前文所述，人口流入地政府和人口流出地政府对于"在城市稳定就业"同时"缴纳社保"的农民工群体存在"竞合关系"。所谓"竞争"，意指在双向度城镇化背景下，对农民工流出地政府而言，在城市务工期间具有一定资金、技术与各方面经验积累的农民工如果能返乡创业、就业，无疑对促进乡村发展能发挥生力军的作用。对农民工流入地政府而言，作为人的生产要素，"实现稳定就业同时缴纳若干年社保"的农民工群体无疑是区域经济发展和产业升级所急需的。基于"工具理性"考量，流入地政府将该类相对高素质的农民工群体列为允许落户的重点政策对象。所谓"合作"，是指流入地政府和流出地政府间彼此要加强对流动人口的协作管理。在此"竞合"态势之下，"撇脂"成为农民工社会保护体系构建完善过程中的隐忧之一。"撇脂"的概念来源于市场营销学中的"撇脂定价策略"，基于这一定价策略，企业在新产品刚上市的时候，要将价格定得相对较高，以确

---

① 在 2017 年 7 月的国务院就业工作部际联席会议上，时任人力资源和社会保障部尹蔚民部长介绍，根据该部对全国 2000 个行政村的监测，截至 2017 年第一季度末，回流农民工中有近 10%选择返乡创业。

② "避免撇脂"原则与"包容性"原则相照应，"避免撇脂"是"包容性"农民工社会保护体系的题中应有之义。

保在短期内获取高额利润。这一定价策略类似于从牛奶之中撇取奶油一样，比喻只关注少数精华而漠视大多数非精华部分的行为。①

如本书第六章所述，现行广州、东莞两地最新的非户籍人口落户政策对于落户申请者有年龄上的限制，对老龄农民工群体并不友好。根据东莞市现行的"两个五年入户政策细则"，除了符合条件的"表彰奖励类人才"之外，所有"条件准入类入户"申请者的年龄需要在 50 周岁之下。而根据《广州市积分制入户管理办法》的规定，所有申请人的年龄原则上均应该在 45 周岁之下。在将新生代农民工确定为落户重点群体的同时对落户年龄上限做出严苛规定并非广东一地之举，此举对"定居型"农民工群体中的第一代农民工定居城市造成了负面影响。在"喜新厌旧"的背后，流入地政府固然受"人的城镇化"的成本制约，但亦有"撇脂"的嫌疑。就此，我们认为，地方政府应基于全国一盘棋的意识正视并处理好流迁模式多元化视阈下农民工群体"代际新老分化""能力与素质高低有别"的现实，在调适农民工相关社会政策建构、完善农民工社会保护体系时应着力避免"嫌老爱新、去粗取精"等"撇脂"行为。

（七）"弹性灵活"原则

法无定势，唯善用耳。所谓"弹性灵活"原则是指各级政府在设计细分农民工社会政策与提供具体社会保护服务的时候，应该基于"法治"原则严格遵循中央的基本政策框架，同时又要善于用好用活政策空间和政策工具，确保国家宏观政策在中观层面的贯彻实施与在微观层面的有效执行。

基于社会福利政策的分析框架，就农民工各细分社会保护项目，在其分配基础、分配内容、服务输送以及资金筹集等各个维度上均可以基于"弹性灵活"原则进行创新以更好因应异质性农民工群体的差别化社会保护需求。就分配基础的"弹性灵活"设计，安徽省芜湖市的农民工缴纳公积金制度规定，对于已经签订劳动合同、建立正式劳动关系的农民工，应当由用人单位为其办理住房公积金缴存手续。但实际上，有大量农民工在

---

① 苹果手机的定价策略即采用撇脂定价策略。

城镇采取非正式、灵活就业的形式,① 为此该市《公积金管理办法》规定，对于非正式就业的农民工则按照本人自愿缴存的原则进行缴存，其缴存公积金的单位和个人部分均由申请人自行承担。

就分配内容的"弹性灵活"，2016 年，住建部和财政部联合印发了《关于做好城镇住房保障家庭租赁补贴工作的指导意见》。为住房保障家庭提供租赁补贴标准的确定，该文件指出，应基于"分类保障，差别补贴"的基本原则确定补贴水平。具体来说，应该按照各个家庭实际的住房困难程度与经济支付能力，以分类别、分层次的方式对通过市场租赁住房的住房保障家庭基于差别化标准的租赁补贴。

又有如，基于服务输送的维度，基于晋江市个案的分析，我们发现该市抓流动人口落户这项具体工作时，一方面，严格遵循上级确定的有关户籍管理制度的基本原则和政策框架；另一方面，该市又在政策允许的范围内开展"精准施策"，有如，针对部分非正式就业的流动人口没有房屋又没有单位的落户两难问题，该市公安局突破思维局限，规定以镇街道或者村和社区所在地址作为流动人口的公共地址来设立集体户，把流动人口户口落在集体户里，借此顺利解决符合落户条件但是又没有地方落户的农民工群体的落户问题。

第四节　微观建构

嵌入本课题的研究主题，如图 1-4 所示，基于农民工社会政策"四位一体"的建构模型，在农民工群体的"整体诉求"方面，该群体自身的利益诉求与能动作用对于整体及单项农民工社会政策的制定与调适具有强大的促进作用。农民工群体的"分化需求"方面，基于新生代农民工群体已经成为农民工主体的客观事实，不同流迁意愿新生代农民工群体异质性的社会保护需求对完善农民工社会保护体系具有重要参考作用。同时，农民工群体在社会保护需求上存在一定代际差异，新生代农民工与第一代农民工社会保护需求位序与需求结构的异质性对提升农民工社会政策的针对性

---

① 有如跑摩的、打散工、做日结、季节性帮工等。

具有重要指导意义。简言之，农民工社会政策的调适（制度安排）不仅需要考量农民工群体的整体利益诉求，同时还需要充分考量差别化农民工亚群体的异质性社会保护需求。嵌入本项目的研究主题，我们认为，农民工社会政策的微观建构有两个层面的工作需要尽快推动：一是加强对农民工流迁模式多元化以及代际需求异质性的调查与动态监测；二是在农民工社会政策的"公民权利"范式之下，细分社会政策的调适建构必须充分考虑到农民工群体流迁模式多元化与代际需求异质性的现实，借此完成微观建构才能真正回应并满足不同农民工亚群体的异质性社会保护需求。

一 加强对新生代农民工流迁模式多元化以及代际需求异质性的调查研究与动态监测

如前文所述，新生代农民工群体的流迁意愿呈多元分化之势，而不同流迁模式下新生代农民工群体的社会保护需求亦呈现出异质性特征。本课题组对福建省内三个沿海城市流动农民工群体以及对福建省内三个山区城市已返乡农民工群体社会保护需求的实证研究也表明，农民工群体的社会保护需求具有明显的代际差异。此外，在现实情境中，农民工群体已经成为我国产业工人的主体，同时新生代农民工群体已经成为农民工群体的主力军。因此，建议各相关部门、各地要高度重视并加强对农民工群体特别是新生代农民工群体流迁模式多元化以及代际需求异质性的调查研究与动态监测。

客观地说，无论是国家统计局公布的历年《农民工监测调查报告》，抑或是各地方政府公布的所在地农民工调查监测报告对于农民工流迁模式多元化以及代际需求异质性的调查研究以及动态监测均不够深入或缺乏相关视角的监测内容。借此现实考量，在双向度城镇化的背景下，各地、各部门在出台具体社会政策、加强对新生代农民工管理与服务工作的同时，应该改变对农民工工作一刀切的片面认识与做法，应正视农民工群体流迁意愿多元分化与代际需求异质性的现实，并在此基础上提出具体的政策措施。换言之，适时启动或加强对新生代农民工流迁模式多元化以及代际需求异质性的调查研究以及动态监测已经成为当前农民工管理、服务的一项紧迫任务，只有在获取新生代农民工群体真实可靠的流迁意愿、社会保护需求偏好真实信息的基础上，各地、各部门才能提出更加具有针对性的社会政策。

二　"生存—问题"型农民工社会政策的调适依据和调适策略

本书就"生存—问题"型农民工社会政策的调适主要是考察农民工就业相关社会政策的调适依据和调适策略。①

社会政策调适策略 1　建议各级政府在针对农村劳动力外出转移就业前实施的就业基本常识培训内容设计中增加"招聘类网站、App、微信等"求职方式的介绍，同时对于初次到城镇务工的新生代农民工群体要开展如何通过劳务市场、职业介绍所求职相关内容的引导性培训。为满足文化水平相对较低的第一代农民工与新生代"返乡型"农民工群体的求职需要，建议农民工密集流入地政府尽量设立专门针对农民工群体的免费性质的劳务市场，以此两类群体为主要对象提供公共就业服务。其调适依据分别为：[有关代际分化的调适依据 1] 苏州、泉州、温州与东莞四地 2250 名新生代农民工群体调查数据的分析结果表明，与第一代农民工类似，新生代农民工群体在求职的时候仍然比较依赖其原有的社会网络，这也说明地缘、血缘、业缘关系仍在根深蒂固地影响着该群体的社会交往。[有关流迁模式的调适依据 1] 苏州、泉州、温州与东莞四地 2250 名新生代农民工群体调查数据的分析结果表明，"定居型"新生代农民工群体通过"亲友介绍"成功求职的比例最低，他们更多通过"毕业分配或者学校推荐""招聘类网站、App、微信等"方式求职。而"返乡型"亚群体较多地通过"亲友介绍"的途径找工作，他们使用"招聘类网站、App、微信等"与"毕业分配或者学校推荐"求职渠道的比例最低。"循环型"新生代农民工选择上述两类求职渠道的具体比例处于"定居型"新生代农民工与"返乡型"新生代农民工之间。

社会政策调适策略 2　针对"返乡型"新生代农民工群体"短工化趋

---

① 本部分在区分"有关流迁模式的调适依据"与"有关代际分化的调适依据"时，主要基于研究设计与具体问卷调查设计时的考察侧重点。实际上，许多"有关流迁模式的调适依据"包含代际分化的视角。同样，许多"有关代际分化的调适依据"是在新老农民工群体流迁模式分化的背景下发生的。

势明显""合同签订率低""被欠薪比例高""超时加班赚取血汗钱"的事实，说明该群体的整体就业质量较低。为此，各级政府相关部门应当加强对"返乡型"新生代农民工群体的法律知识宣传、教育，让该新生代农民工亚群体意识到以牺牲个人权益作为前置条件来赚钱的方式既不合法亦不可取。同时，应积极督促该群体与用人单位签订劳动合同，确保自身合法权益。相关部门还应该积极拓宽农民工劳动纠纷的投诉渠道、提升劳动仲裁服务的可及性，建议劳动监察部门要以"返乡型"新生代农民工群体为重点加强对企业超时加班、劳动合同签订、工资按时足额支付相关情况的监察力度。其调适依据是：［有关流迁模式的调适依据2］"返乡型"新生代农民工更换工作的频率明显高于"定居型"新生代农民工群体；"返乡型"新生代农民工群体无论是在合同签订率抑或细分的1年到3年劳动合同签订率、5年以上合同签订率等指标上均是最低的；"返乡型"新生代农民工群体被欠薪的比例高于"定居型"亚群体与"循环型"亚群体。［有关流迁模式的调适依据3］"返乡型"新生代农民工群体进城务工更多是基于"经济驱动"，他们更倾向于用更多的时间去加班赚钱，以实现其尽快多赚钱的目标。由于加班时间较多，在2000~3000元与3000~4000元这两个收入水平相对较低的组中，"返乡型"新生代农民工群体的比重均低于"循环型"新生代农民工群体。在月收入4000元至5000元之间的新生代农民工群体中，"返乡型"群体则占比最高。

社会政策调适策略3 新生代农民工群体就业稳定性偏低的原因主要包括经济社会的发展转型、企业管理以及新生代农民工群体自身三方面的因素。新生代农民工就业"短工化"现象表明其就业质量有待提升。为此，在中央政府的层面上，应进一步推进"同工同酬、同制同权"为根本目的的劳动就业体制改革；在地方政府层面上，根据新生代农民工群体已成为农民工队伍主体的现实，加大对该群体薪酬发放、权益保障、合同签订等方面的劳动监察力度，同时要切实解决好该群体在流入地城镇享受均等化公共服务的问题。在企业层面上，应当将稳定性强且有归属感的员工队伍建设作为企业核心竞争力提升的重要途径，特别是要积极因应新生代农民工群体的代际特征，使得企业管理制度更具弹性灵活、更具人性化与包容性，提升新生代农民工对企业的归属感。此外，在社会层面上，应正视该群体对流入地城镇发展所做的巨大贡献，要采取社区、社会组织、专业社工"三社联动"的形式推进新生代农民工群体融入流入地社会。其调适依据是：［有关代际分化的调适依据2］针对泉州、厦门、福州三地1096名流动农民工调查数据显示：首先，新生代农民工合同签订率稍高于第一代农民工，但新老农民工群体通过签订劳动合同维护自身合法权益的意识仍有待加强。其次，新生代农民工签订固定期限合同的比例略高，而第一代农民工签订无固定期限的合同稍高一些。最后，新生代农民工更换过一次以上工作的比例略高于第一代农民工，说明该群体的就业稳定性较差，要采取有针对性的措施提升该群体的就业稳定性。

社会政策调适策略4　基于新生代返乡农民工群体在老家创业意愿比较强烈的现实，应当以返乡新生代农民工群体为重点助力返回农村的农民工群体创业、就业。除一般性扶持措施外，针对创业所需厂房的问题比较有针对性的举措包括大力建设返乡农民工创业园区，成立闲置农宅合作社、盘活闲置农宅资源出租给返乡农民工等。其调适依据是：［有关代际分化的调适依据3］针对龙岩、南平与三明市480名新老返乡农民工群体的问卷调查数据显示：较之第一代农民工，已返回到老家县（镇）生活的新生代农民工群体比较重视孩子的教育问题，同时对于在县（镇）创业、就业有比较高的热情。而新生代农民工中的许多人之所以返回老家农村是因为"方便依托老家资源①进行就业、创业"。在访谈中，我们了解到许多新生代农民工返回老家农村后从事来料加工、农产品电商、制造业等行业。许多正在创业的新生代返乡农民工表示，之所以选择回村里是因为老家的住宅比较宽敞，可以简单收拾一下就可以成为简易的车间和厂房，有助于他们实现创业的梦想。

社会政策调适策略5　在尊重新老返乡农民工群体根据自己实际情况做出的职业选择决策的同时，可以积极引导该群体向新型职业农民方向转型。应该指出的是，新型职业农民群体并不是一个均质化的群体。有如，如表6-3所示，《福建省新型职业农民认定和扶持办法》即把该省新型职业农民分为三类，分别是"生产经营型职业农民""专业技能型职业农民"

---

①　访谈中，我们了解到这类资源主要包括老家住宅、当地自然资源、农产品以及一些社会资源。

"专业服务型职业农民"。因此，不同年龄、学历、能力以及履历的返乡农民工都可以根据自身的实际情况选择适用自己的发展道路。其调适依据为：[有关流迁模式的调适依据4] 通过对龙岩、南平、三明三地市 480 名返乡农民工调查问卷数据的分析，我们发现，在回乡之后有些返乡农民工的职业声望获得了提升，有些返乡农民工则沿袭"走廊痕迹"继续从事在城市务工期间的工作。

表 6-3 福建省新型职业农民的分类

生产经营型	专业技能型	专业服务型
①农民专业合作社骨干；②返乡下乡涉农创业者；③种养大户；④家庭农场经营者；⑤家庭林场经营者；⑥农业职业经理人；⑦农业企业骨干	指稳定就业的农业雇员或农业工人，一般就业于农村（林业）农民专业合作社、农业企业、家庭农场、家庭林场	①在农业产前服务的农村有关人员；②在农业产中服务的农村有关人员；③在农业产后服务的农村有关人员

资料来源：笔者根据相关资料整理而成。

社会政策调适策略6 各农民工流出地政府可借鉴监利县经验，开发出在外务工创业人员数据库，促进外出务工创业人员返乡创业、就业。基于代际分化的视角，在该数据库中可单独设立"新生代在外务工创业人员子数据库"。该子数据库可以详细登记（新生代）外出务工创业人员在外地的住址、联系方式、专业技术、从事行业、资产状况、返乡意向、发展设想等详细信息。同时，该数据库还应建立起信息维护更新与定期联系机制，在确保信息真实准确的同时加强本地（新生代）外出务工创业人员与家乡的联系，有力促进本地（新生代）在外务工创业人员返乡创业就业。其调适依据为：[有关经验借鉴的调适依据1]"在外监利人"外出务工创业人员数据库加强了监利籍外出务工创业人员与家乡的联系，有力促进了监利籍在外务工创业人员返乡创业就业。

三 "生存—福利"型农民工社会政策的调适依据和调适策略

本书就"生存—福利"型农民工社会政策的调适主要是考察农民工社会保险相关社会政策与工作环境规制相关政策的调适依据和调适策略。

（一）农民工社会保险相关社会政策的调适依据和调适策略

社会政策调适策略 7　社会保险转移接续不便的主要原因在于跨地区协办机制和网上业务受理流程不畅。为在操作层面上提升社会保险制度的便携性，一方面建议尽快推进全国一体化的社会保险公共服务平台建设；另一方面，要尽快构建各省市间统一的社会保险关系转移接续平台。在简化各类社保证明材料、优化经办流程的同时，要积极推动"互联网+人社"建设，实现社会保险关系转移接续手续办理网络化。其调适依据是：［有关流迁模式的调适依据 5］经过对苏州、泉州、温州与东莞四地 2250 名新生代农民工群体调查数据的分析，我们知道，在多元流迁模式下，"定居型"新生代农民工群体参加城镇社会保险项目各险种的参保率均是最高的，"返乡型"新生代农民工群体各险种的参保率均是最低的，而"循环型"新生代农民工群体参加各险种的比例均居中。

社会政策调适策略 8　第一代农民工有着较为强烈的养老保障需求，但现实中许多第一代农民工未在流入地城镇参加企业职工基本养老保险或者参加了企业职工基本养老保险但是由于缴费时间较短未能达到养老保险待遇领取规定的 15 年的年限。借此现实考量，应以第一代农民工特别是其中的高龄农民工为重点，积极引导其参加城乡居民基本养老保险。同时，对于经济条件较为宽裕的农民工要鼓励其选择较高档次的标准进行缴费，以便增加其个人养老账户的积累。其调适依据是：［有关代际分化的调适依据 4］经过对泉州、福州与厦门三地 1096 名流动新老农民工群体调查数据的分析，我们知道，就不同险种的参保比例，第一代农民工和新生代农民工保持一致，各险种参保率从高到低分别是：工伤保险、养老保险、医疗保险（含生育保险）、失业保险。就农民工社会保险参保情况的代际差异而言，第一代农民工参加养老保险的参保率显著高于新生代农民工的参保率，同时第一代农民工医疗保险（含生育保险）的参保率略微高于新生代农民工的参保率。而新生代农民工工伤保险与失业保险的参保率均高于第一代农民工。

社会政策调适策略 9　要加强对新生代农民工群体社会保险参保必要性的宣传，以养老保险为例，对于"定居型"新生代农民工要积极鼓励其参加流入地城镇的职工基本养老保险。对于"循环型"新生代农民工也应积极鼓励其参加流入地城镇的职工基本养老保险,该群体虽暂时处于"流而不迁"的状态之中,但终非长久之计。为此,如果其最终做出返乡决策,则应通过社保转移接续制度设计与操作层面,实施确保流入地城镇职工养老保险与流出地农村的城乡居民基本养老保险无缝对接。同样,如果"循环型"群体选择参加流出地农村的城乡居民基本养老保险,如果其最终选择在流入地城镇定居,则要确保流出地农村的城乡居民基本养老保险与流入地城镇职工养老保险的无缝对接。对于"返乡型"新生代农民工则要鼓励其参加流出地农村的城乡居民基本养老保险。针对城乡居民基本养老保险制度替代率水平过低的客观现实,① 在国家层面上,建议进一步完善该险种的制度设计,特别是要不断完善城乡居民基本养老保险制度的参保缴费激励约束机制。要通过构建基础养老金的正常调适机制,不断提高该细分社保项目的保障水平。其调适依据为:[有关流迁模式的调适依据6] 新生代农民工群体年龄较轻,较少对未来的养老问题筹划和打算。由于较为依赖"制度性"保障,"定居型"农民工对于未来养老问题较为焦虑。"返乡型"新生代农民工的最终归宿是返回家乡,由于土地具有一定养老保障功能,因此该群体相对而言较不担心未来的养老问题。"循环型"新生代农民工长期处于"流而不迁"的状态之中,因此其选择"还没想"的比例最高。现行城镇养老保险制度在便携性与缴费门槛上仍有较大提升空间,而城乡居民基本养老保险制度的替代率水平过低的现实使得新生代农民工缺乏参保的动力。

(二)农民工工作环境规制相关社会政策的调适依据和调适策略

社会政策调适策略 10 要针对 Ⅰ "社会心理和情感发展阶段"、Ⅱ "技能和工作经验"、Ⅲ "生理发展阶段"、Ⅳ "教育程度"、Ⅴ "跨领域因素"青年工人特有的五大风险因素,以及 Ⅰ "人体工程学危害"、Ⅱ "心理危害"、Ⅲ "化学危害"、Ⅳ "生物危害"、Ⅴ "物理危害"、Ⅵ "安全危害"青年工人经常接触的六大工作风险。在加强工作环境规制的同时,基于前馈控制理念,为农民工群体特别是新生代农民工群体提供更

---

① 其主要原因有三点:一是该险种尚处于制度建设的初期;二是基础养老金标准的提高是一个渐进的过程;三是大多数老年居民缴费偏少甚至零缴费。

多以公民权利为基础的就业服务和社会保护，积极提升新生代农民工群体就业质量，切实减少未就业（失业）、缺乏培训与其他社会保护的新生代农民工的人数。其调适依据为：［有关代际分化的调适依据5］根据国际劳工组织的相关研究同时结合本课题组的问卷调查与深度访谈结果表明，新生代农民工往往工作处境较差，该群体工资水平偏低，总体工作时间较长，社会保护缺乏，而且经常处于危害性抑或安全性缺乏的工作环境之中。

四　"发展—问题"型农民工社会政策的调适依据和调适策略

本书就"发展-问题"型农民工社会政策的调适主要是考察农民工职业培训类社会政策、权益保护相关政策、农民工子女教育政策以及户籍政策的调适依据和调适策略。

（一）农民工职业培训相关社会政策的调适依据和调适策略

社会政策调适策略11　建议流入地与流出地政府特别是流入地政府要努力提升对"定居型"新生代农民工群体提升"岗位技能提升培训""电焊（餐饮、驾驶、美发、烹饪）等就业技能培训""创业技能培训"等培训项目供给的质量与数量，增强该群体各方面的业务与技术能力，助力该群体在城镇定居。建议流入地与流出地政府特别是流出地政府要利用各种契机给予"返乡型"新生代农民工群体"种植、养殖殖实用技术培训""电子商务"培训等培训项目的培训机会，助力该群体在返回家乡后顺利创业就业成为新型职业农民。建议流入地与流出地政府对"循环型"新生代农民工群体参加各类培训项目均采取支持与开放的态度，虽然长期处于流而不迁的状态，但是多数新生代农民工终将做出个人的流迁抉择，在城市务工期间通过职业培训所积累的知识与技能对于他们将来在城镇落户或返乡流出地农村都将具有巨大的促进作用。其调适依据是：［有关流迁模式的调适依据7］本课题组基于苏州、泉州、温州与东莞四地的调查显示，表示愿意接受培训的1836名新生代农民工中，"定居型"新生代农民工群体对于"岗位技能提升培训""电焊（餐饮、驾驶、美发、烹饪）等就业技能培训""创业技能培训"的需求明显高于"返乡型"新生代农民工群体与"循环型"新生代农民工群体;"返乡型"新生代农民工对于"种植、养殖实用技术培训"与"电子商务"培训则有着强烈的需求,选择此两个培训项目的"返乡型"新生代农民工的比例显著高于"定居型"新生代农民工与"循环型"新生代农民工;"循环型"新生代农民工群体对于有助于乡-城流动人口群体落户城镇的培训项目的需求程度显著高于"返乡型"新生代农民工群体,同时又显著低于"定居型"新生代农民工群体,同时他们对于有助于返回流出地农村便利创业、就业的实用型培训项目的需求程度显著高于"定居型"新生代农民工群体,同时又显著低于"返乡型"新生代农民工群体。

社会政策调适策略 12　积极通过各种培训提升"定居型"新生代农民工的综合素质,有利于提高新生代农民工群体特别是"定居型"新生代农民工群体的就业层次与就业质量,将最终有助于他(她)们在流入地城镇定居。在操作层面上,针对新生代农民工群体因"工作忙,没有时间""培训费很贵"而导致培训率不高的问题,各级政府相关部门可以根据地方实际,指定农民工(流动人口)职业技能培训节(日),规定在培训节(日)期间企业应鼓励员工接受培训。同时,各地政府鼓励各企业根据自身生产"淡旺季"的实际,尽量在生产淡季多开办各类培训班。为切实减轻农民工群体的培训负担,可以采取"劳务培训券""政府直接补贴培训机构"等多方融资的方式减少农民工群体培训自付费用。其调适依据为:[有关代际分化的调适依据 6] 经过对苏州、泉州、温州与东莞四地 2250名新生代农民工群体调查数据的分析,在选择不愿意参加培训的 414 名新生代农民工中,有 29.5% 的受访者是因为"工作忙,没有时间";有24.2% 的新生代农民工不参加培训是因为"培训都是填鸭式的很无聊";有 20.8% 的调查对象不参加的原因是"培训内容不是我需要的";有 14%的被调查者因为"培训费很贵"而不愿意参加;还有 12.1% 是因为"目前的技能已经足够,没必要参加"。[有关流迁模式的调适依据 8] 经过对苏州、泉州、温州与东莞四地 2250 名新生代农民工群体调查数据的分析,在多元流迁模式下,从事公司管理人员、销售、企业文职人员等相对需要较高文化水平和综合素质的岗位从业者中,"定居型"新生代农民工从业的比例比"返乡型"与"循环型"高。这表明,"定居型"新生代农民工群体在流入地所从事的职业层次较高。

社会政策调适策略 13　无论从价值理念、社会认同、新生代农民工群体的主观意愿抑或客观实施效果来说，加强对新生代农民工群体的职业教育与培训，对于提升该群体的人力资本具有巨大促进作用。较之而言，加强对第一代农民工群体的职业教育和培训对该群体人力资本的提升亦有一定效果，但总体上效果不如新生代农民工群体。在制度安排层面上，在人社部已经印发《新生代农民工职业技能提升计划（2019-2022 年）》的背景下，各级政府应加大对农民工群体特别是新生代农民工群体职业教育与培训的机会，在提高其专业技能与岗位胜任能力的同时提升其人力资本，将其培养成为高素质、高技能的劳动者的同时，将其打造成为高稳定性就业的产业工人队伍。其调适依据为：［有关代际分化的调适依据 7］通过对泉州市、厦门市、福州市三地 1096 名流动农民工问卷调查数据的分析，就流动农民工群体职业发展水平的代际差异存在三点事实：第一，新生代农民工参加过培训的比例高于第一代农民工，而第一代农民工参加培训的人均次数多于新生代农民工；第二，新生代农民工群体持有职业资格证书的人次与数量均比第一代农民工群体多；第三，在工种与岗位分布上，新生代农民工总体上层级更高一些，发展空间亦更大一些。

社会政策调适策略 14　建议各级政府要加大对"循环型"新生代农民工群体培训的力度，同时在培训项目设置上要适当向该群体较为青睐的电焊（餐饮、驾驶、美发、烹饪）等就业技能培训、岗位技能提升培训、种植和养殖实用技术培训等培训项目倾斜，以满足该群体异质性的培训需求。其调适依据是：［有关流迁模式的调适依据 9］对苏州、泉州、温州与东莞四地 2250 名新生代农民工调查数据的统计表明，在外务工时间为 1~5 年的"循环型"新生代农民工占"循环型"群体的比重高达 52.2%，而在外务工时间为 5~10 年的"循环型"新生代农民工占"循环型"群体的比重仅为 28.1%。由于"循环型"新生代农民工群体外出务工的时间相对较短，因此该群体参加培训的主观意愿较高，他们愿意通过培训来提升自己的专业技能，从而在就业市场中处于相对有利位置。［有关流迁模式的调适依据 10］东南沿海四地 2250 名新生代农民工调查数据还表明，"循环型"新生代农民工群体对于"岗位技能提升培训"此类有助于乡—城流动人口群体落户城镇的培训项目的需求程度显著高于"返乡型"新生代农民工群体，同时又显著低于"定居型"新生代农民工群体。同时，他们对于

"种植、养殖实用技术培训" 此类有助于乡-城流动人口群体返回流出地农村便利创业、就业的实用型培训项目的需求程度显著高于 "定居型" 新生代农民工群体，同时又显著低于 "返乡型" 新生代农民工群体。

社会政策调适策略 15 要基于代际差异考量积极提升返乡农民工群体的各项发展能力，具体来说，一是要加大对返乡农民工群体中的农业经营管理者使用 "新技术与新渠道" 方面的培训与引导。二是在有针对性的提升老一代返乡农民工互联网使用率的同时，要以新生代返乡农民工为侧重点提升其在农资农具网购、农副产品网络销售、农村网络培训教育、农村消费品网购等方面的能力与水平。三是在代际公平的前提下，针对返乡农民工群体的就业、创业类社会政策制定、宣传时应当以新生代返乡农民工群体为重点，以提升该类社会政策的总体实施效果。而在人口老龄化的背景下，社会保障体系如何积极回应包括第一代返乡农民工在内的农村中老年人口的迫切需要是我国社会保护体系后续改革需要直面与回答好的时代课题。四是要针对返乡农民工群体加大各类相关政策的宣传力度，对于返乡农民工群体中的第一代返乡农民工群体要重点加大养老保险、医疗保险等社会保障类政策的宣传力度；而对于返乡农民工群体中的新生代返乡农民工群体则要加强对返乡创业、就业扶持政策的宣传力度。同时，针对返乡创业就业扶持政策可及性仍有待提升的问题，各级政府要加大对返乡农民工群体创业、就业扶持政策的支持力度，确实将政策利好从 "纸面的文字规定转化为返乡农民工可以看得到摸得着的实质性支持"。其调适依据为：[有关代际分化的调适依据 8] 针对龙岩、南平与三明市 480 名新老返乡农民工群体的问卷调查数据显示：第一，针对返乡农民工群体中从事农民职业者关于 "新技术与新渠道的应用能力" 提问的调查结果显示，无论是 "选种新品种" "种植经济作物" "饲养经济动物" 又或者是 "采用新的农业技术" 与 "使用互联网进行农副产品销售" 等方面的 "新技术与新渠道"，新老返乡农民工群体都有比较大的提升空间。基于代际比较的视角，新生代返乡农民工群体 "新技术与新渠道的应用能力" 比第一代返乡农民工要强许多。第二，本次调查结果还表明，在互联网的应用能力上，新生代返乡农民工要远远超过第一代返乡农民工。第三，通过对龙岩、南平、三明三地市 480 名返乡农民工调查数据的分析显示，在 "政策信息获取水平" 方面，由于处于不同生命阶段，新老返乡农民工群体的关注点有所不同。其中，新生代返乡农民工对于国家宏观政策、省市县就业创业方面政策的获取水平比第一代返乡农民工高许多。而第一代返乡农民工由于年龄较大，对于养老、医疗类社会保护政策的关切程度比较高。第四，还应当看到的是，无论是国家宏观政策，或是省市县出台的就业创业方面的扶持措施，又或者是养老保险、医疗保险等社会保障类政策，就新老返乡农民工群体的政策信息获取水平而言，都有比较大的提升空间。特别值得一提的是，与我们的预期不同，本次调查中知道福建省于 2015 年颁布了《返乡创业十二条措施》的返乡农民工只有 120 人，刚好占被调查对象的四分之一；而知晓福建省于 2017 年出台了《返乡创业培训五年行动计划》的返乡农民工也只有 88 人，仅占被调查对象总数的 18.3%。

　　社会政策调适策略 16　针对"返乡型"新生代农民工群体进城务工前受教育水平相对较低，同时就业层次低、工作时间较长，更换工作频繁、培训意愿较低的现实，人社、农业、教育等相关部门在引导、动员新生代农民工群体积极参加培训时应以"返乡型"新生代农民工群体为重点对象，在制定培训方案时要更具有弹性与灵活性，在培训时间、地点以及方式上方便该群体参加。同时，要考虑到该群体今后在流迁决策上计划返回家乡的事实，建议采取流入地政府和流出地政府合作的方式，尽量让该群体在返乡前和返乡后都能接受一些对目前就业和今后返乡都能用得上的实用技术。其调适依据是：[有关流迁模式的调适依据 11]在东南沿海四地的调查中，基于流迁模式分化的视角，在三个新生代农民工亚群体中，"循环型"新生代农民工亚群体愿意参加培训的比例高达 88%，"定居型"新生代农民工亚群体愿意参加培训的比例为 81.1%，而"返乡型"新生代农民工亚群体考虑参加培训的比例最低，在 778 名受访对象中仅有 596 人表示"愿意参加培训"，占该群体的 76.6%。由此可见，"循环型"新生代农民工群体参加培训意愿最高，其次为"定居型"群体，最后才是参加培训意愿最低的"返乡型"群体。[有关流迁模式的调适依据 12]本课题组在东南沿海四地针对"返乡型"新生代农民工群体开展了深度访谈，访谈结果表明，"返乡型"新生代农民工群体外出务工的时间相对较长，他们中的许多人缺乏长远的职业规划，存在短视思想，他们认为自己今后的归宿是回到老家农村，因此"现在重要的是多干活，多挣点钱，回家后方方面面都要花钱"，而培训"要花时间，学不到什么东西，还影响赚钱，太不划算"。

社会政策调适策略 17 要以新生代返乡农民工为重点，创新培训形式，加大对返乡农民工的培训力度。各级政府部门可以创新培训组织形式，积极搭建助力返乡农民工各项技能培训、提升的新媒体平台，提升返乡农民工特别是其中的新生代返乡农民工参加培训的可及性。在具体培训方式上，可以积极鼓励新生代农民工采用"基于手机的移动学习系统"的方式开展个性化的学习与培训。此两项明细社会政策的调适依据为：［有关代际分化的调适依据 9］针对龙岩、南平与三明市 480 名新老返乡农民工群体的问卷调查数据显示：新生代农民工具有比较强烈的学习培训愿望。然而，本次调查的 480 名返乡农民工，在返乡前与返乡后参加政府部门组织培训的比例均较低，这说明地方政府需大力加强针对返乡农民工特别是新生代返乡农民工群体的培训力度。此外，应该指出的是，随着智能手机普及率的不断提高，WIFI 覆盖率的提升以及移动网络应用资费的不断下调，通过喜马拉雅 FM、荔枝 FM 等各类培训类 App、微信（微课）、QQ（腾讯课堂）等常用软件对农民工进行培训在模式上已经非常成熟。换言之，"基于手机的移动学习系统"已经成为一种具有很高可行性的培训方式。该培训方式具有"省力、省钱、省时、省心"的四大特点。在针对苏州、泉州、温州与东莞四地的调查中，我们同样发现有不少新生代农民工采用"基于手机的移动学习系统"的方式开展个性化的学习与培训。可见，返乡新生代农民工群体对"基于手机的移动学习系统"接受程度比较高。

社会政策调适策略 18 建议各省市在组织新生代农民工培训的时候积极探索使用劳务培训券（补贴）方式，该方式可有效提升培训组织形式、培训内容、培训费用结算等方面的"弹性"，提升实际培训效果的目的，以积极因应对培训内容和形式有较高要求的新生代农民工群体的培训需求。其调适依据是：［有关代际分化的调适依据 10］新生代农民工在培训内容和培训方式上有一定的要求。课题组针对苏州、泉州、温州和东莞的问卷调查数据显示，有 24.2% 的新生代农民工（89 人）认为之所以不参加培训是因为"培训都是填鸭式的很无聊"，还有 20.8% 的调查对象（85人）指出不参加的原因是"培训内容不是我需要的"。四地调查数据显示，新生代农民工群体在流出地参加由政府组织的培训相对很少，同时该群体对于语气生硬、形式单调乏味同时内容不符合自己实际需求的培训是比较抗拒的，其实际培训效果极为有限的。［有关经验借鉴的调适依据 2］浙江省衢州市劳务培训券制度的有效实施，实现了三赢的目标：一是劳务培训券增加了农民工在培训中的自主权和选择权，减少了"先垫后支"的情况，提高了培训对象参培的积极性与参与度，有利于培训效果的提升；二是劳务培训券制度有利于提高各类培训机构的办班质量与办班积极性；三是劳务培训券制度提升了"衢州牌"农业转移劳动力的素质与口碑，促进当地政府顺利完成了衢州市农村剩余劳动力输出的任务。

（二）农民工权益保护相关社会政策的调适依据和调适策略

社会政策调适策略 19　针对"返乡型"新生代农民工群体"日劳动时间最长，月休息时间最低""被欠薪的比例是最高的"及"（各年限）合同签订率是最低的"等权益保障方面的不利局面，建议各地政府相关部门将日常工作的重点放在这个群体身上，要通过加强对"返乡型"新生代农民工群体有关法律知识的普及，让该群体意识到依靠牺牲个人合法权益的方式来赚钱是不可持续的，积极督促该群体与企业签订正式劳动合同，以避免该群体在合法权益受到侵害时不能通过合法的渠道解决问题。提高就业质量是提高"返乡型"新生代农民工群体在流入地城镇各方面状况的有效途径。为此，政府相关部门应根据该群体职业技能较低、参加培训次数较少、流动性强、工作时间长的特点，在制定培训方案的时候要增加培训时间与地点的选择弹性，在内容设计上尽量贴近其即期就业与预期返乡的现实需求。其调适依据包括如下三个方面的事实：[有关流迁模式的调适依据 13] 经过对苏州、泉州、温州与东莞四地 2250 名新生代农民工群体调查数据的分析，"返乡型"新生代农民工亚群体的日劳动时间最长，而月休息时间最短。之所以"返乡型"新生代农民工的工作时长不容乐观，主要原因在于该亚群体到流入地打工的主要目的在于尽快多赚钱。[有关流迁模式的调适依据 14] 经过对苏州、泉州、温州与东莞四地 2250 名新生代农民工群体调查数据的分析，"定居型"新生代农民工群体被欠薪的比例相对"返乡型"亚群体与"循环型"亚群体低，其中"返乡型"新生代农民工群体被欠薪的比例是最高的。[有关流迁模式的调适依据 15] 经过对苏州、泉州、温州与东莞四地 2250 名新生代农民工群体调查数据的分析，"返乡型"新生代农民工群体无论是在合同签订率抑或细分的 1 年到 3 年劳动合同签订率、5 年以上合同签订率等指标上均是最低的。

社会政策调适策略 20　无论是拖欠工资抑或是罚扣工资对新老农民工群体利益的损害都是均质性的，应该通过强化实施劳动保障监察督促规范用工，保障新老农民工群体的合理利益。根据新生代农民工总体收入较低、流动性较强同时被罚扣工资较多的现实，提出如下三个方面政策建议：一是各级劳动监察机关和工会要加大对企业《劳动合同法》有关工作时间、加班规定、劳动强度、同工同酬、社保缴纳以及合同签订等方面执行情况的监察督促力度，可以新生代农民工群体为对象开展专项监察、督促；二是针对现实中许多新生代农民工群体仍只能进入次级劳动市场的现实，应积极促进劳动力市场真正实现良性竞争与市场化，使新生代农民工群体在流入地城镇能享有均质化的就业机会与就业服务；三是根据国际劳工组织中国 DWCP 结果框架（公共），积极鼓励新生代农民工群体加入工会、积极参与既有 SCORE 项目抑或以其他组织化的方式积极参与经营管理的决策，通过"政府-企业-工会组织"劳动关系三方机制与社会对话的协调，积极推动个人合同、个体维权向集体合同、集体维权的转变。其决策依据为：［有关代际分化的调适依据 11］对泉州市、厦门市、福州市三地 1096 名流动农民工问卷调查数据显示，其一，在加班总量多于新生代农民工的背景下，第一代农民工的个人平均月收入水平略高于新生代农民工。其二，由于新生代农民工更倾向于用脚投票，而相对流动性较小的第一代农民工比新生代农民工更可能遇到工资被拖欠的问题；其三，新生代农民工较难承受沉重的劳动负荷和严苛的管理规定，导致他们面临着比第一代农民工更多地罚扣工资的情况。

社会政策调适策略 21　要提高农民工群体特别是第一代农民工群体依法维权意识的宣传与依法维权能力的培养。在操作层面上，各级司法、建设、人社、工会等部门可以向农民工群体发放《进城务工法律知识手册》《农民工维权宣传单页》等法律宣传材料，积极解答农民工群体在流入地城镇工作、生活方面的法律疑惑，积极引导第一代农民工群体按照法律程序规范、有序地表达自身利益诉求。其调适依据为：［有关代际分化的调适依据 12］通过对泉州市、厦门市、福州市三地 1096 名流动农民工问卷调查数据的分析，就流动农民工群体权益维护渠道的代际差异，我们发现，由于新生代农民工群体文化水平相对较高，就总体而言该群体更懂得用法律的武器维护自己的正当权益。与此相对，第一代农民工使用"自认倒霉""用言行恐吓""暴力维权"等消极方式维权的比例显著高于第一代农民工。

社会政策调适策略 22　各级工会要通过农民工密集就业企业的工会组织建设，不断扩大对农民工群体的有效覆盖。在操作的层面上，一是系统总结四川省实施《关爱服务农民工工作方案》的相关经验，真正做到"农民工有困难找工会"；二要加强针对农民工群体的维权，促进劳动关系和谐；三是要强化源头治理，积极帮助农民工群体在流入地城镇享受均质化的公共服务，助力该群体融入城市；四是要为农民工群体提供融入流入地城镇所需的各项生活服务；五是通过加强针对农民工群体的文化服务，丰富该群体在流入地城镇的精神文化生活。此外，针对在流入地城镇流动过程中，新生代农民工获得工会等相关部门、组织帮助的比例稍低于第一代农民工群体的现实，各级工会等相关部门、组织可有针对性地开展新生代农民工群体的关爱、帮扶行动。其调适依据为：［有关代际分化的调适依据 13］对泉州市、厦门市、福州市三地 1096 名流动农民工问卷调查数据的分析表明，在运用"寻求工会等相关部门、组织的帮助"这一渠道解决自身权益被侵害问题的比例上不存在明显的代际差异。新老农民工面临期望得到工会等相关部门、组织帮助的"高意愿"与获得帮助的"低实际"的矛盾。

社会政策调适策略 23　在侧重保障老一代返乡农民工生活的同时，积极扶持新一代返乡农民工创业就业。为此，必须以新生代农民工群体为工作重点，通过加大返乡创业就业培训力度、加强创业平台建设、给予创业贷款支持等多种方式为他们返乡后顺利在家乡就业、创业积极创造条件。在具体操作层面上，一是建议农民工流出地较为密集的基层政府选择恰当的时间点组织专门人员深入各个村争取以户为单位进行定期返乡创业优惠政策的宣传，使得相关政策深入人心，切实减少新生代农民工群体返乡创业的后顾之忧。二是建议各地政府特别是农民工流出地政府构建起新生代农民工返乡创业（就业）的网络交流平台，为新生代农民工返乡创业进行信息沟通交流、创业合作与资源共享提供平台。［社会政策调适策略 24］"家庭需要"既是第一代农民工也是新生代农民工返乡的重要原因。在人口老龄化、少子女化以及人口流动的背景下，农民工家庭负担较重，风险承受能力相对较差，亟待构建家庭友好型社会政策积极予以因应。其调适依据为：[有关代际分化的调适依据 14] 针对龙岩、南平与三明市 480 名新老返乡农民工群体的问卷调查数据显示：第一代农民工返乡的动因从高到低依次是"生活成本""稳定生活""家庭需要""发展机会"。而新生代农民工返乡的动因从高到低依次是"家庭需要""发展机会""稳定生活""生活成本"。由于处于不同的生命阶段，第一代农民工考虑到年龄、身体等方面的原因被迫返乡的比例较高，他（她）们对即期生活的需要与预期养老的需求必须引起各级政府高度重视。相对而言，因发展机会驱动而返乡的新生代农民工比第一代农民工高 8.5%，在为乡村振兴带回一定的资金、技术和经验的同时，更难得的是他（她）们还带回了无限的创业热情。

（三）农民工子女教育政策的调适依据和调适策略

社会政策调适策略 25　建议在国家和省级政府层面上要建立健全农民工随迁子女在异地接受义务教育的长效财政转移支付机制，同时建议各级政府要持续增加对人口密集流入地义务教育资源的投入，全力满足新生代农民工适龄子女在城市的教育需求。对东南沿海四地的调研结果表明，不少农民工流入地由于教育经费紧张，教育资源短缺，产生了一些新的薄弱学校，也导致新生代农民工子女在流入地城镇就学的需求未得到充分满足。为此，建议中央按照全国生均预算内教育事业费的支出水平给予承担了省外迁入农民工随迁子女接受义务教育的流入地政府一定数额的转移支付。同时，也建议各省级政府可按照各省生均预算内教育事业费的支出水平给予承担了省内由其他设区市外迁入农民工随迁子女接受义务教育的流入地政府一定数额的转移支付。其调适依据为：[有关流迁模式的调适依据 16] 针对东南沿海四地新生代农民工群体的调查结果显示，在本次调查期间育有义务教育阶段适龄子女的 842 名新生代农民工家长中，其适龄子女实际在城镇入读的有 370 人（43.9%），而期望其适龄子女能在城镇就学的新生代农民工家长则有 515 人（61.1%）。囿于流入地教育资源短缺，有 145 名（17.2%）新生代农民工家长让其适龄子女在城镇入读的需求没有得到满足。

社会政策调适策略 26　建议加大对"返乡型"新生代农民工群体适龄子女入学状况的监督与帮助。教育是阻断贫困代际传递的重要途径，针对

"返乡型"新生代农民工适龄子女失学率较高，同时又面临在城镇就学比例较低、其父母对其后续接受教育的期望值较低的现实，要加大对"返乡型"新生代农民工适龄子女入学情况的监督力度。对于纵容适龄子女辍学工作的新生代农民工家长要给予批评教育。在针对"返乡型"新生代农民工家长的深度访谈中，本课题组了解到许多新生代农民工家长在本意上并非不想送孩子上学，而是由于各种客观条件的制约与限制，为此农民工流入地与流出地政府要各尽所能，想方设法解决该群体适龄子女所面临的现实困难，切实降低"返乡型"新生代农民工适龄子女失学率。其调适依据为：［有关流迁模式的调适依据 17］针对东南沿海四地新生代农民工群体的调查结果显示，在 387 名"返乡型"新生代农民工的适龄子女中，未入学以及已经参加工作的比例偏高。其中，有 16 人（4.1%）未正常入读小学或初中，还有 10 名处于义务教育阶段的"返乡型"新生代农民工适龄子女（2.6%）已经参加工作。［有关流迁模式的调适依据 18］针对东南沿海四地新生代农民工群体的调查结果显示，在本次调查期间育有义务教育阶段适龄子女的 842 名新生代农民工家长中，"返乡型"新生代农民工群体的适龄子女实际在城镇就学的比例是最低的。［有关流迁模式的调适依据 19］针对东南沿海四地新生代农民工群体的调查结果显示，在 842 名有适龄子女的新生代农民工中，"返乡型"新生代农民工家长中仅有 42.6% 的受访者希望自己子女能接受高等教育，46.3% 的"返乡型"新生代农民工家长希望自己的孩子能够接受高中阶段教育，这一比重在三个新生代农民工亚群体之中是最低的。同时，仅有 5.7% 的"返乡型"新生代农民工家长希望自己的孩子初中毕业后可以直接参加工作，这一比重在三个新生代农民工亚群体之中是最高的。

社会政策调适策略 27　由于"定居型"新生代农民工群体让其适龄子女在流入地城市就读的愿望得不到满足，同时他们对于孩子未来的受教育水平有比较高的期待，因此建议以"定居型"新生代农民工群体适龄子女为重点，着力解决好该群体在流入地城镇的就学以及后续教育问题。具体来说，一方面流入地政府要高度重视农民工随迁子女的教育问题，要持续增加投入做好流入地教育的扩容工作；另一方面，要完善相关教育政策设计，让符合一定条件的"定居型"新生代农民工群体能够实现其适龄子女在流入地城镇接受高中（高职）教育继而在流入地城市参加高考的愿望。

其调适依据为：［有关流迁模式的调适依据 20］本课题组针对东南沿海四地新生代农民工群体的调查结果显示，在 259 名"定居型"新生代农民工中有 77.6% 的受访者期望其适龄子女能在城镇就学，而实际只有 52.1% 在城镇就学，期望值与实际值相差 25.5%。由于"定居型"新生代农民工家长对其适龄子女在城镇就学的期望值最高，该群体对其适龄子女能在城镇就学的期望值与实际值之间的差距是最大的，其相对被剥夺感也最为强烈。［有关流迁模式的调适依据 21］针对东南沿海四地新生代农民工群体的调查结果显示，在 842 名有适龄子女的新生代农民工中，有 59.5% 的"定居型"新生代农民工家长希望自己的孩子能接受高等教育，在三个新生代农民工亚群体中该比例是最高的。期望自己的子女能接受高中教育的"定居型"新生代农民工家长在三个新生代农民工亚群体当中是最高的，其比例高达 76.8%。"定居型"新生代农民工家长期望自己孩子能在城镇接受高中教育的比例在三个新生代农民工亚群体中也是最高的，达到该亚群体总数的 34.4%。此外，期望孩子初中毕业以后能直接参加工作的 32 名新生代农民工家长中，"定居型"新生代农民工家长占比最少，仅为 1.2%。

社会政策调适策略 28 针对"返乡型"与"循环型"新生代农民工群体的适龄子女留守在流出地老家农村比例较高，同时两类群体家庭教育相对缺失的现状，建议新生代农民工流出地政府与流入地政府要加强协作，通过流出地农村寄宿制中小学的建设，解决好"返乡型"与"循环型"新生代农民工群体留守子女的家庭教育比较缺失的问题。具体来说，一方面，在脱贫攻坚的历史背景下，新生代农民工流出地政府与流入地政府要建立协作机制，加大投资促进流出地农村寄宿制中小学的建设与发展，确保留守在家的"返乡型"与"循环型"新生代农民工群体留守子女都能在农村接受义务教育。另一方面，父母是最好的老师，因此新生代农民工家长自身的教育观念对其适龄子女的教育、发展具有至关重要的影响。为此，建议流出地政府和流入地政府要利用各种契机，以"返乡型"新生代农民工家长与"循环型"新生代农民工家长为重点对象，通过教育、培训帮助他们树立正确的家庭教育观念，提升他们与孩子特别是留守子女沟通交流的正确方式，积极发挥出家庭应有的教育功能，借此引导"返乡型"与"循环型"新生代农民工群体的留守子女健康成长。其调适依据为：［有关流迁模式的调适依据 22］东南沿海四地新生代农民工群体的调查结果显示，多元流迁模式下新生代农民工家长对其适龄子女就学地点需求呈现出显著异质性。其中，"定居型"新生代农民工家长期望其适龄子女能在城镇就读的比例最高，达到77.6%，而"返乡型"新生代农民工家长希望其适龄子女能在城镇就读的比例为49.6%。此外，"循环型"新生代农民工家长希望其适龄子女能在城镇就读的比例为62.2%。［有关流迁模式的调适依据23］东南沿海四地新生代农民工群体的调查结果显示，多元流迁模式下新生代农民工群体适龄子女就学状况呈现显著异质性。"返乡型"新生代农民工的适龄子女群体"未入学"与"已工作"的比例均显著高于"定居型"新生代农民工适龄子女群体。［有关流迁模式的调适依据24］东南沿海四地新生代农民工群体的调查结果显示，在842名有适龄子女的新生代农民工中，期望孩子初中毕业以后能直接参加工作的32名新生代农民工家长中，"定居型"新生代农民工家长占比最少，仅为1.2%，"循环型"居中，占该亚群体总数的3.6%，而"返乡型"新生代农民工家长中，则有5.7%的受访者希望自己的孩子初中毕业后可以直接参加工作。

社会政策调适策略29　由于"循环型"新生代农民工群体在外务工时间相对较短，他们在流入地城市积累的社会资本较为有限，因此，循环型"新生代农民工适龄子女实际在城镇公立学校就读以及就近入读公立学校的比例在三个新生代农民工亚群体适龄子女中都是最低的。借此现实考量，建议流入地城市采取各种途径增加城镇公立学校学位，积极因应"循环型"新生代农民工适龄子女在城镇（就近）入学的强烈需求。其调适依据为：［有关流迁模式的调适依据25］适龄子女实际在城镇就读的83名"循环型"新生代农民工中有93.9%的受访者期望其适龄子女能在城镇公立学校就学，该群体实际仅有79.5%在城镇就学，实际值低于期望值14.4%。在三个亚群体中，"循环型"新生代农民工群体的适龄子女实际在城镇公立学校就读的比例是最低的，该群体让适龄子女在城镇公立学校就学的愿望尚未得到满足。［有关流迁模式的调适依据26］适龄子女实际在城镇就读的83名"循环型"新生代农民工中有89.2%的受访者期望其适龄子女能在城镇公立学校就近入学，而该群体实际仅有69.9%能在城镇就近入读公立学校，实际值低于期望值高达19.3%。在三个新生代农民工亚群体中，"循环型"新生代农民工群体的适龄子女实际在城镇公立学校就近入读的比例是最低的，该群体让适龄子女在城镇公立学校就近入学的愿望尚未得到满足。[有关流迁模式的调适依据 27] 本课题组针对东南沿海 2250 名新生代农民工的调查数据表明，在外务工时间为 1~5 年的"循环型"新生代农民工占"循环型"群体的比重高达 52.2%，这一比例是三个新生代农民工亚群体中最高的，说明该群体外流时间较短。在外务工时间超过 5 年的"资深"新生代农民工亚群体中，"循环型"新生代农民工群体的相对比重是最低的。同时，在外务工时间为 5~10 年的"循环型"新生代农民工占"循环型"群体的比重仅为 28.1%。

社会政策调适策略 30 农民工流出地特别是其中的贫困地区要将教育事业当作民生建设的第一工程来抓，要将教育扶贫当作阻断贫困代际传递的重要途径，要通过在教育扶贫上的"全程施策"努力提高当地普通高校录取率的同时，积极提升包括农民工留守子女在内的农村后备劳动力的素质。其调适依据为：[有关经验借鉴的调适依据 3] 作为深度贫困市，自 2016 年起，陕西省安康市启动实施 13 年免费教育，安康籍学生均可享受从学前 1 年到高中阶段共计 13 年的免费教育。其中小学六年、初中三年属于国家法定的义务教育阶段，而学前一年、高中三年则为安康市确定的免费教育阶段。在 13 年免费教育之外，该市还对在中等职业学校和普通高校就读的贫困学生提供种类较为齐全的教育扶贫类支持项目。安康市通过教育资源的整合与教育资源配置的优化在两个方面取得了显著成就：其一，让包括农民工留守子女在内的众多安康籍农村孩子通过教育提升了自身素质，为将来摆脱贫困奠定了人力资源基础；其二，妥善解决了该市农民工进城务工后由于生源变化所导致的教育资源供需不匹配、不平衡的矛盾。

社会政策调适策略 31 对于跨省流动的农民工，建议应由其户籍所在地政府（及各驻外办事处）积极与省外相关部门沟通、协调，协助安排解决其随迁子女的就近入学问题。对于在省内流动的农民工子女入学问题，则建议将该群体教育问题纳入其流入地城镇的发展规划之中，在简化入学审核流程、畅通入学渠道的同时通过地方财政给予保障。农民工子女入学后，建议各学校采取混合编班的方式确保教育质量，避免农民工随迁子女受到排斥与歧视。其调适依据为：[有关经验借鉴的调适依据 4] 2018 年 11 月，四川省出台《加强农民工服务保障十六条措施》，明确提出，要确保让在省内流动和跨省流动的农民工随迁子女均能正常就学。据四川省教育部门的反馈，该政策执行一年多来，取得了良好的社会反响。

（四）户籍政策的调适依据和调适策略

社会政策调适策略 32　应尽早全面放开常住人口在 500 万以下城市的落户限制，如果国家层面上觉得时机还不成熟，则应基于梯次推进的思路，可先行放开常住人口在 300 万以下城市的落户限制，同时积极放宽对于常住人口在 300 万到 500 万之间大城市的各种落户限制。**社会政策调适策略 33** 有关新生代农民工的社会保护的政策设计不能简单地基于城市融入的角度来分析，而应建立在对多元流迁模式下新生代农民工群体多元而又独特的社会保护需求的全面把握基础之上。［社会政策调适策略 34］应该在充分尊重新生代农民工群体流迁意愿的基础上，对于具有定居意愿同时具备落户条件的新生代农民工群体通过积极探索试行以经常居住地登记户口制度，放开放宽除个别超大城市外的城市落户限制，让该群体能顺利在流入地城镇落户。对于具有定居意愿但暂时不具备落户条件的新生代农民工群体，要确保其办理居住证，并借此享受居住证附加的各项城镇公共服务和便利措施，特别是要通过培训提升其人力资本存量，改善就业质量，积极促进其在条件成熟后在流入地城镇落户。对于没有定居意愿的新生代农民工群体则要通过居住证附加的公共服务和便利项目，让他（她）们及其家庭成员能够享受流入地较为完善的社会保护。如上三项社会政策调适的依据分别是：［有关流迁模式的调适依据 28］通过对苏州、温州、泉州、东莞四市 2250 名新生代农民工调查问卷的分析，在流入地城市定居并非多数新生代农民工的共同选择。在接受调查的 2250 名新生代农民工中，"定居型"新生代农民工共 803 人，占样本总数的 35.7%；"返乡型"新生代农民工有 778 人，占样本总数的 34.6%；"循环型"新生代农民工合计 669 人，占调查有效样本总数的 29.7%。［有关流迁模式的调适依据 29］对苏州、温州、泉州、东莞四市 2250 名新生代农民工调查问卷的分析显示，新生代农民工群体难以在苏州、泉州、温州与东莞等城市定居并非是由户籍制度壁垒造成的。实际上，在双向度城镇化背景下，选择定居城镇、返回家乡抑或是选择继续循环流动都是该群体的每一位成员根据自身的条件所做出来的理性而现实的选择。［有关流迁模式的调适依据 30］新生代农民工群体定居意愿较低与该群体工作的不稳定性比较强有直接联系，由于该群体相对年轻，对于个人的定位尚不清晰，同时受到劳动力市场的不稳定性以及个人学历、技能制约等多方面影响，工作具有不稳定性与临时性的特点，"短工化"就业趋势明显。

社会政策调适策略 35 建议各地特别是新生代农民工密集流入地，在面对"农民工符合落户条件但是没有地方可供落户"矛盾时，可借鉴晋江市在操作层面上的经验，租赁房屋的农民工，如果房屋产权人（房屋出租方）同意则允许其将户籍迁入出租屋内，如果房屋产权人不同意，则可以将该农民工的户籍迁入社区公共地址，通过设立集体户的形式落户。其具体依据为：［有关经验借鉴的调适依据 5］晋江市创新性设计并顺利实施"无房也能落户"政策，有力推进外地农民工在晋江落户的成功案例。

社会政策调适策略 36 基于新生代返乡农民工群体在老家县（镇）落户意愿比较强烈的现实，各地在户籍制度调适过程中，应当注意以返乡新生代农民工群体为重点，促进返乡农民工群体在其流出地县（镇）顺利落户。其具体依据为：［有关代际分化的调适依据 15］针对龙岩、南平、三明三地市 480 名返乡农民工调查数据显示：基于代际分化的视角，已选择返回老家县（镇）的第一代农民工高达 61.6%，而仅有 38.4%的新生代农民工选择了返回老家农村生活。反之，已返回老家县（镇）的第一代农民工仅有 32.1%，而高达 67.9%的第一代农民工则选择了返回老家农村生活。由此可知，返乡新生代农民工群体在老家县（镇）定居的意愿比较强烈。

五 "发展—福利"型农民工社会政策的调适依据和调适策略

本书就"发展—福利"型农民工社会政策的调适主要是考察农民工住房保障政策以及农民工关怀相关政策的调适依据和调适策略。

（一）农民工住房保障相关社会政策的调适依据和调适策略

社会政策调适策略 37 针对在流入地城镇购房意愿较为强烈的"定居型"新生代农民工群体，流入地政府应通过"增加中小户型商品房""享受购房契税与印花税优惠""鼓励稳定就业的农民工缴纳公积金"等多种方式鼓励该群体在流入地城镇购房。对于仍有存量经济适用住房的城镇，应扩大经济适用房的购房对象，将在流入地城镇稳定就业同时缴纳社保的农民工纳入经济适用房购买对象的范围之内。［社会政策调适策略 38］针对在流入地城镇购房意愿较低的"返乡型"新生代农民工群体，流入地政府应当通过"支持各类园区集中建设小户型公租房""建设农民工公寓""提供公共租赁住房"与"给予住房租赁补贴""规范房屋租赁市场"等保障方式，逐步改善该细分群体在流入地城镇的居住条件。对于新生代农民工特别是"返乡型"新生代农民工回到流出地家乡购房或者第一代农民工返回家乡自建房，流出地政府除采取"享受购房契税与印花税优惠""缴纳公积金"等方式外，还可以通过融资渠道、土地政策等方面的优惠措施，积极促进其在家乡实现自购房或自建房的居住目标。［社会政策调适策略 39］对于处于"流而不迁"状态的"循环型"新生代农民工群体，考虑到他（她）们的流迁意愿随着生命事件的发生还将进一步发展变化。最终，其中一部分人将选择"定居城镇"，而另一部分人将"离城返乡"。因此，流入地政府同样可以通过"支持各类园区集中建设小户型公租房""建设农民工公寓""提供公共租赁住房""规范房屋租赁市场"与"给予住房租赁补贴"等保障方式逐步改善该细分群体在流入地城镇的居住条件。当他（她）们决定在城镇定居时，流入地政府应通过"纳入经济适用住房购房对象""增加中小户型商品房""享受购房契税与印花税优惠""鼓励稳定就业的农民工缴纳公积金"等多种方式鼓励该群体在流入地城镇购房。当他（她）们决定返回家乡时，流出地政府除采取"享受购房契税与印花税优惠""缴纳公积金"等方式外，还可以通过融资渠道、土地政策等方面的优惠措施积极促进其在家乡实现自购房或自建房的居住目标。如上三项农民工住房保障相关社会政策的调适依据为：［有关流迁模式的调适依据 31］通过对苏州、温州、泉州、东莞四市 2250 名新生代农民工调查问卷数据的分析，不同流迁模式下新生代农民工群体的住房类型发生了显著分异。其中，在流入地定居意愿强烈的"定居型"新生代农民工对于自行购买住房的需求相对比较高，该群体对于商品房和限价房的需求均显著高于"返乡型"亚群体与"循环型"亚群体。而"返乡型"与"循环型"新生代农民工选择住单位宿舍和公共租赁房的比例显著高于"定居型"新生代农民工群体。［有关流迁模式的调适依据 32］通过对苏州、温州、泉州、东莞四市 2250 名新生代农民工调查问卷数据的分析，多元流迁模式下新生代农民工群体解决今后住房问题的途径选择差异显著。

打算在流入地定居的"定居型"新生代农民群体中，有近1/3表示要在流入地购房，而"返乡型"新生代农民工群体与"循环型"群体到流入地务工的主要目的更多在于获取尽量高的经济收入。与"定居型"群体相比，他们的受教育水平相对较低，工作稳定性比较差的同时收入水平亦比较低。因此，这两个新生代农民工亚群体在流入地城市购房的主观愿望偏低。"返乡型"新生代农民工继续居住单位宿舍的意愿最强烈，"循环型"群体次之，而"定居型"新生代农民工则较少选择"继续居住单位宿舍"作为解决今后住房问题的途径。

社会政策调适策略 40 基于前馈控制理念和发展型社会政策"上游干预"的理念出发，为从长远上解决新老农民工群体在流入地的住房困难，从农民工个体人力资本建设的角度而言，针对新生代农民工群体，应该坚持在"完善住房保障制度"的同时强化对该群体的职业教育与职业技能培训来提升其人力资本，促进其在流入地的竞争力。而对于第一代农民工特别是其中的老龄农民工群体来说，主要应该通过"完善住房保障制度"本身来确保其在流入地城市不发生住房困难。其调适依据为：［有关代际分化的调适依据 16］就个人今后解决住房问题的计划，对泉州市、厦门市、福州市三地 1096 名新老流动农民工的调查问卷数据显示：首先，计划在流入地城镇或老家城镇购房的新老流动农民工的比例超过 1/3，由此可见，新老农民工群体对于城镇生活方式的共同偏好；其次，相对新生代农民工，第一代农民工更加偏好回到家乡建房；再次，较之第一代农民工，新生代农民工倾向于"回乡购买住房"；最后，第一代农民工倾向于"在流入地购买住房"。

（二）农民工关怀相关社会政策的调适依据和调适策略

社会政策调适策略 41 建议采取如下措施积极促进女性返乡农民工创业、就业：一是通过大力宣传男女平等的基本国策，同时树立一批返乡农民工妇女政治参与、创业、就业的典型人物，为女性返乡农民工在农村的发展创造积极的社会氛围；二是在建立女性返乡农民工台账的同时，要通过建立女性返乡农民工数据库，同时动态更新相关数据，通过动态化管理、针对性服务，形成集"调查、培训、就业（创业）、发展""四位一体"的女性返乡农民工服务新模式；三是通过有针对性的女性创业培训及其他女性创业扶持政策，积极提高女性返乡农民工的创业率与创业成功率；四是要在具有一定外出工作经验、职业技能积累的女性返乡农民工中发展党员、团员，让她们充实到村级组织和基层妇女组织队伍当中。其调适依据为：［有关流迁模式的调适依据 33］针对龙岩、南平与三明市 480 名新老返乡农民工群体的问卷调查数据显示：新生代返乡农民工和第一代返乡农民工从事"在家做杂务"这一不是职业的"职业选择"的比例分列各自所在亚群体的第二位与第三位，这部分群体中女性的比例较高。换言之，返乡农民工群体中的女性返乡农民工，基于女性社会角色认可，该群体中有比较高的比例"在家做杂务"。应采取针对性措施激发出他（她）们在本地就业、创业的热情，对于其所在乡村的发展具有重要意义。

　　社会政策调适策略 42　各农民工流出地要对返乡创业先进农民工与农民工创建的示范企业进行表彰，达到树立典型、激发活力的先进引领作用，在所在区域范围内积极营造尊重、关爱返乡创业农民工群体的良好氛围。此外，基于代际分化的视角，在开展返乡创业先进农民工评选时可以考虑优先推荐优秀返乡新生代农民工或者单独设置"优秀返乡新生代农民工"奖项。其调适依据为：［有关经验借鉴的调适依据 6］监利县在促进农民工返乡创业就业方面的成功案例。

　　社会政策调适策略 43　基于新生代农民工群体已经成为农民工队伍主体的现实，建议各农民工流入地与流出地可结合本地区实际举办杰出（优秀）新生代农民工评选活动，通过表彰新生代农民工群体中的杰出（优秀）代表，积极引导新生代农民工参与经济社会建设。基于包容性原则，在评选资格设置上对新生代农民工报名者的籍贯不应加以限制，既应包括在本地工作的外地新生代农民工，也应包括在外地工作的本地新生代农民工。① 其调适依据为：［有关经验借鉴的调适依据 7］湖南省通

---

　　① 对各地特别是农民工输出地而言，之所以应基于包容性原则对评选资格不加以限制，是因为一方面要鼓励新生代农民工群体流入本地，为当地经济社会发展服务；另一方面，将在外地务工的本地户籍新生代农民工纳入评选范围也是在鼓励劳务输出，对处于职业中早期的新生代农民工群体而言，外出务工不仅可以解决个人可持续生计问题，也是个人素质提升、经验与资金积累的过程。对新生代农民工群体中的"返乡型"群体特别是其中的"发展机会驱动型"新生代农民工群体而言，在流入地务工期间的经历与经验有助于其返回家乡后实现创业、就业的目标。

过举办杰出（优秀）青年农民工评选活动，在有力宣传的同时树立起了青年农民工的先进典型代表，通过评选活动该省上下营造出了关心关爱青年农民工的浓郁氛围，激发出了青年农民工在流入地城市建功立业的热情。

社会政策调适策略 44 建议农民工密集流出地政府可在本地农民工主要流入地建立"务工人员服务协会"平台，该类平台成立的目的在于搭建起流出地、流入地政府与企业、务工者、社会等各方面沟通协调的平台和桥梁，致力于为广大的农民工提供权益维护、就业帮助、司法援助、政策宣传、沟通协调以及扶危救困等各方面的服务，是流出地与流入地政府服务管理职能的有益补充。该平台可促进流出地农民工在流入地有序、稳定、体面就业，既是流出地政府对于农民工管理与服务职能的延伸，亦可视为流出地政府的一项农民工关怀政策。建议"务工人员服务协会"可利用寒暑假开展关爱"候鸟儿童"系列活动。即通过邀请流出地农民工家庭的留守儿童到流入地参观学习，通过社会实践、科普活动、文化阅读、知识讲座、参加书展的多种形式，拉近"候鸟儿童"与作为其父母流入地之间的距离。该系列活动作为一项农民工（家庭）关怀政策，可以提升流动农民工家庭在流入地的归属感与获得感。其调适依据为：［有关经验借鉴的调适依据 8］广东省湖南务工人员服务协会成功运营的案例说明，该类组织的成立，一方面有效延伸了对于外出务工农民工群体的服务管理链条，可在一定程度上因应农民工及其家庭在流入地社会保护需求；另一方面，该类组织建立起了农民工流出地与流入地双方政府相互配合、良性互动的流动人口跨区域管理协作新机制与新模式，有助于共同维护农民工群体在流动务工期间的合法权益。

社会政策调适策略 45 建议全国各地针对新入户市民提供系列培训，同时在新市民入户的初始阶段给予特殊关爱，其具体培训课程设置与关爱措施制定可结合本地的历史、市情、文化与民俗等因素。借鉴深圳市的既有经验，培训课程可包括但不限于素养培训、市情介绍、城市精神宣贯、市民福利以及公民责任等。"新入户市民系列培训与关爱措施"的实施表明，新市民入户所在地在欢迎包括落户农民工群体在内的新市民落户本地的同时，可以积极引导新市民加深对新户籍地的认识与认同，加快其融入新户籍地城市社会，增强该群体的城市认同感与归属感。其调适依据为：

[有关经验借鉴的调适依据 9] 深圳市新入户市民系列培训与关爱措施的成功经验，此系列培训与关爱措施主要包括"深圳福袋、新鹏主体班、入市第一课、深圳云课堂以及学习者大会"五个方面的内容。深圳市新入户市民系列培训与关爱措施有力促进了新深圳人了解深圳、融入深圳、热爱深圳。

参考文献

一 专著类

［1］Fan，C. C.，*China on the Move：Migration，the State and the Household*，London and New York：Routledge，2008.

［2］Gunnar Myrdal，*Rich Lands and Poor*，New York：Harper and Row，1957.

［3］Solinger，D. J.，*Contesting Citizenship in Urban China：Peasant Migrants，the State and the Logic of the Market*，Berkeley：University of California Press，1999.

［4］Zhu，Y.，*New Paths to Urbanization in China：Seeking More Balanced Patterns*，New York：Nova Science Publications，Inc.，1999.

［5］白南生、宋洪远等：《回乡，还是进城——中国农村外出劳动力回流研究》，中国财政经济出版社，2002。

［6］蔡昉、都阳等：《劳动力流动的政治经济学》，上海三联出版社、上海人民出版社，2003。

［7］蔡昉：《刘易斯转折点及其政策挑战》，社会科学文献出版社，2007。

［8］常凯：《劳动关系·劳动者·劳权——当代中国的劳动问题》，中国劳动社会保障出版社，1995。

［9］陈振明：《政策科学：公共政策分析导论》，中国人民大学出版社，2003。

［10］陈丰：《城市化进程中流动人口服务管理创新研究》，华东理工大学出版社，2015。

［11］陈菊红：《"国家-社会"视域下的流动人口自我管理研究》，浙江大学出版社，2016。

［12］陈春良：《城市化进程中的劳动力流动与犯罪：实证研究与公共政策》，经济管理出版社，2017。

［13］陈兰：《新生代农民工的发展和归宿》，法律出版社，2013。

［14］陈昭玖：《产业转型背景下农民工就业问题研究》，中国农业出版社，2013。

［15］陈锡文、韩俊：《农业转型发展与乡村振兴研究》，清华大学出版社，2019。

［16］崔海兴、郑风田：《我国农民工回乡创业行为的理论与实证研究》，中国农业出版社，2014。

［17］谌新民、李萍：《人口变化、产业升级与农民工就业问题研究》，人民出版社，2017。

［18］杜赞奇：《文化、权力与国家》，江苏人民出版社，1995。

［19］E. P. 汤普森：《英国工人阶级的形成》，译林出版社，2001。

［20］邓鸿勋、陆百甫：《走出二元结构——农民工、城镇化与新农村建设》，中国发展出版社，2006。

［21］傅帅雄：《农民工市民化成本分摊机制研究——以北京市为例》，商务印书馆，2019。

［22］冯虹：《中国城镇化进程中农民工的就业歧视及其社会风险》，社会科学文献出版社，2016。

［23］贵州电视台——《中国农民工》栏目组：《中国农民工口述实录1》，贵州教育出版社，2008。

［24］贵州电视台——《中国农民工》栏目组：《中国农民工口述实录2》，贵州教育出版社，2008。

［25］贵州电视台——《中国农民工》栏目组：《中国农民工口述实录3》，贵州教育出版社，2008。

［26］郭忠华：《公民身份的核心问题》，中央编译出版社，2016。

［27］郭忠华：《中国公民身份历史发展与当代实践》，格致出版社，2014。

［28］郭开元：《新生代农民工权益保障研究报告》，中国人民公安大学出版社，2012。

［29］国家人口和计划生育委员会流动人口服务管理司：《中国流动人口发展报告 2010》，中国人口出版社，2010。

［30］国家人口和计划生育委员会流动人口服务管理司：《中国流动人口发展报告 2011》，中国人口出版社，2011。

［31］国家人口和计划生育委员会流动人口服务管理司：《中国流动人口发展报告 2012》，中国人口出版社，2012。

［32］国家卫生和计划生育委员会流动人口服务管理司：《中国流动人口发展报告 2013》，中国人口出版社，2013。

［33］国家卫生和计划生育委员会流动人口服务管理司：《中国流动人口发展报告 2014》，中国人口出版社，2014。

［34］国家卫生和计划生育委员会流动人口服务管理司：《中国流动人口发展报告 2015》，中国人口出版社，2015。

［35］国家卫生和计划生育委员会流动人口服务管理司：《中国流动人口发展报告 2016》，中国人口出版社，2016。

［36］国家卫生和计划生育委员会流动人口服务管理司：《中国流动人口发展报告 2017》，中国人口出版社，2017。

［37］国家卫生健康委员会：《中国流动人口发展报告 2018》，中国人口出版社，2018。

［38］国家卫生计生委流动人口服务中心：《流动人口社会融合政策法规选编》，中国人口出版社，2016。

［39］国务院农民工办课题组：《中国农民工问题前瞻性研究》，中国劳动社会保障出版社，2009。

［40］国务院农民工办课题组：《中国农民工发展研究》，中国劳动社会保障出版社，2013。

［41］国务院研究室课题组：《中国农民工调研报告》，中国言实出版社，2006。

［42］国务院发展研究中心公共管理与人力资源研究所"我国社会治理创新发展研究"课题组：《我国社会治理的制度与实践创新》，中国发展出版社，2018。

［43］贡森、葛延风：《福利体制和社会政策的国际比较》，中国发展出版社，2012。

［44］高兴民：《人口流动与社会保障制度困境》，中国经济出版社，2012。

［45］高中建、王萌：《新生代农民工收入状况与消费行为研究：基于河南省 18 个省辖市的问卷调查》，社会科学文献出版社，2016。

［46］〔法〕H. 孟德拉斯：《农民的终结》，李培林译，社会科学文献出版社，2005。

［47］〔英〕哈特利·迪安：《社会政策学十讲》，岳经纶、温卓毅、庄文嘉译，格致出版社、上海人民出版社，2009。

［48］〔美〕哈里·布雷弗曼：《劳动与垄断资本》，方生、朱基俊、吴忆萱、陈卫和、张其骈译，商务印书馆，1978。

［49］〔美〕华尔德：《共产党社会的新传统主义——中国工业中的工作环境和权力结构》，龚小夏译，牛津大学出版社，1996。

［50］韩长赋：《行走阡陌振兴乡村——农业农村部 2018 年"百乡万户调查"活动 60 个村实录》（上下），中国农业出版社，2018。

［51］黄晨熹：《社会福利》，格致出版社，2009。

［52］黄锟：《中国农民工市民化制度分析》，中国人民大学出版社，2011。

［53］黄晓勇、张春勋：《基于结构化视角的农民工返乡创业研究：以重庆为例》，经济科学出版社，2011。

［54］黄宗智：《长江三角洲小农家庭与乡村发展》，中华书局，2000。

［55］黄宗智：《华北的小农经济与社会变迁》，中华书局，1986。

［56］黄建新：《社会流动与农民工创业行为研究》，社会科学文献出版社，2017。

［57］黄兆信、万荣根：《农民工随迁子女融合教育研究》，中国社会科学出版社，2014。

［58］黄兆信：《新生代创业教育论》，中国社会科学出版社，2018。

［59］侯永志、张永生等：《国际比较视角下的中国发展经验与理论研究》，中国发展出版社，2018。

［60］贺雪峰：《农民工返乡研究》，山东人民出版社，2010。

［61］胡俊波等：《劳务输出大省扶持农民工返乡创业研究：制度困境与政策选择》，科学出版社，2015。

［62］〔美〕J. 罗斯·埃什尔曼：《家庭导论》，潘允康、张文宏等译，中国社会科学出版社，1991。

［63］〔美〕玛丽·E. 加拉格尔：《全球化与中国劳工政治》，郁建兴、肖杨东译，浙江人民出版社，2010。

［64］季建业：《农民权利论》，中国社会科学出版社，2008。

［65］简新华、黄锟：《中国工业化和城市化进程中的农民工问题研究》，人民出版社，2008。

［66］巨晓林：《咱们为什么要入会：写给农民工的十二封信》，中国工人出版社，2019。

［67］金三林、李伟：《人口倒挂地区社会管理研究》，中国发展出版社，2013。

［68］金维刚、石秀印：《中国农民工政策研究》，社会科学文献出版社，2016。

［69］柯兰君、李汉林：《都市里的村民：中国大城市里的流动人口》，中央编译出版社，2001。

［70］孔祥智：《乡村振兴的九个维度》，广东人民出版社，2018。

［71］〔英〕卡尔·波兰尼：《大转型：我们时代的政治与经济起源》，冯钢、刘阳泽，浙江人民出版社，2007。

［72］李丹：《理解农民中国：社会科学哲学的案例研究》，凤凰出版传媒集团、江苏人民出版社，2008。

［73］李友梅、孙立平等：《当代中国社会分层：理论与实证》，社会科学文献出版社，2006。

［74］李春玲：《断裂与碎片——当代中国社会阶层分化实证分析》，社会科学文献出版社，2005。

［75］李培林：《农民工——中国进城农民工的经济社会分析》，社会科学文献出版社，2003。

［76］李培林、张翼、赵延东：《就业与制度变迁：两个特殊群体的求职过程》，浙江人民出版社，2000。

［77］李强：《农民工与中国社会分层》，社会科学文献出版社，2004。

［78］李强：《城市化进程中的重大社会问题及其对策研究》，经济科学出版社，2009。

［79］李莹：《中国农民工政策变迁》，社会科学文献出版社，2013。

［80］李德：《新生代农民工婚姻报告》，上海交通大学出版社，2011。

［81］李艳：《新生代农民工劳资冲突行为研究：基于满意目标变化的视角》，人民出版社，2017。

［82］李彦峰、白洪鸽：《新农村农民工外出打工知识问答》，河北科学技术出版社，2017。

［83］李叶妍：《中国城市包容度、流动人口与城市发展研究》，社会科学文献出版社，2017。

［84］李怀玉：《新生代农民工贫困代际传承问题研究》，社会科学文献出版社，2014。

［85］李俊：《从生存到发展——转型时期农民工城市创业研究》，中国经济出版社，2017。

［86］李树茁：《农民工的社会支持网络》，社会科学文献出版社，2008。

［87］李春平、葛莹玉：《中国人口流动家庭化研究》，人民出版社，2017。

［88］廖金香：《新生代农民工公民意识教育研究》，经济管理出版社，2018。

［89］刘怀廉：《中国农民工问题》，人民出版社，2005。

［90］刘小年：《中国农民工政策研究》，湖南人民出版社，2007。

［91］刘林平：《农民工权益保护理论与实践研究》，经济科学出版社，2015。

［92］刘林平、孙中伟等：《劳动权益：珠三角农民工状况报告》，湖南人民出版社，2011。

［93］刘林平、万向东：《制度短缺与劳工短缺》，社会科学文献出版社，2007。

［94］刘程：《资本建构与新生代农民工的城市融合》，上海人民出版社，2017。

［95］刘传江：《中国第二代农民工研究》，山东人民出版社，2009。

［96］刘旭：《国际劳工标准概述》，中国劳动社会保障出版社，2003。

［97］刘建洲：《农民工的阶级形成与阶级意识研究》，中国社会科学出版社，2014。

［98］刘茜、杜海峰：《城市融入视角下的农民工权利研究》，社会科学文献出版社，2017。

［99］刘成斌：《农民工的终结：基于社会成本与城镇化背景的考察》，社会科学文献出版社，2017。

［100］陆学艺：《当代中国社会阶层研究报告》，社会科学文献出版社，2001。

［101］陆益龙：《户籍制度：控制与社会差别》，商务印书馆，2003。

［102］陆文荣、段瑶：《农民工生活质量研究》，上海人民出版社，2018。

［103］〔美〕罗尔斯：《正义论》，何怀宏等译，中国社会科学出版社，2001。

［104］柳建平、张永丽：《流动、转型与发展：新生代农民工市民化问题研究》，中国社会科学出版社，2015。

［105］柳可白、王玫等：《当代工人阶级地位与作用》，中国工人出版社，2009。

［106］林立青：《做工的人》，中国工人出版社，2018。

［107］林燕玲：《体面劳动——世界与中国》，中国工人出版社，2012。

［108］林燕玲：《国际劳工标准》，中国劳动社会保障出版社，2007。

［109］林燕玲：《改革开放 30 年：中国工人权利意识的演进和培育》，中国社会科学出版社，2009。

［110］刘旦、陈翔等：《流动中国》，广东人民出版社，2011。

［111］刘建娥：《农民工融入城市的困境、政策及实务研究》，社会科学文献出版社，2015。

［112］刘博：《中国新生代农民工生存状况调查》，上海人民出版社，2018。

［113］刘林平等：《农民工权益保护理论与实践研究》，经济科学出版社，2015。

［114］吕国光：《农民工口述史》，湖北人民出版社，2009。

［115］明娟：《工作转换与农民工就业质量》，社会科学文献出版社，2018。

［116］马金平：《农民工培训模式及其收入影响研究》，经济管理出版社，2018。

［117］《农民工权益文件汇编》编写组：《农民工权益文件汇编》，机械工业出版社，2010。

［118］潘毅：《中国女工：新兴打工者主体的形成》，九州出版社，2011。

［119］〔法〕皮埃尔·卡赫克：《劳动经济学》，沈文恺译，上海财经大学出版社，2007。

［120］潘泽泉：《国家调适农民工社会政策研究》，中国人民大学出版社，2013。

［121］潘鸿雁：《城市流动人口家庭的社会服务需求研究：以上海市为例》，人民出版社，2018。

［122］彭华民：《社会福利与需要满足》，社会科学文献出版社，2008。

［123］彭拥军：《走出边缘：农村社会流动的教育张力》，华中科技大学出版社，2011。

［124］彭红碧：《中国农民工工资形成机制（1985~2016）》，经济管理出版社，2017。

［125］《全国"七五普法"学习读本》编写组：《农民工以案释法读本》，法律出版社，2017。

［126］乔金霞：《农民工随迁子女的社会融合：基于教育的视角》，社会科学文献出版社，2018。

［127］〔美〕苏黛瑞：《在中国城市中争取公民权》，王春光等译，浙江人民出版社，2009。

［128］社会发展研究部课题组：《社会政策重点领域改革研究》，中国发展出版社，2016。

［129］施国庆：《移民权益保障与政府责任》，吉林人民出版社，2009。

［130］〔美〕施坚雅：《中国农村的市场和社会结构》，中国社会科学出版社，1998。

［131］沈君彬：《台湾长期照顾服务体系的转型发展》，社会科学文献出版社，2018。

［132］沈原：《社会转型与新生代农民工》，社会科学文献出版社，2007。

［133］沈原：《市场、阶级与社会：转型社会学的关键议题》，社会科学文献出版社，2007。

［134］沈原：《清华社会学评论（第6辑）：社会转型与新生代农民工》，社会科学文献出版社，2013。

［135］沈水生：《中国农民工市民化问题研究》，中国劳动社会保障出版社，2015。

［136］盛明富：《中国农民工40年（1978—2018）》，中国工人出版社，2018。

［137］孙立平：《重建社会——转型社会的秩序再造》，社会科学文献出版社，2009。

［138］孙战文：《农民工家庭迁移决策与迁移行为研究》，山东人民出版社，2015。

［139］孙大雄、徐增阳等：《农民工权益的法律保障研究》，知识产权出版社，2011。

［140］孙景淼：《乡村振兴战略》，浙江人民出版社，2018。

［141］石长慧：《认同与定位：北京市农民工子女的社会融合研究》，中国社会科学出版社，2014。

［142］佟丽华：《谁动了他们的权利？——中国农民工维权案例精析（5）》，法律出版社，2012。

［143］〔美〕W. 古德：《家庭》，魏章玲译，社会科学文献出版社，1986。

［144］〔美〕W. 理查德·斯格特：《组织理论》，黄洋译，华夏出版社，2002。

［145］吴忠民：《中国社会政策的演进及问题》，山东人民出版社，2009。

［146］吴维海：《新时代乡村振兴战略规划与案例》，中国金融出版社，2018。

［147］魏城：《中国农民工调查》，法律出版社，2008。

［148］魏礼群、韩长赋：《中国农民工调研报告》，中国言实出版社，2006。

［149］温铁军：《中国农村基本经济制度研究："三农"问题的世纪反思》，中国经济出版社，2000。

［150］王辉：《变革时代的流动人口》，社会科学文献出版社，2014。

［151］王同信、翟玉娟等：《深圳新生代农民工调查报告》，中国法制出版社，2013。

［152］王剑波：《城市梦下的北京市：流动人口犯罪的治理》，中国政法大学出版社，2018。

［153］王小章等：《走向承认：浙江省城市农民工公民权发展的社会学研究》，浙江大学出版社，2010。

［154］王建生：《流动的城乡界限》，光明日报出版社，2012。

［155］王箐：《流动人口就业代际差异及其影响因素研究》，首都经济贸易大学出版社，2015。

［156］王伦刚：《中国农民工非正式的利益抗争：基于讨薪现象的法社会学分析》，法律出版社，2011。

［157］谢增毅：《劳动法的比较与反思》，社会科学文献出版社，2011。

［158］谢建社：《新产业工人阶层——社会转型中的"农民工"》，社会科学文献出版社，2005。

［159］谢建社：《中国农民工权利保障》，社会科学文献出版社，2009。

［160］谢建社：《新生代农民工融入城镇问题研究》，人民出版社，2011。

［161］谢建社：《广州农民工蓝皮书：广州农民工研究报告（2019）》，社会科学文献出版社，2019。

［162］许光：《新生代农民工城市融入的进程测度及政策创新研究》，中国社会科学出版社，2017。

［163］肖子华、刘金伟：《流动人口社会融合蓝皮书：中国城市流动人口社会融合评估报告 No. 1》，社会科学文献出版社，2018。

［164］肖子华、徐水源：《人口流动与社会融合：理论、指标与方法》，社会科学文献出版社，2018。

［165］肖子华、王春超：《中国流动人口及家庭发展报告：第二届流动人口健康与发展论坛文集》，暨南大学出版社，2018。

［166］徐旭初、钱文荣：《生存故事——50位农民工访谈实录》，浙江大学出版社，2009。

［167］徐水源：《社会融合：新时代中国流动人口发展之路》，人民出版社，2019。

［168］ 熊智伟：《农民工返乡创业决策影响因素研究》，经济管理出版社，2014。

［169］ 杨志明：《中国农民工》，中国劳动社会保障出版社，2018。

［170］ 杨东广、邹艳：《农民工中党的工作的困境与出路研究》，中国社会科学出版社，2012。

［171］《一封家书》编委会：《一封家书：首届农民工一封家书征文书信集》，中国建筑工业出版社，2007。

［172］ 岳经纶：《农民工公共服务：国际经验·本地实践·政策建议》，中山大学出版社，2012。

［173］ 岳经纶：《转型期的中国劳动问题与劳动政策》，东方出版中心，2011。

［174］ 叶兴庆、张云华等：《农业农村改革若干重大问题研究》，中国发展出版社，2018。

［175］ 于建嵘：《漂移的社会：农民工张全收和他的事业》，中国农业出版社，2008。

［176］ 袁书华、贾玉洁等：《新生代农民工问题》，山东人民出版社，2014。

［177］ 袁振国、吴霓等：《农民工子女教育问题研究》，经济科学出版社，2012。

［178］ 郑功成、黄黎若莲等：《中国农民工问题与社会保护（上下）》，人民出版社，2007。

［179］ 郑功成、宇硕：《全球化的劳工与社会保障》，中国劳动社会保障出版社，2002。

［180］ 郑欣：《进城：传播学视野下的新生代农民工》，社会科学文献出版社，2018。

［181］ 郑冰岛：《冲突与融合：社会转型中的人口流动》，上海书店出版社，2018。

［182］ 郑真真、贺珍怡等：《中美流动迁移比较研究》，中国社会科学出版社，2016。

［183］ 朱光磊等：《当代中国社会各阶层分析》，天津人民出版社，1998。

［184］ 朱宇、林李月等：《流动人口的流迁模式、权益问题和社会保

护：以福建省为例》，海洋出版社，2013。

［185］朱宇、祁新华等：《中国的就地城镇化：理论与实证》，科学出版社，2012。

［186］朱国宏：《社会学视野里的经济现象》，四川人民出版社，1998。

［187］朱柔若：《社会变迁中的劳工问题》，扬智文化事业股份有限公司，1998。

［188］张领：《流动的共同体：新生代农民工、村庄发展与变迁》，中国社会科学出版社，2016。

［189］朱红根：《农民工返乡创业行为意愿、绩效评价与政策优化》，经济科学出版社，2013。

［190］张春龙：《工厂规训：从农民工到产业工人》，华东理工大学出版社，2018。

［191］张英洪：《农民权利研究：农民、公民权与国家》，中央编译出版社，2014。

［192］张英洪：《农民权利研究：农民权利论》，中央编译出版社，2014。

［193］张英洪：《农民权利研究：给农民以宪法关怀》，中央编译出版社，2014。

［194］张一名：《中国农民工社会政策研究》，中国劳动社会保障出版社，2009。

［195］张来明、葛延风等：《新时代中国社会保护重点领域改革：进展、问题、政策建议》，中国发展出版社，2018。

［196］张敏杰：《社会政策论》，北京大学出版社，2015。

［197］张华等：《四川农民工家庭城市融入促进机制研究》，西南财经大学出版社，2017。

［198］张斐：《新生代农民工市民化研究》，北京师范大学出版社，2015。

［199］张来明、葛延风等：《新时代中国社会保护重点领域改革进展、问题、政策建议》，中国发展出版社，2018。

［200］〔美〕詹姆斯·科尔曼：《社会理论的基础》，邓方译，社会科学文献出版社，2006。

［201］左学金、朱宇等：《中国人口城市化和城乡统筹发展》，学林出版社，2007。

［202］赵俊超：《城镇：改革的突破口》，中国人民大学出版社，2015。

［203］赵冈：《中国传统农村的地权分配》，新星出版社，2006。

［204］赵冈、陈钟毅：《中国经济制度史论》，新星出版社，2006。

［205］赵冈、陈钟毅：《中国土地制度史论》，新星出版社，2006。

［206］赵宝柱：《新生代农民工培训：意愿与行动》，中国社会科学出版社，2016。

［207］赵利梅：《新型城镇化背景下农民工住房问题研究》，巴蜀书社，2018。

［208］赵德雷：《农民工社会地位认同研究——以建筑装饰业为视角》，知识产权出版社，2015。

［209］周雪光：《组织社会学十讲》，社会科学文献出版社，2003。

［210］周天勇：《繁荣的轮回——人口变动与经济增长的一个逻辑解释》，中国财富出版社，2017。

［211］周佳：《农民工随迁子女城市社会发展路径研究》，中国社会科学出版社，2017。

［212］周佳：《教育政策执行研究——以进城就业农民工子女义务教育政策执行为例》，教育科学出版社，2007。

［213］周士红：《漂在都市》，新华出版社，2013。

［214］周小刚：《新生代农民工职业技能培训和创业教育模式研究》，经济科学出版社，2015。

［215］周松柏：《贵州省农民工经济研究》，西南交通大学出版社，2012。

［216］周水涛、轩红芹等：《新时期农民工题材小说研究》，社会科学文献出版社，2010。

［217］周化明：《中国农民工职业发展问题研究》，中国农业出版社，2013。

［218］周皓：《流动儿童发展的跟踪研究》，北京大学出版社，2014。

［219］周海旺：《城市女性流动人口社会融入问题研究》，上海社会科学院出版社，2013。

［220］周秋琴：《法学视野下的农民工权益保障问题研究》，江苏大学出版社，2011。

［221］周景阳：《城镇化发展的可持续性评价研究》，经济科学出版

社，2017。

[222] 周双文：《改造中国农业：中国城镇化的根本出路》，西南财经大学出版社，2015。

二 论文类

[1] Bogdon, A. S. and Can, S., "Indicators of Local Housing Affordability: Comparative and Spatial Approaches", *Real Estate Economics*, 25 (1): 43-80, 1997.

[2] Chan, K. W. and Zhang, L., "The Hukou System and Rural-urban Migration in China: Processes and changes", *The China Quarterly*, 160: 818-855, 1999.

[3] Cook, S., "The challenge of Informality: Perspectives on China's Changing Labour Market", *IDS Bulletin*, 39 (2): 48-56, 2008.

[4] Liang, Z., "The Age of Migration in China", *Population and Development Review*, 27 (3): 499-524, 2001.

[5] Liang, Z. and Chen, Y. P., "The Educational Consequences of Migration for Children in China", *Social Science Research*, 36 (1): 28-47, 2007.

[6] Lin, L. Y. and Zhu, Y., "Diversified Housing Needs of Rural-urban Migrants and Policy Responses in China: Insights from a Survey in Fuzhou", *IDS Bulletin*, 41 (4): 12-21, 2010.

[7] Watson, A., "Social Security for China's Migrant Workers: Porviding for old age", *Jounal of Current Chinese Affairs*, 38 (4): 85-115, 2009.

[8] Zhu, Y. and Chen, W. Z., "The Settlement Intention of China's Floating Population in the Cities: Recent Changes and Multifaceted Individual-level Determinants", *Population Space and Place*, 16 (4): 253-267, 2010.

[9]《半月谈》社情民意调查中心：《新市民群体边缘化生存状态调查》，《半月谈》2011年第13期。

[10]《半月谈》社情民意调查中心：《影响新生代农民工尊严感的四

大因素》，《半月谈》2011年第12期。

[11] 蔡昉、都阳、王美艳：《户籍制度与劳动力市场保护》，《经济研究》2001年第12期。

[12] 蔡昉：《劳动力迁移的两个过程及其制度障碍》，《社会学研究》2001年第4期。

[13] 蔡昉：《人口转变、人口红利和刘易斯转折点》，《经济研究》2010年第4期。

[14] 蔡昉：《劳动力无限供给时代的结束》，《金融经济》2008年第2期。

[15] 蔡昉：《刘易斯转折点与公共政策方向的转变——关于中国社会保护的若干特征性事实》，《中国社会科学》2010年第6期。

[16] 蔡昉：《中国"三农"政策的60年经验与教训》，《广东社会科学》2009年第6期。

[17] 蔡禾、李超海、冯建华：《利益受损农民工的利益抗争行为研究——基于珠三角企业的调查》，《社会学研究》2009年第1期。

[18] 蔡禾：《从"底线型"利益到"增长型"利益——农民工利益诉求的转变与劳资关系秩序》，《开放时代》2010年第9期。

[19] 常凯：《关于罢工合法性的法律分析——以南海本田罢工为案例的研究》，《战略与管理》2010年第7/8期。

[20] 常凯：《赋权给新产业工人》，《中国改革》2010年第9期。

[21] 常凯：《WTP、劳工标准与劳工权益保障》，《中国社会科学》2002年第1期。

[22] 陈峰：《集体权利的缺位：中国工人的困境》，《21世纪》2008年第106号。

[23] 陈映芳：《"农民工"：制度安排与身份认同》，《社会学研究》2005年第3期。

[24] 陈维真、凌冲：《关注城市外来劳务工的问题——来自深圳外来劳务工发展状况的调查报告》，《中国青年政治学院学报》2004年第4期。

[25] 陈洪连、杜婕：《我国农民工培训政策的国际借鉴与本土建构》，《中国成人教育》2011年第19期。

[26] 陈顺玉、郑功成：《农民工本地就业的理性分析》，《江西社会科

学》2005 年第 2 期。

［27］陈锡文、韩俊：《如何有序转移农村富余劳动力》，《人民日报》2002 年 6 月 3 日第 9 版。

［28］陈锡文：《农村劳动力跨区域流动的原因分析》，《学习时报》2002 年 6 月 17 日。

［29］陈锡文：《农民工流动为社会发展带来机遇与挑战》，《农民日报》2008 年 9 月 15 日第 3 版。

［30］陈星博：《结构挤压与角色错位——社会转型期我国城市青年农民工群体中"问题化"倾向研究》，《改革》2003 年第 4 期。

［31］城市流动人口问题调查组：《对于城市农民工政策的反思——以北京市为例》，《中国党政干部论坛》2004 年第 4 期。

［32］崔红志：《对把进城农民工纳入城市社会养老保险体制的认识》，《中国农村经济》2003 年第 3 期。

［33］邓秀华：《长沙、广州两市农民工政治参与问卷调查分析》，《政治学研究》2009 年第 2 期。

［34］邓智平：《融入城市的仪式——麦当劳消费对青年民工的意义》，《青年探索》2006 年第 5 期。

［35］杜世卫、方佩芬：《农民工维权的"义务模式"》，《中共浙江省委党校学报》2006 年第 5 期。

［36］都阳、王美艳：《中国最低工资制度的实施状况及其效果》，《中国社会科学院研究生院学报》2008 年第 6 期。

［37］都阳、屈小博：《劳动合同法与企业劳动力成本——基于珠三角地区外向型制造业企业的调查与分析》，《山东经济》2010 年第 3 期。

［38］段成荣、杨舸：《我国流动儿童最新状况——基于 2005 年全国 1% 人口抽样调查数据的分析》，《人口学刊》2008 年第 6 期。

［39］风笑天：《农村外出打工青年的婚姻和家庭：一个值得重视的研究领域》，《人口研究》2006 年第 1 期。

［40］符平：《青年农民工的城市适应：实践社会学研究的发现》，《社会》2006 年第 2 期。

［41］费平：《深圳市农民工社会保险制度》，《中国劳动》2006 年第 10 期。

[42] 冯钢：《企业工会的"制度性弱势"及其形成背景》，《社会》2006 年第 3 期。

[43] 甘满堂：《"工荒"：高离职率与无声的抗争——对当前农民工群体阶级意识的考察》，《中国农业大学学报》（社会科学版）2010 年第 4 期。

[44] 高颖：《农村富余劳动力的供需变动及分析》，《人口研究》2008 年第 5 期。

[45] 共青团佛山市委员会：《沿海经济发达地区外来务工青年的特点与需求——来自广东省佛山市的调查分析》，《广东青年干部学院学报》2004 年第 2 期。

[46] 顾海英、史清华等：《现阶段"新二元结构"问题缓解的制度与政策——基于上海外来农民工的调研》，《管理世界》2011 年第 11 期。

[47] 关怀：《六十年来我国劳动法的发展与展望》，《法学杂志》2011 年第 11 期。

[48] 辜胜阻、易善策等：《基于农民工特征的工业化与城镇化协调发展研究》，《人口研究》2006 年第 5 期。

[49] 郭星华、储卉娟：《从乡村到城市"融入与隔离"：关于民工与城市居民社会距离的实证研究》，《江海学刊》2004 年第 3 期。

[50] 国务院《中国农民工问题研究总报告》起草组：《中国农民工问题研究总报告》，《改革》2006 年第 5 期。

[51] 韩克庆：《农民工社会流动研究：以个案访谈为例》，《中国人民大学学报》2006 年第 6 期。

[52] 韩俊：《公平对待农民工的十个问题》，《瞭望新闻周刊》2004 年第 22 期。

[53] 韩长赋：《关于农民工问题的几点认识和思考》，《中国城市经济》2006 年第 7 期。

[54] 韩长赋：《让"90"后农民工有序成为城里人》，《东方城乡报》2010 年 2 月 18 日第 B1 版。

[55] 韩长赋：《农民工问题是事关我国现代化建设顺利推进的大问题》，《学习时报》2010 年 10 月 11 日第 1 版。

[56] 何勤、王飞鹏：《劳动合同法实施后企业用工成本的增量分析与

应对措施》，《中国劳动关系学院学报》2009 年第 5 期。

[57] 何一鸣、罗必良：《政府监督博弈、企业协约权力管制与农民工雇佣权益保护——以〈劳动合同法〉为例》，《中国农村经济》2011 年第 6 期。

[58] 洪芳：《劳动合同、劳动用工之于劳动关系建立的意义》，《社科纵横》2011 年第 7 期。

[59] 洪朝辉：《论中国农民工的社会权利贫困》，《当代中国研究》2007 年第 4 期。

[60] 胡晓红：《社会记忆中的新生代农民工自我身份认同困境》，《中国青年研究》2008 年第 9 期。

[61] 黄乾：《工作转换对城市农民工收入增长的影响》，《中国农村经济》2010 年第 9 期。

[62] 黄岩：《代工产业中的劳工团结以兴达公司员工委员会试验为例》，《社会》2008 年第 4 期。

[63] 黄岩：《市民社会、跨国倡议与中国劳动体制转型的新议题——以台兴工人连锁罢工事件为例分析》，《开放时代》2011 年第 3 期。

[64] 黄岩：《全球化、跨国倡议网络与农民工保护》，《经济学家》2009 年第 1 期。

[65] 黄任民：《农民工及相关问题对监利和谐劳动关系的双重影响》，《中国劳动关系学院学报》2005 年第 6 期。

[66] 黄祖辉、宋瑜：《对农村妇女外出务工状况的调查与分析——以在杭州市农村务工妇女为例》，《中国农村经济》2005 年第 9 期。

[67] 黄宗智：《制度化了的"半工半耕"过密型农业》，《经济学家》2009 年第 1 期。

[68] 简新华、黄锟：《中国农民工最新生存状况研究——基于 765 名农民工调查数据的分析》，《人口研究》2007 年第 6 期。

[69] 焦亚波：《青年农民工主观生活质量满意度评价分析》，《兰州学刊》2009 年第 6 期。

[70] 雷佑新、雷红：《论农民工劳动合同缺失的成因及解决思路》，《经济体制改革》2005 年第 4 期。

[71] 江立华、符平：《断裂与弥补》，《社会科学研究》2005 年第

6 期。

[72] 纪韶：《中国农民工流动就业现状的实证研究——对 2004—2005 年我国 14 个省调研数据的分析》，《经济与管理研究》2006 年第 4 期。

[73] 李培林、李炜：《农民工在中国转型中的经济地位和社会态度》，《社会学研究》2007 年第 3 期。

[74] 李培林：《流动农民工的社会网络和社会地位》，《社会学研究》1996 年第 4 期。

[75] 李强：《关于城市农民工的情绪倾向及社会冲突问题》，《社会学研究》1995 年第 4 期。

[76] 李强：《影响中国城乡流动人口的推力与拉力因素分析》，《中国社会科学》2003 年第 1 期。

[77] 李强：《户籍分层和农民工的社会地位》，《中国党政干部论坛》2002 年第 8 期。

[78] 李强：《社会学的剥夺理论与我国农民工问题》，《学术界》2004 年第 4 期。

[79] 李强：《中国城市化进程中的"半融入"与"不融入"》，《河北学刊》2011 年第 5 期。

[80] 李强、唐壮：《城市农民工与城市中的非正规就业》，《社会学研究》2002 年第 6 期。

[81] 李伟东：《新生代农民工的城市适应研究》，《北京社会科学》2009 年第 4 期。

[82] 李雄、刘山川：《劳动用工制度改革视野下劳动合同制度的贡献与不足》，《西北工业大学学报》2012 年第 3 期。

[83] 李艳红：《新闻报道常规与弱势社群的公共表达——广州城市报纸（2000~2002）对"农民工"报道的量化分析》，《中山大学学报》（社会科学版）2007 年第 2 期。

[84] 李涛：《新生代农民工市民化问题的社会学分析》，《长春理工大学学报》（社会科学版）2009 年第 9 期。

[85] 李艳霞：《公民身份理论内涵探析》，《人文杂志》2005 年第 3 期。

[86] 刘传江：《城乡统筹发展视角下的农民工市民化》，《人口研究》

2005 年第 5 期。

[87] 刘传江：《新生代农民工的特点、挑战与市民化》，《人口研究》2009 年第 2 期。

[88] 刘传江、程建林：《第二代农民工市民化：现状分析与进程测度》，《人口研究》2008 年第 5 期。

[89] 刘传江、程建林：《养老保险"便携性损失"与农民工养老保障制度研究》，《中国人口科学》2008 年第 4 期。

[90] 刘传江、程建林：《双重"户籍墙"对农民工市民化的影响》，《经济学家》2009 年第 10 期。

[91] 刘传江、周玲：《社会资本与农民工的城市融合》，《人口研究》2004 年第 9 期。

[92] 刘程、邓蕾、黄春桥：《农民进城务工经历对其家庭生活消费方式的影响——来自湖北、四川、江西三省的调查》，《青年研究》2004 年第 7 期。

[93] 刘开明：《外来农民工调查》，《中国改革》2010 年第 7 期。

[94] 刘精明：《向非农职业流动：农民生活史的一项研究》，《社会学研究》2001 年第 6 期。

[95] 刘林平：《外来人群体中的关系运用——以深圳"平江村"为个案》，《中国社会科学》2001 年第 5 期。

[96] 刘林平：《试论"家庭型经济组织"及其特点》，《社会学研究》1987 年第 3 期。

[97] 刘林平：《交往与态度：城市居民眼中的农民工——对广州市民的问卷调查》，《中山大学学报》（社会科学版）2008 年第 2 期。

[98] 刘林平、万向东、王翔：《二元性、半合法性、松散性和农民工问题》，《中山大学学报》2005 年第 2 期。

[99] 刘林平、张春泥：《农民工工资：人力资本、社会资本、企业制度还是社会环境？——珠江三角洲农民工工资的决定模型》，《社会学研究》2005 年第 6 期。

[100] 刘林平、张春泥、陈小娟：《农民的效益观与农民工的行动逻辑——对农民工超时加班的意愿与目的分析》，《中国农村经济》2010 年第 9 期。

［101］刘林平、郑广怀、孙中伟：《劳动权益与精神健康——基于对长三角和珠三角外来工的问卷调查》，《社会学研究》2011 年第 4 期。

［102］刘能：《越轨社会学视角下的青少年犯罪》，《青年研究》2003 年第 11 期。

［103］刘霞：《流动儿童的歧视知觉及与自尊的关系》，《心理科学》2010 年第 3 期。

［104］刘能：《越轨社会学视角下的青少年犯罪》，《青年研究》2003 年第 11 期。

［105］罗霞、王春光：《新生代农村流动人口的外出动因与行动选择》，《浙江社会科学》2003 年第 1 期。

［106］罗小兰：《我国最低工资标准农民工就业效应分析——对全国、地区及行业的实证研究》，《财经研究》2007 年第 1 期。

［107］雷佑新、雷红：《论农民工劳动合同缺失的成因及解决思路》，《经济体制改革》2005 年第 4 期。

［108］林毅夫：《"三农问题"与我国农村的未来发展》，《农业经济问题》2003 年第 1 期。

［109］陆学艺：《发展变化中的中国农业、农村与农民》，《中国社会科学院研究生院学报》2006 年第 4 期。

［110］陆文聪、李元龙：《农民工健康权益问题的理论分析：基于环境公平的视角》，《中国人口科学》2009 年第 3 期。

［111］娄跃：《浙江省农民工调查情况》，《浙江统计》2005 年第 4 期。

［112］劳动保障部社会保障研究所：《城镇化进程加快过程中农民工社会保障制度研究》，《社会保障研究》2006 年第 1 期。

［113］"劳动力转移联合"课题组：《改革条件下农业劳动力个人行为模式》，《管理世界》1990 年第 5 期。

［114］卢国显：《我国大城市农民工与市民社会距离的实证研究》，《中国人民公安大学学报》2006 年第 4 期。

［115］林燕玲：《论农民工权利意识的发展轨迹及其社会意义》，《中国劳动关系学院学报》2008 年第 4 期。

［116］毛丹：《赋权、互动与认同：角色视角中城郊农民市民化问题》，《社会学研究》2009 年第 4 期。

［117］潘泽泉：《国家调整农民工政策的过程分析、理论判断和政策思考》，《理论与改革》2008 年第 5 期。

［118］潘寄青、谭海燕、李娜：《新生代农民工城乡转移及就业路径探析》，《当代青年研究》2009 年第 2 期。

［119］潘毅、任焰：《国家与农民工：无法完成的无产阶级化》，《21 世纪双月刊》2008 年第 107 期。

［120］庞文：《武汉市农民工的基本状况及其权益保护调查》，《社会》2003 年第 8 期。

［121］齐心：《延续与建构：新生代农民工的社会网络》，《江苏行政学院学报》2007 年第 3 期。

［122］齐美胜：《延续与建构：新生代农民工的社会网络》，《江苏行政学院学报》2007 年第 3 期。

［123］钱文荣、张忠民：《农民工在城市社会的融合度问题》，《浙江大学学报》2006 年第 4 期。

［124］钱雪飞：《进城农民工消费的实证研究——南京市 578 名农民工的调查与分析》，《南京社会科学》2003 年第 9 期。

［125］钱雪飞：《代差视角下第二代农民工城乡迁移个人风险成本的实证研究——基于 1012 位城乡迁移农民工的问卷调查》，《中国青年研究》2009 年第 6 期。

［126］秦晖：《农民流动、城市化、劳工权益与西部开发——当代中国市场经济与公民权问题》，《浙江学刊》2002 年第 1 期。

［127］任焰、潘毅：《跨国劳动过程的空间政治：全球化时代的宿舍劳动体制》，《社会学研究》2006 年第 4 期。

［128］任焰、梁宏：《资本主导与社会主导——"珠三角"农民工居住状况分析》，《人口研究》2009 年第 2 期。

［129］任远、陈春林：《农民工收入的人力资本回报与加强对农民工的教育培训研究》，《复旦学报》（社会科学版）2010 年第 6 期。

［130］史寒冰：《构建和谐劳动关系——中国人民大学教授常凯访谈》，《中国社会保障》2007 年第 8 期。

［131］宋林飞：《农民工是新兴工人群体》，《江西社会科学》2005 年第 3 期。

[132] 沈原:《社会转型与工人阶级的再形成》,《社会学研究》2006年第 2 期。

[133] 沈小苹:《广州市外来人员子女教育模式的社会学分析》,《青年研究》2004 年第 11 期。

[134] 沈君彬:《乡村振兴背景下农民工回流的决策与效应研究——基于福建省三个山区市 600 位农民工的调研》,《中共福建省委党校学报》2018 年第 10 期。

[135] 沈君彬:《社会政策视阈下的新生代农民工城市融入:一个分析的框架》,《中共福建省委党校学报》2012 年第 10 期。

[136] 沈君彬:《促进新生代农民工城市融入的积极社会政策体系:理念、特征、实践》,《中共福建省委党校学报》2011 年第 11 期。

[137] 沈君彬:《农民工保障缺失:现状、根源、对策——以构建和谐社会为视角的解读》,《中共福建省委党校学报》2005 年第 9 期。

[138] 孙中伟、杨肖锋:《脱嵌型雇佣关系与农民工离职意愿——基于长三角和珠三角的问卷调查》,《社会》2012 年第 3 期。

[139] 苏海南:《我国劳动关系现状分析及对策研究》,《中国劳动》1997 年第 3 期。

[140] 苏海南等:《我国劳动密集型小企业劳动关系问题研究》,《华中师范大学学报》(人文社会科学版)2012 年第 2 期。

[141] 田丰:《城市工人与农民工的收入差距研究》,《社会学研究》2010 年第 2 期。

[142] 田凯:《关于农民工城市适应性的调查与思考》,《人口学刊》1996 年第 4 期。

[143] 佟新:《劳工政策和劳工研究的四种理论视角》,《云南民族大学学报》(哲学社会科学版)2008 年第 5 期。

[144] 唐钧:《"三方机制":解决农民工工资问题的最佳选择》,《中国党政干部论坛》2004 年第 5 期。

[145] 〔美〕托马斯·R. 贝茨、吕增奎:《葛兰西与霸权理论》,《马克思主义与现实》2005 年第 5 期。

[146] "外来农民工"课题组:《珠三角外来农民工状况》,《中国社会科学》1995 年第 4 期。

[147] 万向东:《农民工非正式就业的进入条件与效果》,《管理世界》2008年第1期。

[148] 万向东、刘林平、张永宏:《工资福利、权益保障与外部环境——珠三角与长三角外来工的比较研究》,《管理世界》2006年第6期。

[149] 王春超:《中国城市化进程中农民工对经济产出的贡献与收益分享》,《经济社会体制比较》2012年第2期。

[150] 王春光:《新生代农村流动人口的社会认同与城乡融合的关系》,《社会学研究》2001年第3期。

[151] 王春光:《农民工的社会流动和社会地位的变化》,《江苏行政学院学报》2003年第4期。

[152] 王春光:《农民工的国民待遇与社会公正问题》,《郑州大学学报》(哲学社会科学版)2004年第1期。

[153] 王春光:《农民工:一个正在崛起的新工人阶层》,《学习与探索》2005年第1期。

[154] 王春光:《农村流动人口的半城市化问题研究》,《社会学研究》2006年第5期。

[155] 王春光:《中国城市化进程中的公民社会实践》,《浙江社会科学》2009年第1期。

[156] 王春光:《重视社会力量在落实农民工就业政策上的放大效应》,《中国党政干部论坛》2009年第4期。

[157] 王美艳:《城市劳动力市场上的就业机会与工资差异——外来劳动力就业与报酬研究》,《中国农村观察》2006年第6期。

[158] 王宁:《消费认同——对消费社会学的一个分析框架的探索》,《社会学研究》2001年第1期。

[159] 王德文等:《全球化与中国国内劳动力流动:新趋势与政策含义》,《开放导报》2005年第4期。

[160] 王毅杰、童星:《流动农民工职业获得途径及其影响因素》,《江苏社会科学》2005年第5期。

[161] 王毅杰、史晓浩:《流动儿童与城市社会融合:理论与现实》,《社会科学研究》2010年第2期。

[162] 王小章:《从生存到承认:公民权视野下的农民工问题》,《社

会学研究》2009 年第 1 期。

[163] 王兴周:《新生代农民工的群体特性探析》,《广西民族大学学报》(哲学社会科学版) 2008 年第 7 期。

[164] 王元璋:《农民工待遇市民化探析》,《人口与经济》2004 年第 2 期。

[165] 汪和建:《就业歧视与中国城市的非正式经济部门》,《南京大学学报》1998 年第 1 期。

[166] 汪国华:《两代农民工文化适应的逻辑比较与实证研究》,《西北人口》2009 年第 5 期。

[167] 汪国华:《生活意义的再造:新生代农民工日常行为的仪式化研究》,《中国青年研究》2010 年第 4 期。

[168] 汪明:《农民工子女就业问题与对策》,《教育研究》2004 年第 2 期。

[169] 魏文彪:《平等赋权比设农民工日更重要》,《江苏农村经济》2008 年第 1 期。

[170] 文军:《农民市民化:从农民到市民的角色转型》,《华东师范大学学报》(哲学社会科学版) 2004 年第 3 期。

[171] 翁晓斌、谭靖:《城市农民工处境的法律透视》,《浙江大学学报》2006 年第 5 期。

[172] 《我国农民工工作"十二五"发展规划纲要研究》课题组:《中国农民工问题总体趋势:观测"十二五"》,《改革》2010 年第 8 期。

[173] 吴贵明:《中国农民工培训:经验与反思》,《福建行政学院学报》2011 年第 5 期。

[174] 吴忠民:《公正新论》,《中国社会科学》2000 年第 4 期。

[175] 吴新慧:《关注流动人口子女的社会融入状况——"社会排斥"的视角》,《社会》2004 年第 9 期。

[176] 吴维平:《寄居大都市:京沪两地流动人口住房现状分析》,《社会学研究》2002 年第 3 期。

[177] 项继权:《农民工子女教育:政策选择与制度保障——关于农民工子女教育问题的调查分析及政策建议》,《华中师范大学学报》(人文社会科学版) 2005 年第 3 期。

［178］谢勇：《最低工资制度在农民工就业中的落实情况及影响因素研究》，《经济与管理》2010 年第 3 期。

［179］谢勇：《农民工劳动权益影响因素的实证研究——以南京市为例》，《中国人口科学》2008 年第 4 期。

［180］信卫平：《国际金融危机与中国最低工资标准》，《中国劳动关系学院学报》2010 年第 1 期。

［181］许传新：《"落地未生根"——新生代农民工城市社会适应研究》，《南方人口》2007 年第 4 期。

［182］谢桂华：《农民工与城市劳动力市场》，《社会学研究》2007 年第 5 期。

［183］谢建社、牛喜霞、谢宇：《流动农民工随迁子女教育问题研究——以珠三角城镇地区为例》，《中国人口科学》2011 年第 1 期。

［184］谢岳：《从"司法动员"到"街头抗议"——农民工集体行动失败的政治因素及其后果》，《开放时代》2010 年第 9 期。

［185］徐道稳：《农民工工伤状况及其参保意愿调查》，《中国人口科学》2009 年第 1 期。

［186］徐道稳：《劳动合同签订及其权益保护效应研究——基于上海等九城市调查》，《河北法学》2011 年第 7 期。

［187］杨立雄：《农民工社会保护问题研究》，《中国人民大学学报》2006 年第 6 期。

［188］杨立雄：《全球化、区位竞争与农民工社会保护》，《经济学家》2007 年第 6 期。

［189］杨思远：《试析农民工的廉价工资》，《教学与研究》2004 年第 7 期。

［190］杨正喜：《珠三角以农民工为劳动者的劳资关系模式》，《中国劳动关系学院学报》2008 年第 1 期。

［191］杨菊华：《对新生代流动人口的认识误区》，《人口研究》2010 年第 2 期。

［192］杨菊华：《从隔离、选择融入到融合：流动人口社会融入问题的理论思考》，《人口研究》2009 年第 1 期。

［193］杨菊华：《流动人口在流入地社会融入的指标体系——基于社

会融入理论的进一步研究》,《人口与经济》2010 年第 2 期。

[194] 姚建平:《农民工的社会养老保险参与问题》,《天水行政学院学报》2008 年第 5 期。

[195] 姚俊:《农民工参加不同社会养老保险意愿及其影响因素研究——基于江苏五地的调查》,《中国人口科学》2010 年第 3 期。

[196] 姚裕群、陆学彬:《中小企业劳动者签订书面劳动合同的影响因素研究》,《东岳论丛》2010 年第 8 期。

[197] 殷娟、姚兆余:《新生代农民工身份认同及影响因素分析——基于长沙市农民工的抽样调查》,《湖南农业大学学报》(社会科学版)2009 年第 6 期。

[198] 俞德鹏:《外地劳动力分类管理制度的不合理性》,《中国农村经济》2000 年第 11 期。

[199] 俞可平:《新移民运动、公民身份与制度变迁——对改革开放以来大规模农民工进城的一种政治学解释》,《经济社会体制比较》2010 年第 1 期。

[200] 殷晓清:《农民工:一种就业模式的形成及其社会后果》,《南京师范大学学报》(社会科学版)2001 年第 5 期。

[201] 余晓敏:《跨国公司行政守则与中国外资企业劳工标准——一项"跨国—国家—地方"分析框架下的实证研究》,《社会学研究》2007 年第 5 期。

[202] 余晓敏:《经济全球化背景下的劳工运动:现象、问题与理论》,《社会学研究》2006 年第 3 期。

[203] 袁小平:《新生代农民工培训的制度供给研究》,《社会工作》2012 年第 10 期。

[204] 袁志刚、封进、张红:《城市劳动力供求与外来劳动力就业政策研究——上海的例证及启示》,《复旦学报》2005 年第 5 期。

[205] 原新、韩靓:《多重分割视角下外来人口就业与收入歧视分析》,《人口研究》2009 年第 1 期。

[206] 岳经纶:《农民工的社会保护:劳动政策的视角》,《中国人民大学学报》2006 年第 6 期。

[207] "中国农民工战略问题研究"课题组:《中国农民工现状及其发

展趋势总报告》,《改革》2009 年第 2 期。

[208] 曾旭晖:《非正式劳动力市场人力资本研究——以成都市进城农民工为个案》,《中国农村经济》2004 年第 3 期。

[209] 张德荣等:《"90 后"农民工职业技能培养与提升的路径研究》,《广西青年干部学院学报》2012 年第 6 期。

[210] 张春泥、刘林平:《网络的差异性和求职效果——农民工利用关系求职的效果研究》,《社会学研究》2008 年第 4 期。

[211] 张静:《义乌外来工为什么愿意使用法律》,《江苏行政学院学报》2010 年第 3 期。

[212] 张文宏、雷开春:《城市新移民社会融合的结构、现状与影响因素分析》,《社会学研究》2008 年第 5 期。

[213] 张兴华:《对外来工的政策歧视:效果评价与根源探讨》,《中国农村经济》2000 年第 11 期。

[214] 张霞:《城市劳动力市场二元分割与外来农业户籍劳动者社会保障权益缺失》,《中国社会科学院研究生院学报》2000 年第 11 期。

[215] 张永宏:《地方治理的政治—制度视角:以农民工保护政策执行为例》,《中山大学学报》2009 年第 1 期。

[216] 张军扩、侯永志、刘培林:《我国城镇化的基本态势、战略重点和政策取向》,《经济界》2009 年第 6 期。

[217] 张翼:《农民工社会保障政策执行中存在的若干问题》,《中国社会科学院院报》2005 年 9 月 27 日。

[218] 郑功成:《农民工的权益与社会保障》,《中国党政干部论坛》2002 年第 8 期。

[219] 郑功成:《解决农民工工资拖欠问题需要多管齐下》,《中国党政干部论坛》2004 年第 5 期。

[220] 郑功成:《对农民工问题的基本判断》,《中国劳动》2006 年第 8 期。

[221] 郑功成:《中国流动人口的社会保障问题》,《理论视野》2007 年第 6 期。

[222] 郑功成:《中国社会公平状况分析——价值判断、权益失衡与制度保障》,《中国人民大学学报》2009 年第 2 期。

［223］郑功成：《让农民工享有平等权利》，《群言》2010年第2期。

［224］郑功成：《对中国农民工问题的理论判断》，《党政干部文摘》2007年第1期。

［225］郑功成、黄黎若莲：《中国农民工问题：理论判断与政策思路》，《中国人民大学学报》2006年第6期。

［226］郑英隆：《中国农民工弱信息能力初探》，《经济学家》2005年第5期。

［227］郑秉文：《改革开放30年中国流动人口社会保障的发展与挑战》，《中国人口科学》2008年第5期。

［228］钟笑寒：《劳动力流动与工资差异》，《中国社会科学》2006年第1期。

［229］周大鸣：《广州"外来散工"的调查与分析》，《社会学研究》1994年第4期。

［230］周静华、赵阳：《"80后"农民工消费意识转变探究》，《三农问题》2009年第7期。

［231］周林刚：《地位结构、制度身份与农民工集体消费——基于深圳市的实证分析》，《中国人口科学》2007年第4期。

［232］朱力：《准市民的身份定位》，《南京大学学报》2000年第6期。

［233］朱力：《论农民工阶层的城市适应》，《江海学刊》2002年第6期。

［234］朱力：《农民工阶层的特征和社会地位》，《南京大学学报》2003年第6期。

［235］朱宇：《新生代农民工：特征、问题与对策》，《人口研究》2010年第2期。

［236］朱宇：《流动人口的流迁模式与社会保护：从"城市流入"到"社会融入"》，《地理科学》2011年第3期。

［237］朱宇：《尊重农民工的多样性需求，推进户籍制度的根本性改革》，《人口与发展》2012年第2期。

［238］朱宇：《51.27%的城镇化率是否高估了中国城镇化水平：国际背景下的思考》，《人口研究》2012年第2期。

［239］朱宇、林李月：《流动人口在城镇的居留意愿及其决定因素——文献综述及其启示》，《人口与经济》2019年第2期。

［240］赵丰：《青年研究——从"代"到"后"的演进》，《中国青年研究》2007年第12期。

［241］赵芳：《"新生代"，一个难以界定的概念——以湖南省青玄村为例》，《社会学研究》2003年第6期。

［242］赵晔琴：《"居住权"与市民待遇：城市改造中的"第四方群体"》，《社会学研究》2008年第2期。

［243］赵延东、王奋宇：《城乡流动人口的经济地位获得及决定因素》，《中国人口科学》2002年第4期。

［244］赵树凯：《边缘化的基础教育——北京外来人口子弟学校的初步调查》，《管理世界》2000年第5期。

三 报纸类

［1］白靖利：《如何化解高龄农民工身上的哀与伤》，《新华每日电讯》2015年3月23日。

［2］白青锋、姜明：《"让农民工子女共享城市义务教育"——天津市南开区总工会主席杨志成谈农民工随迁子女入学问题》，《工人日报》2014年5月27日。

［3］崔传义：《农民工返乡创业：促进乡村振兴农民小康的重要力量——汇川区营造良好环境发挥返乡农民工"双创"潜能调查》，《中国经济时报》2017年12月28日。

［4］崔传义：《来自基层扶贫和农业农村发展的机制创新》，《中国经济时报》2018年7月9日。

［5］崔传义：《尊重农民走出二元结构的探索创造——追忆王郁昭与农民流动就业、返乡创业》，《中国经济时报》2017年7月17日。

［6］崔传义：《营造良好政策环境支持农民工返乡创业创新》，《中国经济时报》2017年3月28日。

［7］蔡永庆：《用法律为农民工撑起权益"保护伞"》，《人民政协报》2013年12月9日。

［8］操家齐、郑光魁、欧阳月明、王小峰：《应高度重视农民工党建工作》，《学习时报》2011年11月14日。

［9］曹远征：《农民工市民化是释放消费能力的重心》，《证券时报》2018年12月18日。

［10］陈荷西：《农民工老了打不动工时该怎么办》，《中国商报》2015年5月5日。

［11］陈胜、赵重文：《基于"TTT"模式的农民工健康管理》，《中国人口报》2018年1月5日。

［12］戴联荣：《关注新生代农民工的精神世界》，《人民日报》2011年8月12日。

［13］郭加奇：《劳工权益缺保障 农民工用脚投票选老板》，《工人日报》2004年10月21日。

［14］郭晓鸣、曾旭晖：《我省乡村振兴中农民工返乡面临的障碍与对策》，《四川日报》2019年7月4日。

［15］官黎明：《积极心理学关照下的农民工心理健康服务》，《中国人口报》2018年3月26日。

［16］韩长赋：《谈关于"90后"农民工》，《人民日报》2010年2月8日。

［17］韩长赋：《新生代农民工社会融合是个重大问题——关于新生代农民工问题的调查与思考》，《光明日报》2012年3月16日。

［18］韩雪洁、马贺：《三代农民工的"城市梦"》，《吉林日报》2013年4月9日。

［19］何玉长：《告别"农民工"：加快推进农业转移人口市民化》，《中国人口报》2019年2月4日。

［20］纪韶、王珊娜：《农民工职业流动的三个趋势性特征》，《北京日报》2015年1月5日。

［21］林静、楼春燕：《开创农民工"十有"的广阔发展前景——浙江省为农民工融入城市确立工作目标》，《中国劳动保障报》2011年7月15日。

［22］李卫东、罗志华：《人口流动背景下如何提升农民工婚姻稳定性》，《中国人口报》2019年1月10日。

［23］李一陵：《农民工被公交车司机拒载评论：受歧视的还有什么》，《中国青年报》2018 年 2 月 7 日。

［24］李宇嘉：《第一代农民工，告老还乡还是转移战场?》，《证券时报》2019 年 5 月 10 日。

［25］李斌：《让农民工劳有所得干有所值》，《人民日报》2018 年 2 月 6 日。

［26］李达球：《维护农民工权益任重道远》，《工人日报》2013 年 1 月 22 日。

［27］刘玉照：《加强农民工职业教育与继续教育》，《社会科学报》2019 年 5 月 30 日。

［28］刘英团：《根治农民工"讨薪难"应有长效保障机制》，《中国工商报》2017 年 12 月 8 日。

［29］刘建清：《对新时代工会做好农民工工作的几点思考》，《工人日报》2017 年 12 月 5 日。

［30］农业部农村社会事业发展中心创业就业课题组：《农民工返乡创业就业的成功实践——金堂县农民工创业就业促进经济社会发展研究报告》，《农民日报》2011 年 10 月 10 日。

［31］任社宣：《加大执法力度 保障农民工劳动报酬权益——人社部劳动监察局负责人就〈拖欠农民工工资"黑名单"管理暂行办法〉答记者问》，《中国劳动保障报》2017 年 12 月 2 日。

［32］沈秀芬：《关于保障农民工享受工伤保险合法权益的建议》，《中国劳动保障报》2015 年 5 月 8 日。

［33］史洪举：《给新生代农民工可期的未来》，《中国青年报》2015 年 7 月 7 日。

［34］田国垒、吉玲：《他们的青春如何安放?》，《中国青年报》2010 年 5 月 21 日。

［35］田忠华：《农民工讨薪需政策支持》，《经济日报》2018 年 1 月 20 日。

［36］汤兆云、张憬玄：《推动新生代农民工城市业缘社会网络形成》，《中国社会科学报》2018 年 3 月 7 日。

［37］邬慧颖、董小红、吴帅帅、孙清清：《留城或返乡 高龄农民工

陷两难困境——专家指出，农民工养老体系待完善，职业技能培训需加强》，《经济参考报》2017 年 8 月 10 日。

［38］王东：《新生代农民工职业价值观变化》，《北京日报》2015 年 6 月 29 日。

［39］王辉：《老去的农民工如何老有所养》，《中国劳动保障报》2015 年 8 月 4 日。

［40］王春光：《从社会政策演变看农民工城市融入》，《中国社会科学报》2012 年 1 月 16 日。

［41］王春光：《中国社会政策调整与农民工城市融入》，《工人日报》2011 年 12 月 20 日。

［42］薛志伟：《从农民工变化看经济社会转型》，《经济日报》2012 年 5 月 8 日。

［43］熊易寒：《农民工子女向上 难破教育天花板》，《中国青年报》2015 年 5 月 4 日。

［44］谢建社：《建构农民工市民化成本分担机制》，《中国人口报》2015 年 9 月 7 日。

［45］谢建社：《户籍改革为农民工市民化开启新航道》，《南方日报》2015 年 7 月 13 日。

［46］谢建社：《建立技术工人培训、使用、保障的长效机制》，《南方日报》2015 年 12 月 7 日。

［47］谢建社：《创新流动人口社管服务新模式》，《珠海特区报》2011 年 8 月 29 日。

［48］杨鹏：《中国社会当前的主要矛盾是什么》，《中国青年报》2005 年 11 月 16 日。

［49］杨秀峰：《农民工维权之十年探索——基于北京致诚农民工法律援助与研究中心公益维权的调查》，《中国县域经济报》2015 年 2 月 16 日。

［50］杨朝清：《农民工讨薪不该如此屈辱》，《中国青年报》2015 年 8 月 19 日。

［51］尹生：《促进农民工参加城镇医保刻不容缓》，《中国审计报》2017 年 12 月 25 日。

［52］袁巍然：《返乡农民工创业存在的问题及建议》，《中国劳动保障报》2019年2月12日。

［53］叶祝颐：《挽留返乡农民工要留人更要留心》，《中国商报》2018年2月2日。

［54］姚裕群：《农民工问题关系社会和谐》，《中国教育报》2011年11月28日。

［55］中国人权研究会：《什么是发展权》，《人民日报》2005年5月20日。

［56］张赢方：《新时期中国农民工发展路在何方》，《中国劳动保障报》2019年6月11日。

［57］张天佑：《因势利导推进农民工返乡创业稳定发展》，《农民日报》2016年12月10日。

［58］赵永智、郑莉、张锐：《农民工融入城市需跨"6大门槛"——政协委员热议农民工问题》，《工人日报》2012年3月12日。

［59］朱小波：《工会农民工培创工作的实践和思考》，《玉林日报》2018年2月26日。

［60］朱力、袁迎春：《我国城乡居民怎样对待现阶段社会矛盾》，《北京日报》2018年6月25日。

［61］朱力：《把握社会矛盾的内涵特点》，《中国社会科学报》2018年4月10日。

［62］朱宇、余立、林李月、董洁霞：《流动人口城镇定居意愿的代际延续和变化》，《中国人口报》2013年7月8日。

［63］朱宇：《回流农民工生计策略具较强城镇导向》，《中国社会科学报》2016年7月27日。

［64］周均虎：《发挥好返乡农民工的作用——为返乡农民工就业创业创造条件，充分调动返乡农民工参与乡村振兴战略、决胜全面小康的积极性》，《云南日报》2019年5月30日。

［65］周大鸣：《20年来农民工的几点变迁——关于珠江三角洲农民工形象思考》，《深圳特区报》2012年9月18日。

［66］周大鸣：《迁移与立足：新移民的城市认同》，《深圳特区报》2012年7月17日。

［67］周大鸣：《移民型城市社会的到来》，《中国社会科学报》2017年6月15日。

［68］周大鸣：《社会转型与现实关怀：移民时代的人类学》，《文汇报》2016年5月20日。

后　记

——从"青椒"到"中焦"的
生命历程与本书的难产史

按照个人的习惯，著作的后记是作者与自己的一场对话。当然，如同政治哲学家迈克尔·沃尔泽（Walzer M.）所言，致谢和引文事关分配正义，是我们支付智力债务的通用货币。因此，在后记中对我身边许多热心的师长与好友们表达谢意也是必不可少的。

诚如正文所述，本书最初的灵感来源于福建师范大学朱宇与林李月2011年发表的《流动人口的流迁模式与社会保护：从"城市融入"到"社会融入"》一文。2012年看到这篇文章的时候，对于正在苦苦寻找农民工问题研究突破口的我而言真可谓欣喜若狂。经过数月的思考论证，2012年底，我将个人"流动人口研究"的具体方向调整为"农民工群体异质性的社会保护需求与差别化的社会政策调适"，并于2013年获得国家社科基金青年项目立项。2015年底我如愿到福建师范大学地理学博士后科研流动站在朱宇研究员的指导下从事博士后研究。虽然得到朱老师的指导，但由于我自己愚钝，课题从2013年立项到2020年正式出版先后经历了七年时间。七年的光阴让我从选题之初的"青椒"熬成了成书之后的"中焦"——中年焦虑症患者。平心而论，作为资质平庸者要写出一部学术专著并不容易，但如果全力以赴也未必需要七年。我想，记录一下个人从"青椒"到"中焦"的生命历程与本书的难产史并使之成为最终的后记可以作为本专著研究的终结。基于前馈控制与反馈控制的理念，从汲取经验教训的角度出发，系统梳理某个阶段研究的得与失也适合作为下一项研究的起点。本书中，我对新生代农民工从"离乡进城"到"离城返乡"的动态决策过程展开了生命历程范式的解释。许多学者特别是青年学者自嘲为"科研民工"无疑是在"青椒"群体与新生代农民工群体之间找到了相对弱势地位感受的某种交集。借此，我想尝试使用生命历程的研究范式来回顾一下本专著研究的进程。

家庭收益逻辑。如书中所述，在原生家庭与新生家庭的不同生命周期内，由于家庭的需要不同，作为家庭重要成员的新生代农民工个体会相应调整个人权利、义务、规范以及期望以因应家庭需求。"青椒"同样如此。我一向认为，"青椒"的生活如同一只小兔子，既要吃草活下去，又要奔跑求发展，殊为不易。2012年底，在探得"农民工群体异质性的社会保护需求与差别化的社会政策调适"这一学术富矿后心里充满了干劲。但父母身体不好，特别是我父亲罹患肺癌之后身体每况愈下令人心焦，开足马力展开研究成为奢望。在原生家庭带来一定经济与心理压力的同时，2014年女儿开始上小学，她的课内学业辅导、课外兴趣班以及网球魔鬼训练计划所需的来往接送又大大消耗了我的许多精力和时间。在时下的中国社会，"相妻教女"远未成为中国男性的主流决策，微信和QQ里我数次被辅导班老师称呼为"一诺妈妈"即是心酸例证。2013年后的几年，从原生家庭收益逻辑抑或是新生家庭收益逻辑都不允许我为这本书的研究投入太多时间与精力。每每买完菜，做好饭，料理完无穷无尽的家务，辅导好孩子的作业一整天又虚度而过。有同事戏说，对一位女教师来说，在限定时间内完成一项科研任务是一种精神折磨；对一位男教师来说，在家带好一个熊孩子是一项磨人考验。切身的生活经验告诉我——两者的叠加绝非只是双倍的考验。回过头想下自己这几年边带孩子边做科研的过程也着实不容易，心力交瘁又两手空空之余我只能跟自己说，人和人之间很多时候并不活在同一个象限内，与他（她）人比较，不仅没有必要，也是不理智的。凡事只能和自己较劲，只要做到"日拱一卒"终有功成的一日。

生命事件逻辑。人生就是持有一张单程票的孤独旅行。无论愿意与否，人的一生总要经历许多生命事件，这些生命事件对于个体后续行为决策有着巨大影响。2010年本人去大连读了博士，在开启一段全新的生命旅程的同时，在修学分的一年多时间里，家庭"离散化"流动趋势明显，一家三口散落于大连、福州、龙岩三地。那段时间，我经常想，以后孩子如果没有大的出息还是留在身边的好。亲情始终是最甜的糖。但有如走入梦魇一般，亲人的生病与逝去始终是这几年不断经历的生命事件。2016 年夏天岳父被诊断出胃癌，化疗没多长时间，2017 年刚过完年就撒手而去。接着是我的外婆离我们而去。而爱人比较亲近的小姑姑，她是"70 后"，可是 2017 年也因为胃癌走了。接着 2017 年的最后一天，妻子的爷爷也离开人世。父亲的身体状况始终不大乐观，2010 年他确诊肺癌做了第一次手术之后，2013 年、2015 年、2017 年又因为脑转移分别做了手术。每次手术前看着他被推进手术室，我都会情不自禁地想这会不会是此生和他的最后一面？最终，他老人家没有撑到 2019 年。2017 年 9 月 12 日，人生的又一生命事件来临。我的儿子出世了。这个迟到的小精灵比他姐姐一诺小十岁，他的出现让我从奋斗者变成了"粪斗者"。心力交瘁之余，对于他我有许多愧疚，不知道他幼儿园开家长会的时候会不会因为人家的爸爸都是"90 后"而自己的父亲是"70 后"而困惑？"莲子心中苦，梨儿腹中酸"，他还在读大学的时候我就该退休了，也不知道能陪他到人生的哪一站？人生下半场"中焦"得子，对这个壮小伙子自然有许多期盼，寻思良久用陶渊明一首田园杂诗中的一句"猛志逸四海，骞翮思远翥"给他取了名字叫骞翮，意为展翅高飞。经历了许多生离死别，"悲欣交集"之余有时候想人生不必太执着，对许多东西要懂得放下。"无欲有求"绝非正常状态，"有欲有求"并非我的本意，"无欲无求"当前尚难企及，"有欲无求"最合我的心意。对个人寿命，我一直是个悲观主义者。以前总觉得在 60 岁就能退休的前提下活到 65 岁就了无遗憾了。现在一则延退几成定局，自己这个年纪大概要到 64 岁才能退休，作为社保专业的博士再怎么说也必须努力活到 69 岁领 5 年养老金才对得起自己日以继夜研究且每个月必交的社保；二则作为一名传统的中国式父亲至少让孩子能读完大学、工作走上正轨之后才能放心。这应该也算是一种"求"吧？每每念及这些，翻看着于娟的《此生未完成》，"于我心有戚戚焉"，没有大理想只有小确幸的我觉得"熬夜苦干"这种杀鸡取卵的事还是让成功人士去作罢！时间一天天过去，对于书稿的写作我从不奢求取得突飞猛进式的进展，心里总想着隔三差五地能码字若干或多或少有些收获就非常满意了。

个人能动逻辑。家庭收益逻辑与生命事件逻辑只是影响个人决策的外部因素，个人的能动性对于书稿的进展至关重要。《哪吒之魔童降世》中的那句"我命由我不由天"即是对个人能动逻辑的最好演绎。思来想去，作为天资平庸者，个人没有大的学术理想，但还是希望尽自己所能做一些对社会、对单位、对家人有益的事情。也正是因为有这一层考量，在过去的七年里，立足福建，我利用各种机会先后跑了东南沿海的江苏、浙江、广东等省份，也先后调研了中部的河南、湖南、湖北、安徽等地，当然本书也成就了本人对于我国西部地区的四川、重庆、陕西与贵州之旅。在历经七年敲坏四个鼠标之后，终于完成了这本应该早一些面世的专著。回顾研究过程，一份份问卷，一个个问题，一次次访谈，本人明白的是，这本书凝聚着许多农民工兄弟姐妹的热切期盼，我想我有这个责任将他（她）们期望的眼神和朴实的话语转化成为政策建议。从这个角度看，我希望读者看这本书时能感觉这是一本有温度的著作，而非冰冷统计数据和黑白文字的简单叠加。有时候会想，儿女和自己写的书其实都是自己的孩子。只不过前者是肉体的产物，你可以拥有一时；而后者是思索的结晶，你可以拥有一世。当然，囿于生产者的水平，前者与后者都注定不会完美。

窃以为，理性思考是为了感性生活。因此，世界所有的爱与被爱以及美好都值得感恩。

谨以此书献给我的父亲，作为孩子，感恩您给我生命让我来到这个世界，让我可以感触人世间的喜怒哀乐！

谨以此书献给我的孩子，作为父亲，抱歉自作主张让你们来到这个世界，让你们要品尝人世间的酸甜苦辣！

感谢母亲和岳母在本书写作的关键阶段帮我照料着家里家外许多琐事，特别是帮我带两个孩子。毕竟儿女双全不仅意味着写就了一个"好"字，拖儿带女的"拖"字和"带"字本身就有甜蜜负担的意味。是两位老人家的细心和默默付出让"中焦"的我明白一张安静的书桌是多么弥足珍贵甚至奢侈。

应该指出的是，这本书更应该献给农民工兄弟姐妹们，感谢你们走南闯北以辛劳的双手让这个世界更美好！遥想起五十年前，如果不是因为父亲披星戴月赶20华里山路从流入地机场工地赶回流出地农村去报名参军改变了自身命运，我应该和我的许多堂哥堂妹、表姐表弟一样也是在外打工的农民工群体中的一分子。当然，以我的年纪，应该归入第一代农民工之列。

　　儿时顶着烈日、冒着酷暑提水浇菜的经历让我明白，一块菜地要有好的收成，菜农自身踏实肯干是必不可少的条件，但这块菜地本身土壤是否肥沃、播种的当季天时如何等亦至关重要。同样，一个单位整体学术水平的高低既取决于研究者的投入程度与科研水平，亦取决于管理者的科研管理水平。所以，要感谢我所就职的中共福建省委党校福建行政学院，校（院）科研管理制度的日趋完善使得学者们可以醉心研究推出学术精品而无出版之虞。当然，个人"群学"研究的开展离不开群体力量的支持，校（院）社会学省级重点学科建设也为本研究的进展提供了坚实的平台。

　　感谢中共福建省委党校、福建行政学院的各位领导、各位同人对我的关心、帮助。特别要感谢副校（院）长刘大可教授对本书的关心和帮助，特别令我印象深刻的是，在一次讲座中，他所提到的"竹子定律"：竹子用了四年时间仅仅长了 3 厘米，但是从第五年开始，竹子每天以 30 厘米的速度疯长，仅仅六周时间就可以长到 15 米。这让我明白欲成就伟岸之躯"沉住气、深扎根、不放弃"才是正解。也正是他的这番话让我在本书写作的最后阶段遇到许多困难与困惑时能坚持下来不至于草草收笔。

　　感谢我的博士后合作导师朱宇研究员。朱老师系列文章中有关乡—城流动人口流迁模式多元分化及其社会保护需求异质性的学术洞见是本书的研究起点。从偶然也是必然读到朱老师的文章和书，到深受朱老师学术观点的影响，到最终成为"朱源里"的一员，我无疑是非常幸运的。与林胜教授、林李月副研究员等睿智无敌已成为师门顶梁柱的各位师姐师兄不同，作为师门老后进的我只能踩着大家的脚印蠕动向前。

　　感谢黄陵东教授与程丽香教授对本书提出的许多意见和建议，感谢周玉教授和林星教授对我研究与教学的许多提点和提醒。还要感谢陈心颖、林娜、吴燕霞三位师姐在书稿写作过程中给予的许多热心帮助。很多时候只能暗自感慨自己绵力薄材，力有不逮，辜负了许多师长们的殷切期待。可叹愚钝如我，一些遗憾与不足只能留待今后再努力去弥补了。

　　感谢朴朴 App。作为"互联网+零售"新业态的一员，朴朴的出现让我从此不用再每天花费超过一个小时去超市买菜，它的诞生意外地促进了我个人"工作—家庭"的平衡。当然，从此国棉永辉和屏东新华都流失了一位资深、忠实客户。朴朴不断壮大、操着各种口音的配送员队伍表明确实有大量新生代农民工从第二产业向第三产业转移，这一就业变动趋势应当引起高度重视，该群体值得开展深度访谈。我确信经营理念创新之外朴朴对于员工的培训是下了功夫的，其中三个细节可见一斑：第一是福州在推行垃圾分类之前，所有朴朴员工在送菜的同时，一定会问一句"有没有生活垃圾可以帮您带下去的？"第二是朴朴装菜的塑料袋会打结，但一定是活结且不易松开。第三是朴朴配送的冰鲜产品一定会在袋子里放置一个冰块以助保鲜。犹记得 16 年前研究生毕业实习时我的部门主管老吴用标准的莆田普通话跟我说过的一句话——做事要超过领导的预期。从这个角度看，没有任何一点善意与努力会被忽视，朴朴的成功并非偶然，老吴如果有在用朴朴 App 买菜，一定会因为彼此理念的契合而欢乐得眼睛眯成一条缝。

"月光把爱恋，洒满了湖面，两个人的篝火，照亮整个夜晚……"，感谢李健，感谢他磁性演绎的《贝加尔湖畔》。他空灵悠扬的歌声，让我耳朵无数次沦陷的同时也为我的爬格子生活凭空增添了一份静谧和谐。再过些许年，一定要去贝加尔湖畔单曲循环、哼唱《贝加尔湖畔》。想来这应该也算是一种原汤化原食。

感谢王立新教授公子王可名同学用钢琴弹奏的 *Loss and Grief*，让我知道有的音乐可以让体拙口笨之人也能与自己的内心共舞。这曲子的旋律告诉我，失去不必追悔，失落本是常态。人生原本就是有怨无悔的单向度旅行。

偷空看的许多电视剧和小说里，不少男主人公都是离家弃子之后方成就一番惊世伟业。窃以为，他们的事业心固然可敬，但留守在家默默帮他们把一个、两个、三个甚至半打孩子抚养成人，完成"家庭离散化流动背景下拆分型劳动力再生产"的妻子们才堪称伟大。因此，必须感谢我的妻子对我的宽容、支持和理解，如果没有你家里家外举重若轻式的操持，这本书很可能会再推迟一两年面世。也要感谢我的两个孩子们——一诺、骞翮，爸爸羡慕你们的天真、快乐且无拘无束，感谢你们让我在负重前行、战战兢兢的中年生活中增添了许多童趣。

最后，感谢所有关心、帮助过我的人们！恕我不一一提及你们的名字，但你们的鞭策、热心、宽容与关爱我深藏在心底了。板凳数量宽裕，还恳请诸位主动对号入座。

2020 年 3 月 31 日搁笔于福州大梦书屋西湖店

附件 1

东南沿海四地（苏州、泉州、温州与东莞）新生代农民工调查问卷

问卷编号：□□□□□   访问员编号：□□□

一审督导	二审督导	QC督导	编码督导

访问员保证：

我保证此次的访问都是正确和完整、真实的，并且是按照访问指示和问卷调查国际惯例准则而实施的。如有一份问卷作假，同意将所有问卷作废处理，并承担一切责任。

访问员签名：

新生代农民工社会保护调查问卷

_____女士/小姐/先生：

您好！我是本问卷的访问员，受"×××"课题组的委托，进行有关新生代农民工社会保护问题方面的问卷调查，主要目的在于为制定更合理的农民工社会保护政策提供一些建议。我们将对您的回答绝对保密，希望能够得到您的支持和配合，耽搁您几分钟，可以吗？

S3）记录行业配额： □1. 制造业工人   □2. 文员   □3. 销售人员 □4. 公司管理人员   □5. 交通运输业人员   □6. 建筑业人员   □7. 居民服务业及其他服务业人员   □8. 街头待业人员   □9. 其他劳动者

S4）记录就业配额： □1. 正规就业人员   □2. 非正规就业人员

S1）记录性别配额： □1. 男   □2. 女

访员注意：以下内容"访问结束后"再返回提问、填写

　　为了方便后期信息资料的准确性和其他工作人员的复核工作，请您留下您的姓名和联系电话，我们将保密您所提供的任何信息。

　　被访者姓名：＿＿＿＿＿＿＿

　　被访者联系电话：1. 手机号：□□□□□□□□□□□

　　　　　　　　　或 2. 固定电话：□□□□□□□□□□

（注：至少填写一个可以联系到被访者本人的电话号码，否则按废卷处理）

访问地点	
访问日期	201＿＿年＿＿＿月＿＿＿日

访问开始时间		时		分	访问结束时间		时		分

S 部分： 甄别部分

　　S1 请问你的实际年龄是多少＿＿＿＿＿＿＿周岁

（访员注意合格被访者是公历 1980 年 1 月 1 日以后出生，否则终止访问。）

　　S2 记录被访者性别

　　1. 男　　　　　2. 女

　　S3 请问你是否拥有本地（请访员指出具体城市）户口？

　　1. 是——感谢并终止访问　　　　　　2. 否——继续访问

　　S4 请问你的户口性质是否是非农业户口？

　　1. 是——感谢并终止访问　　　　　　2. 否——继续访问

　　S5 请问你的职业是属于以下哪种？

　　□1. 制造业工人　□2. 文员　□3. 销售人员　□4. 公司管理人员
□5. 交通运输业人员　□6. 建筑业人员　□7. 居民服务业及其他服务业人员　□8. 街头待业人员　□9. 其他劳动者

　　制造业工人------------------------------------1

　　文员--2

　　销售人员------------------------------------3

　　公司管理人员--------------------------------4

　　交通运输业人员------------------------------5

　　建筑业人员----------------------------------6

居民服务业及其他服务业人员------------------------7

街头待业人员----------------------------------8

其他劳动者（请注明）_____9

S6 请问你是否有与你所工作的企业或单位签订劳动合同？

1. 是，有签订------［查看配额］

2. 否，没有签订-----［查看配额］

A 部分： 基本情况

A1 请问你所在企业名称_____共有员工_____人

A2 被调查者所在企业的性质属于：_____

1. 国有企业 2.（股份）有限责任公司 3. 外商及港、澳、台投资企业 4. 私营企业 5. 个体经营户 6. 城市街头流动摊贩 7. 无稳定雇主的他雇者 8. 其他（请说明）_____

A3 您的文化程度：_____；您爱人的文化程度是（此栏目未婚者不问）：_____

1. 不识字或识字很少 2. 小学 3. 初中

4. 高中/中专 5. 大专 6. 本科及以上

A4 您在外务工时间的累计年限是？_____

1. 1 年以下 2. 1~5 年 3. 5~10 年 4. 10 年以上

A5 您到此地工作的主要原因是（请按主次顺序限选三项）：_____

1. 这里挣的钱比较多 2. 原先的地方缺乏发展机会 3. 原先的地方生活条件差 4. 家人来就跟着来了 5. 孩子可以接受更好的教育 6. 此地有亲朋好友，可以互相照顾 7. 来看看是否有发展 8. 在此地干活比较轻松 9. 其他（请说明）

A6 您在城市工作生活最不满意的方面有哪些？（请按主次顺序限选三项）：_____

1. 上班环境差 2. 工作太辛苦 3. 食宿条件差 4. 孩子上学困难 5. 收入太低 6. 找工作时受到限制与歧视 7. 没有社会保险，生活得不到保障 8. 其他（请说明）_____

A7 您在城市工作生活遇到困难时，主要是通过何种途径解决困难？（限选三项）：_____

1. 本人或本人家庭成员的各类社会保障（保险）项目 2. 家人/亲戚/朋友的帮助 3. 同事/老乡的帮助 4. 打工的单位或老板的帮助 5. 当地居委会、政府部门的救助 6. 本地居民的帮助 7. 工会或其他民间组织的帮助 8. 自己想办法解决

A8 如果可以自由选择，您将来有关户口迁移的决定是？＿＿＿＿＿

1. 全家迁到流入地　2. 自己一个人迁到流入地　3. 保留老家农村户
口　4. 继续在流入地和流出地之间循环流动　5. 难以决定

A9 如果本地公安部门允许您将全家户口迁入的条件是放弃家乡的土
地，您将如何决定？＿＿＿＿＿

1. 全家迁到流入地　2. 自己一个人迁到流入地　3. 保留老家农村户
口　4. 继续在流入地和流出地之间循环流动　5. 难以决定

A10 如果可以自由选择，您将来的去留决定是？＿＿＿＿＿

1. 在流入地定居　2. 继续工作一段时间后选择某个城镇定居　3. 继续
工作一段时间后返乡定居　4. 继续在流入地和流出地之间循环流动　5. 难
以确定

B 部分：　就业与收入状况

B1 您第一次离开家乡前的职业是：＿＿＿＿＿

1. 在家务农　　　2. 在家乡经商做生意　　　3. 在家乡打零工

4. 在家乡工厂当工人　　5. 学生　　6. 当村、乡（镇）干部

7. 主要务农，兼做其他　　8. 其他（请说明）

B2 离开家乡后您的工作情况是：

类　别	第一份职业	第二份职业	第三份职业	目前职业
工作地点（省、市区）				
工作起止时间（年、月）				
职业类型（请填写代码）				
每天工作时间（小时）				
每月固定休息天数（天）				
月总收入（元）				

（职业类型主要包括：1. 制造业工人　2. 文员　3. 销售人员　4. 公司管
理人员　5. 交通运输业人员　6. 建筑业人员　7. 居民服务业及其他服务
业人员　8. 街头待业人员　9. 其他劳动者）

B3 您是怎么找到的目前这份工作？＿＿＿＿＿

1. 亲友介绍　2. 毕业分配或者校推　3. 招聘类网站、App、微信等
4. 自己闯　5. 劳务市场或中介　6. 政府的劳务输出　7. 其他

B4 在城市生活的主要支出：_____

1. 吃、住、交通费用：_____元/月　　2. 子女教育：_____元/月

3. 缴纳社会保险费：_____元/月　　4. 其他生活费用：_____
元/月

B5 除去平常的开销之外，目前您平均每月大概省下多少钱？_____

1. 300 元以下　　　　2. 301~500 元　　　　3. 501~800 元

4. 801~1000 元　　　5. 1001~1500 元　　　6. 1501~2000 元

7. 2001~3000 元　　　8. 3001~5000 元　　　9. 5000 元以上

B6 与当地居民相比，您觉得您和您家人在这里的收支状况与当地居民
相比？_____

1. 大大低于当地居民　　2. 低于当地居民　　3. 与当地居民相当

4. 高于当地居民　　　　5. 不知道当地居民情况，无法进行比较

B7 您的工资最近是否有被克扣或拖欠？_____

1. 经常　　　2. 偶尔　　　3. 从来没有

B8 外地户口对您找工作的负面影响有多大？_____

1. 很大　　　2. 有一些　　　3. 没影响

B9 根据您的经历，目前本地的哪些工作对外地户口的人员有限制？
（可多选）_____

1. 公务员工作　　2. 事业单位工作　　3. 工厂工作

4. 服务业工作　　5. 不知道　　6. 其他（请说明）_____

B10 目前，您个人每月的工资收入大概是多少？_____，您全家每
月的总收入大概是多少？_____，其中在迁入地的每月总收入是多少？
_____？

1. 2000 元以下　　　2. 2000~3000 元　　　3. 3000~4000 元

4. 4000~5000 元　　　5. 5000 元以上

B11 您是否与雇主签订了劳动合同或就业协议？

1. 是（请直接跳问 B13）　　　　　　　　2. 否

B12 您为什么不签订劳动合同？_____

1. 企业未签　　2. 自己不愿意签　　3. 从没想过签合同这个事

B13 如果您与雇主签订了劳动合同，劳动合同的期限是：_____

1. 1 年以下合同　　2. 1~3 年合同　　3. 3~5 年合同

4.5 年以上合同　　5. 无固定期限合同

B14 签订劳动合同是否有必要？＿＿＿＿＿＿

1. 有必要　　2. 没必要　　3. 不知道

B15 您在城市工作生活是否需要办理何种证件，费用如何？并在相应的框内打"√"或填写金额

证件类型	不需要	需　要	
		收费（请填写具体金额）	无须收费
居住证			
城镇务工许可证			
计划生育证			
其他证件			

B16 请回答下列问题，并在相应的框内打"√"

问　题	是	否
1. 您的单位是否有成立工会组织？		
2. 您是否是工会组织成员？		
3. 您是否参加过工会组织的活动？		
4. 您有没有得到过工会的帮助？		
5. 您是否想加入工会组织？		

B17 您觉得政府在农民工的就业与收入方面最应该做的三件事是什么？

＿＿＿＿＿＿

1. 减少工作时间，规范加班费用　　2. 提供免费的就业信息与技能培训

3. 监督劳动合同的订立及履行　　4. 提高工资水平，保证工资按时足额支付　　5. 提供相关法律知识以维护自身权益　　6. 提供平等的工作机会

B18 您的月休息时间有多少天？＿＿＿＿＿＿

1.8 天及以上　2.4 天到 8 天之间　3. 少于 4 天（含）　　4. 没有休息日

B19 您的单位有定期安排身体健康检查吗？＿＿＿＿＿＿

1. 有　　　　　　　　2. 没有

B20 您单位女性在孕期、哺乳期是否享受特殊保护？＿＿＿＿＿＿

1. 有享受特殊保护　　2. 没有享受特殊保护

B21 您所从事的工种、岗位是否有害身体健康与心理健康？＿＿＿＿＿＿

1. 有害　　　　　　　　　　2. 无害

B22 若存在有害环境，单位是否采取相应措施？_____

1. 保护措施比较完备　　2. 采取了部分保护措施

3. 随便采取一些措施　　4. 没采取任何防护措施

B23 您是否在流出地农村参加过培训？_____

1. 有　　　　　　　　　　2. 没有

B24 您是否在流入地城镇参加过培训？_____

1. 有　　　　　　　　　2. 没有（请直接跳问 B27）

B25 您在流入地城镇参加过几次培训？_____

1. 1~2 次　　　　　2. 3~4 次　　　　　3. 5 次以上

B26 您在流入地城镇参加过的培训是由谁组织的？_____

1. 本单位组织　　2. 政府部门组织　　3. 个人报名参加

B27 您会考虑参加各类有助提升个人技能或者素质的培训项目吗？____

1. 愿意　　　　　　　　2. 不愿意　　（请直接跳问 B29）

B28 您会考虑参加何种培训项目？_____

1. 电焊（餐饮、驾驶、美发、烹饪）等就业技能培训　2. 岗位技能提升培训　3. 创业技能培训　4. 种植、养殖实用技术培训　5. 电子商务培训　6. 其他

B29 您不愿意参加培训的具体原因是什么？_____

1. 工作忙，没有时间　2. 培训费很贵　3. 培训都是填鸭式的，很无聊　4. 培训内容不是我需要的　5. 目前的技能已经足够，没必要参加　6. 其他原因

B30 您是否被欠薪？_____

1. 偶尔有　　　　　2. 经常被拖欠　　　　　3. 没有被拖欠

B31 您被拖欠的是什么方面的收入？_____

1. 工资　　　　　　2. 奖金

3. 津贴　　　　　　4. 其他福利款项

C 部分： 社会保险状况

C1 您是否已购买以下保险：（请在相应的框中打"√"）

	自己购买	单位（或老板）购买	自己和单位共同购买	没有购买
城镇职工基本养老保险				
城镇职工基本医疗保险				
失业保险				
工伤保险				

C2 您没有参加各种保险的原因是（请按主次顺序限选三项）：_____

1. 对保险内容不了解　2. 要缴纳的钱太多，承受不了　3. 不知道如何购买　4. 工作单位不给办理　5. 参加保险有条件限制，达不到要求　6. 觉得挺麻烦的，没必要　7. 觉得是很久远的事情，不予考虑　8. 不打算在一个地方长期待着，怕交了钱到时候带不走

C3 您是否担心过个人未来的养老问题？_____

1. 担心　　　　2. 不担心　　　　3. 还没想

C4 如果单位给您缴纳一部分，您本人缴纳一部分，您愿意参加下列哪种类型的养老保险？_____

1. 城镇职工养老保险　2. 农村养老保险　3. 暂时还没有任何打算

C5 您计划如何解决今后的养老问题？_____

1. 参加城镇企业职工基本养老保险　2. 参加新型农村社会养老保险　3. 养儿防老　4. 储蓄养老　5. 暂时还没有任何打算

C6 您在外打工过程中生病的医疗费用基本上是由谁来承担？_____

1. 全部由自己或家人承担　2. 全部由单位承担　3. 单位、个人共同承担　4. 由城镇职工医疗保险承担　5. 回家乡由新型农村合作医疗保险承担

C7 您觉得下列哪种形式更符合您在医疗保险上的需求？_____

1. 只保小病，不保大病　2. 只保大病，不保小病　3. 既保大病，又保小病，但保障程度稍低　4. 暂时还没有任何打算

C8 如果单位缴纳一部分费用，您自己缴纳一部分费用，您愿意参加下列哪种类型的医疗保险？＿＿＿＿＿＿

1. 城镇职工医疗保险　2. 在老家参加新型农村合作医疗保险　3. 暂时还没有任何打算

C9（C7 问中选 1. 和 3. 者不作答，请直接跳问 C9）如果您打算在老家参加新型农村合作医疗保险，就只有在老家的医院治疗时才可以报销，那您是否有想过如果在城市里生病怎么办？

1. 在城市里面自己花钱治疗　2. 回到老家去治疗　3. 没想过这个问题

C10 您外出打工后是否有过失业的经历？＿＿＿＿＿＿

1. 有，多长时间＿＿＿＿＿（请选择代码）：a. 一个星期　b. 半个月至一个月　c.1~3 个月　d.3 个月以上

2. 没有（请直接跳问 C11）

C11　失业后，您是如何维持生活的？＿＿＿＿＿＿.

1. 靠以往的积蓄生活　2. 靠亲朋好友接济　3. 靠单位发放的失业补偿　4. 靠失业保险金生活　5. 靠政府有关部门的资助　6. 离开城市回老家

C12 在您的工作过程中，是否受过工伤或患过职业病？＿＿＿＿＿＿

1. 有　　　　　　2. 没有（请直接跳问 C13）

C13 若您曾受过工伤或患职业病，治疗费用是由谁来承担？＿＿＿＿＿＿

1. 自己/家人　2. 用人单位、自己共同承担　3. 用人单位　4. 工伤保险承担　5. 没有治疗

C14 您是否知道现在政策规定，合同制农民工受工伤或患职业病时雇主有责任承担其治疗费用？

1. 知道　　2. 不知道　　3. 听说过，但具体情况不知道

C15 您目前最需要参加的社会保险重要程度的排序是？（请按主次顺序填写）＿＿＿＿＿>＿＿＿＿＿>＿＿＿＿＿>＿＿＿＿＿＿

1. 城镇职工基本养老保险　　　　2. 城镇职工基本医疗保险

3. 失业保险　　　　　　　　　　4. 工伤保险

C16 如果条件允许，您希望参加以下哪种类型的社会保险，好让您今

后的生活有所保障呢？ _____

　　1. 加入当地城镇居民社会保险　　2. 根据农民工特点设计的社会保险
3. 参加老家为农村居民设计的社会保险　　4. 遇到问题时回家乡渡过难关

　　C17 目前，您可以承受支付的社会保险金最多是每个月多少钱？ _____

　　1. 少于 50 元　　2. 50～100 元　　3. 100～200 元　　4. 大于 200 元

　　C18 如果政策规定可以将家乡的土地出售或让出以换取在城镇内的各
种社会保险，您是否愿意？ _____

　　1. 愿意　　　　　2. 不愿意　　　　　3. 没考虑过，不清楚

　　C19 您不打算出售或让出土地的原因是什么？（请按主次顺序限选三
项） _____

　　1. 将来老了要靠土地养老　　2. 城里待不下去了，回家起码有个保障
3. 怕卖了吃亏　　4. 土地仍然是我们家的经济来源之一　　5. 自己做不了主
6. 将来留做他用

　　C20 您目前如何处理家乡的土地？ _____

　　1. 家乡已经没有土地　　2. 抛荒未耕种　　3. 由家人耕种（每年收入
_____元）4. 由家里亲戚免费耕种　　5. 承包给别人（每年的承包金
为_____元）

　　6. 家人耕种一部分，其余的承包给他人耕种（每年收入_____元）

D 部分： 子女就学情况

　　D1 您是否已婚？ _____　　　　1. 是　　　　　　　2. 否（以下不填）
　　D2 您的配偶是否也在此地？ _____　　　1. 是　　　　2. 否
　　D3 您是否已有孩子？ _____　　1. 是　　　　2. 否（以下不填）
　　D4 您有几个孩子？ _____；在此地同住的有几个？ _____；留守在
家几个？ _____

　　D5 您有的小孩（是　否）已经处于义务教育阶段（若孩子没有处于
义务教育阶段，以下内容不答）

　　____岁，（男、女）在（家乡、此地），上（未入学、小学、初中、
已工作）

_____岁，（男、女）在（家乡、此地），上（未入学、小学、初中、已工作）

_____岁，（男、女）在（家乡、此地），上（未入学、小学、初中、已工作）

_____岁，（男、女）　在（家乡、此地），上（未入学、小学、初中、已工作）

D6（若孩子不在此地上学，请跳问 D12）您孩子在本地就学的学校类型是：_____

1. 私立学校　2. 农民工子弟学校　3. 当地公立学校（无须多交费）

4. 当地公立学校（需多交费）　　5. 其他（请说明）_____

D7 您的小孩是通过什么办法进入您务工所在地的学校就读的？_____

1. 孩子自己考进　2. 自己找关系　3. 亲戚朋友帮忙介绍的　4. 当地教育部门帮助推荐的　5. 其他（请说明）_____

D8 您的小孩目前在您的务工所在地读书一学年的总支出大概_____
____元，其中，生活费_____元、赞助费_____元、借读费_____元、书报费_____元、其他费用_____元。

D9 您对您孩子在务工地上学受教育的总体情况是否满足_____

1. 非常不满意　2. 不大满意　3. 比较满意（请直接跳问 D11）　4. 很满意（请直接跳问 D11）

D10 您对您孩子在务工地上学受教育的总体情况不满意的主要原因是_____（限三项）

1. 教学质量不高　2. 收费太高　3. 学校校风不好　4. 孩子受歧视
5. 生活费太高　6. 要经常转学　7. 学校基础设施不健全　8. 其他原因

D11 您为什么选择让孩子在务工地读书_____

1. 务工地教育质量比较高　2. 老家没人照顾　3. 方便照顾孩子　4. 务工地生活条件比较好　5. 以后想让孩子在务工地发展　6. 其他原因

D12 如果您的孩子不在务工地上学，其原因是因为_____

1. 上学费用过高，承担不起费用　2. 务工地没有学校可以让孩子读书　3. 工作不稳定，不适合接出来　4. 孩子自己不想出来读书　5. 工作太忙了，没办法照顾　6. 老家比较好，不需要接　7. 其他原因

D13 您认为您的孩子在初中毕业以后应该_____

1. 留在务工地继续读高中　2. 上职高　3. 应该工作　4. 回老家去读高中　5. 目前还不知道会怎么样

D14 如果条件允许的话，您期望孩子能受到什么程度的教育_____

1. 小学　2. 初中　3. 高中、技校、中专、职高　4. 大学　5. 研究生
6. 其他

D15 如果可以自由选择的话，您会让孩子去什么学校读书_____

1. 老家学校　2. 务工地的公立学校　3. 务工地的私立学校　4. 务工地的农民工子弟学校

E 部分： 住房情况

E1 您在此地的住所来源于：_____

1. 住单位宿舍　2. 亲朋提供　3. 自购住房　4. 租赁房屋

5. 其他（请说明）_____

E2 您在此地住房的人均使用面积大概为_____ m²/人

E3（若不住在宿舍，请跳问 E4）如果您是住在单位提供的宿舍，单位是否免费提供？_____

1. 免费　　2. 有收取一定的费用（_____元/月）

E4（若不是在外租房，请跳问 E6）如果您在外租房，每个月的房租大概为多少呢？_____元/月

E5 如果您在外租房，您所在的单位是否提供一定租房补贴？_____

1. 没有　　2. 有一定的补贴（_____元/月）

E6 住房开支上您每个月可以接受的最大金额是多少钱？_____元/月

E7 您在此处的住房内：_____

1. 有独立使用厨房　2. 有与其他户合用的厨房　3. 没有厨房

E8 您在此处的生活用燃料是：_____

1. 液化气　　2. 电　　3. 煤炭　　4. 柴草　　5. 其他

E9 您在此处的住房内是否有自来水：_____

1. 是　　　　2. 否

E10 您在此处住房内的洗澡设施为：_____

1. 统一供热水　2. 家庭自装热水器　3. 其他　4. 没有洗澡设施

E11 您在此处住房内的厕所为：_____

1. 独立抽水式马桶　2. 独立使用其他式样　3. 与邻居合用抽水式马桶　4. 与邻居合用其他式样　5. 无厕所

E12 请您评价一下您对当前务工地住房条件的满意程度：_____

1. 很满意　2. 比较满意　3. 一般　4. 不满意　5. 非常不满意

E13 您在务工地选择住房时，主要考虑以下何种因素：_____

1. 方便上下班　2. 房租　3. 住房条件（面积）　4. 子女教育

E14 您在工作地最希望的住房类型是什么：_____

1. 商品房　2. 限价房　3. 公共租赁房　4. 单位宿舍

E15 在政府为农民工制定的下列住房优惠政策中，您享受到了哪些优惠措施？（可多选）：_____

1."零租金"租房　　　　　2. 获得政府或企业提供的住房补贴

3. 申请购买了经济适用房　4. 租赁政府推行的廉租房

5. 享受住房公积金　　　　6. 都没有享受

E16　您认为政府或者工作单位最有必要为农民工提供下列哪些方面的住房保护措施？（请按主次顺序限选三项）：_____

1. 要求工作单位免费提供宿舍　2. 要求工作单位提供夫妻房　3. 提供廉租公寓　4. 提供住房租金补贴　5. 可申请购买经济适用房　6. 可享受住房公积金　7. 买房时提供贷款、税收优惠　8. 制定农民工集体宿舍的住房标准

E17 在所在务工城市您今后解决住房问题的计划是什么：_____

1. 继续居住单位宿舍　2. 继续在流入地租房　3. 在流入地购房　4. 其他

福建省内三地（福州、厦门、泉州）流动农民工调查问卷

流动农民工社会保护需求的代际差异调查问卷

尊敬的女士/小姐/先生：

　　您好！我是本问卷的访问员，受"XXX"课题组的委托，进行本次问卷调查，其目的是为制定更加合理的农民工社会政策提供决策依据。我们感谢您的配合和支持，同时将对您在本次问卷中提供的个人信息严格保密。

S 部分： 甄别部分

S1 请问你的实际年龄是多少？_____周岁

S2 记录被访者性别

1. 男　　　　2. 女

S3 请问你是否拥有本地（请访员指出具体城市）户口？

1. 是——感谢并终止访问　　　　2. 否——继续访问

S4 请问你的户口性质是否是非农业户口？

1. 是——感谢并终止访问　　　　2. 否——继续访问

S5 请问你的职业属于以下哪种？

□1. 制造业工人　□2. 文员　□3. 销售人员　□4. 公司管理人员
□5. 交通运输业人员　□6. 建筑业人员　□7. 居民服务业及其他服务业
人员　□8. 街头待业人员　□9. 其他劳动者

制造业工人---1

文员---2

销售人员---3

公司管理人员---4

交通运输业人员---------------------------------------5

建筑业人员---6

居民服务业及其他服务业人员---------------------------7

街头待业人员---8

其他劳动者（请注明）_____9

A 部分： 基本情况

A1 请问你所在企业名称_____，共
有员工_____人

A2 被调查者所在企业的性质属于：_____

1. 国有企业　2.（股份）有限责任公司　3. 外商及港、澳、台投资
企业　4. 私营企业　5. 个体经营户　6. 城市街头流动摊贩　7. 无稳定雇
主的他雇者　8. 其他（请说明）_____

A3 您的文化程度：_____；您爱人的文化程度是（此栏目未婚者
不问）：_____

1. 不识字或识字很少　　2. 小学　　　　　3. 初中

4. 高中/中专　　　　　5. 大专　　　　　6. 本科及以上

A4 您到此地工作的主要原因是（请按主次顺序限选三项）：_____

1. 这里挣的钱比较多　2. 原先的地方缺乏发展机会　3. 原先的地方
生活条件差　4. 家人来就跟着来了　5. 孩子可以接受更好的教育　6. 此
地有亲朋好友，可以互相照顾　7. 来看看是否有发展　8. 在此地干活比

较轻松　9. 其他（请说明）

A5 您在城市工作生活最不满意的方面有哪些？（请按主次顺序限选三项）：_____

1. 上班环境差　2. 工作太辛苦　3. 食宿条件差　4. 孩子上学困难
5. 收入太低　6. 找工作时受到限制与歧视　7. 没有社会保险，生活得不到保障　8. 其他（请说明）_____

A6 如果可以自由选择，您将来有关户口迁移的决定是?_____

1. 全家迁到流入地　2. 自己一个人迁到流入地　3. 保留老家农村户口　4. 继续在流入地和流出地之间循环流动　5. 难以决定

A7 如果本地公安部门允许您将全家户口迁入的条件是放弃家乡的土地，您将如何决定?_____

1. 全家迁到流入地　2. 自己一个人迁到流入地　3. 保留老家农村户口　4. 继续在流入地和流出地之间循环流动　5. 难以决定

A8 如果可以自由选择，您将来的去留决定是?_____

1. 在流入地定居　2. 继续工作一段时间后选择某个城镇定居　3. 继续工作一段时间后返乡定居　4. 继续在流入地和流出地之间循环流动　5. 难以确定

A9 您在外务工时间的累计年限是?_____

1. 1 年以下　2. 1~5 年　3. 5~10 年　4. 10 年以上

B 部分：　就业与收入状况

B1 离开家乡后您的工作情况是：

类　别	第一份职业	第二份职业	第三份职业	目前职业
工作地点（省、市区）				
工作起止时间（年、月）				
职业类型（请填写代码）				
每天工作时间（小时）				
每月固定休息天数（天）				
月总收入（元）				

（职业类型主要包括：1. 制造业工人　2. 文员　3. 销售人员　4. 公司管理人员　5. 交通运输业人员　6. 建筑业人员　7. 居民服务业及其他服务业人员　8. 街头待业人员　9. 其他劳动者）

B2 请问您的具体工种与岗位是：＿＿＿＿＿＿＿（请访问员解释相关概念界定）

1. 普通工人（普工）　　2. 技术工人　　3. 企业中低层管理者

B3 您是怎么找到的目前这份工作？＿＿＿＿＿＿＿

1. 亲友介绍　2. 毕业分配或者校推　3. 招聘类网站、App、微信等　4. 自己闯　5. 劳务市场或中介　6. 政府的劳务输出　7. 其他

B4 您是否更换过工作？＿＿＿＿＿＿＿

1. 没有更换过工作　　2. 更换过工作

B5 您的月休息时间有多少天？＿＿＿＿＿＿＿

1. 8 天及以上　2. 4 天至 8 天　3. 有休息日，但每月少于 4 天（含）　4. 每月都没有休息日

B6 您每天工作时间有多少小时？＿＿＿＿＿＿＿

1. 每天工作时间 8 小时及以下　　2. 每天工作时间 9~10 小时

3. 每天工作时间 11~12 小时　　　4. 每天工作时间 12 个小时以上

B7 您加班有领取加班费吗？＿＿＿＿＿＿＿

1. 没有加班费，也没有其他形式补贴　2. 没有加班费，但有其他形式补贴　3. 加班费跟正常工资差不多　4. 加班费高于正常工资

B8 当您的合法权益被他人侵犯时倾向于采取以下何种措施应对？＿＿＿＿

1. 走法律途径解决问题　2. 寻求工会等相关部门、组织的帮助　3. 找对方协商解决问题　4. 找老乡、亲朋好友帮助　5. 自认倒霉　6. 用言行恐吓　7. 暴力维权　8. 其他方式维权

B9 您在务工期间是否曾经得到过工会等相关组织、部门的帮助？＿＿＿＿

1. 经常得到工会等相关组织、部门的帮助　2. 偶尔得到工会等相关组织、部门的帮助　3. 从没获得工会等相关组织、部门的帮助

B10 您过去一年是否存在拖欠工资的情况＿＿＿＿＿＿

1. 是　　　　　　　　2. 否

B11 您过去一年是否存在罚扣工资的情况＿＿＿＿＿＿

1. 是　　　　　　　　2. 否

B12 在流入地，您个人平均月收入大概是＿＿＿＿＿元；在流入地，您家庭平均月收入大概是＿＿＿＿＿元。

B13 您对工资水平满意吗？＿＿＿＿＿

1. 满意　　　　　　　　　　2. 不满意

B14 您是否与雇主签订了劳动合同或就业协议？

1. 是（请直接跳问 B16）　　2. 否

B15 您为什么不签订劳动合同？＿＿＿＿＿

1. 企业未签　　2. 自己不愿意签　　3. 从没想过签合同这个事

B16 如果您与雇主签订劳动合同，劳动合同的期限是：＿＿＿＿＿

1. 签订固定期限合同　　　　2. 签订无固定期限合同

B17 签订劳动合同是否有必要？＿＿＿＿＿

1. 有必要　　　　2. 没必要　　　　　3. 不知道

B18 您曾获得过何种职业资格证书？＿＿＿＿＿

1. 未获得任何资格证书　　2. 获一份资格证书　　3. 获两份及以上资格证书

B19 您是否在流入地城镇参加过培训？＿＿＿＿＿

1. 有　　　　　　2. 没有（本部分结束，跳问 F 部分）

B20 您在流入地城镇参加过＿＿＿＿＿次培训。

C 部分：　社会交往与身份认同

C1 您喜欢当前所在的务工地城市吗？＿＿＿＿＿

1. 非常喜欢　2. 比较喜欢　3. 一般　4. 不大喜欢　5. 很不喜欢

C2 您与务工地城市居民交往多吗？＿＿＿＿＿

1. 很频繁　　2. 较为频繁　　3. 一般　4. 偶尔交往　5. 没有交往

C3 您在与务工地城市的市民交往过程的感受如何：＿＿＿＿＿

1. 非常平等　2. 较为平等　3. 一般　4. 不大平等　5. 很不平等

C4 您认为您自己属于何种阶层（访问员可适当解释该概念）：＿＿＿＿＿

1. 底层群体　2. 劳工阶层　3. 中产阶层　　4. 中上阶层

C5 您如何评价自身在流入地城镇所处的社会地位：＿＿＿＿＿

1. 非常高　2. 比较高　　3. 一般　　4. 比较低　　5. 非常低

C6 您认为自己的身份是什么：＿＿＿＿＿＿

1. 农民工　2. 打工者　　3. 工人　　4. 白领　　　5. 管理人员

C7 您认为自己与务工地城市市民的差距大吗？＿＿＿＿＿＿

1. 非常大　2. 比较大　　3. 一般　　4. 比较小　　5. 没差别

D 部分：　住房情况

D1 您当前在务工地城市住房的获取方式是什么？＿＿＿＿＿＿

1. 住单位宿舍　　2. 租赁房屋　　3. 其他（请说明）＿＿＿＿＿＿＿

＿＿＿＿＿＿＿＿＿＿＿＿＿＿＿＿＿＿＿＿＿＿＿

D2 您在此地住房的人均使用面积大概为＿＿＿＿＿＿＿＿＿m²／人

D3（若不住在宿舍，请跳问 D4）如果您是住在单位提供的宿舍，单位是否免费提供？＿＿＿＿＿＿

1. 免费　　　2. 有收取一定的费用（＿＿＿＿＿＿＿元／月）

D4（若不是在外租房，请跳问 D6）如果您在外租房，每个月的房租大概为多少呢？＿＿＿＿＿＿元／月

D5 如果您在外租房，您所在的单位是否提供一定租房补贴？＿＿＿＿＿＿

1. 没有　　　2. 有一定的补贴（＿＿＿＿＿＿＿元／月）

D6 住房开支上您每个月可以接受的最大金额是多少钱？＿＿＿＿＿＿元／月

D7 您在此处的住房内：＿＿＿＿＿＿

1. 有独立使用厨房　　2. 有与其他户合用的厨房　　3. 没有厨房

D8 您在此处的生活用燃料是：＿＿＿＿＿＿

1. 液化气　　2. 电　　3. 煤炭　　4. 柴草　　5. 其他

D9 您在此处的住房内是否有自来水：＿＿＿＿＿＿

1. 是　　　　2. 否

D10 您在此处住房内的洗澡设施为：＿＿＿＿＿＿

1. 统一供热水　2. 家庭自装热水器　3. 其他　4. 没有洗澡设施

D11 您在此处住房内的厕所为：＿＿＿＿＿＿

1. 独立抽水式马桶　2. 独立使用其他式样　3. 与邻居合用抽水马

桶　4. 与邻居合用其他式样　5. 无厕所

D12 您所在单位是否给您缴纳了住房公积金？＿＿＿＿＿

1. 有缴纳　　　　　　　　2. 没缴纳

D13 您今后解决住房问题的计划是什么：＿＿＿＿＿

1. 回乡自建住房　　　　　2. 回乡购买住房

3. 在流入地购买住房　　　4. 没有计划或其他计划

E 部分：　社会保险状况

E1 您是否已购买以下保险：（请在相应的框中打"√"）

	自己购买	单位（或老板）购买	自己和单位共同购买	没有购买
基本养老保险				
医疗、生育保险				
失业保险				
工伤保险				

E2 您是否担心过个人未来的养老问题？＿＿＿＿＿

1. 担心　　　2. 不担心　　　3. 还没想

E3 如果单位给您缴纳一部分，您本人缴纳一部分，您愿意参加下列哪种类型的养老保险？　＿＿＿＿＿

1. 城镇职工养老保险　2. 农村养老保险　3. 暂时还没有任何打算

E4 您目前最需要参加的社会保险重要程度的排序是？（请按主次顺序填写）＿＿＿＿＿>＿＿＿＿＿>＿＿＿＿＿>＿＿＿＿＿

1. 基本养老保险　2. 医疗、生育保险　3. 失业保险　4. 工伤保险

E5 您在外打工过程中生病的医疗费用基本上是由谁来承担？　＿＿＿＿＿

1. 全部由自己或家人承担　2. 全部由单位承担　3. 单位、个人共同承担　4. 由城镇职工医疗保险承担　5. 回家乡由新型农村合作医疗保险承担

福建省内三地（龙岩、南平、三明）返乡农民工调查问卷

返乡农民工社会保护需求的代际差异调查问卷

调查对象：1. 调查对象的户籍地在龙岩、三明或南平，并且被调查对象已返回到其户籍地址所在地的县及县以下区域范围（乡镇或者村）内居住生活；2. 调查对象已经返回家乡时间超过 6 个月及以上；3. 调查对象在个人的主观意愿上未来将不考虑再次离乡外出务工。

调查员填写：_____街道（镇/乡）_____

_____居（村）委会

尊敬的女士/小姐/先生：

您好！我是本问卷的访问员，受"XXX"课题组的委托，进行本次问卷调查，其目的是为制定更加合理的农民工社会政策提供决策依据。我们感谢您的配合和支持，同时将对您在本次问卷中提供的个人信息严格保密。

S 部分： 甄别部分

S1 您的户籍是否属于当地？（访问员可解释）

　　1. 是　　　　　2. 否——感谢并终止访问

S2 您最近一次回到户籍地，是否已经连续居住时间超过 6 个月及以上？

1. 是　　　　2. 否——感谢并终止访问

S3 请问您外出务工之前户籍是否属于农业户？

1. 是　　　　2. 否——感谢并终止访问

A 部分：　个人和家庭基本情况

A1 您的性别是：＿＿＿＿＿

1. 男　　　　2. 女

A2 您的出生年月是：＿＿＿＿＿＿＿年＿＿＿＿＿＿＿月（提醒受访者为公历，下同）

A3 您的户口性质是：＿＿＿＿＿

1. 居民户　　2. 农业户

A4 您当前的主要居住地是：＿＿＿＿＿＿＿街道（镇／乡）＿＿＿＿＿＿居（村）委会

A5 您的受教育程度是（从小学阶段计起）：＿＿＿＿＿

1. 6 年及以下　　2. 7～9 年　　3. 10～12 年　　4. 12 年以上

A6 您在外打工时间共计：＿＿＿＿＿

1. 1 年及以下　　2. 1～5 年　　3. 5～10 年　　4. 10 年以上

A7 您的婚姻状况是：＿＿＿＿＿

1. 已婚　　　　2. 未婚　　　　3. 离异或丧偶

A8 您家里共有＿＿＿＿＿口人，现在跟您住在一起的有＿＿＿＿＿口人。

A9 您全家一共有＿＿＿＿＿亩地。

B 部分：　外出务工与返乡相关情况

B1 您首次外出务工时的主要居住地是：＿＿＿＿＿＿＿街道（镇／乡）＿＿＿＿＿＿居（村）委会

B2 您合计在外打工的时间总长是：＿＿＿＿＿＿＿年，

您本次返乡的具体时间是：＿＿＿＿＿＿＿年＿＿＿＿＿＿＿月

B3 您在返乡之前在哪个城市打工？＿＿＿＿＿＿＿＿＿＿＿＿＿

B4 您返乡的根本驱动原因是：（访问员可解释）＿＿＿＿＿

1. 返乡创业　2. 回家就业　3. 需求机遇　4. 叶落归根　5. 乡土情结

6. 生活稳定　7. 工厂倒闭　8. 生意失败　9. 房租太高　10. 照顾老人

11. 家人生病　12. 两地分居

B5 您的回流地点选择是：＿＿＿＿＿

1. 老家县（镇）　2. 老家农村（请直接跳问 B7）

B6 您为什么选择回流老家县（镇）：＿＿＿＿＿

1. 城镇生活便利，离家又近　2. 为了方便孩子读书　3. 方便找工作，做生意　4. 其他原因

B7 您为什么选择回流老家农村：＿＿＿＿＿

1. 熟悉这里的生活，农村生活安定　2. 方便依托老家资源进行就业、创业　3. 方便照顾孩子和老人

B8 您在外出务工期间的平均月收入达到：＿＿＿＿＿

1. 2000 元以下　2. 2000～3000 元　3. 3000～4000 元　4. 4000～5000 元 5. 5000 元以上

B9 您在外务工期间，平均每年向家里汇款的总额约是：＿＿＿＿＿元

B10 您在外出务工期间主要接受过何种形式（就培训组织方而言）的培训：＿＿＿＿＿

1. 工作单位组织培训（B 部分结束）　2. 政府部门组织培训（B 部分结束）　3. 自己个人报名培训（继续回答 B11）　4. 未参加过任何培训（B 部分结束）

B11 您自己个人报名培训的类型是否包括"基于手机的移动学习系统"（访问员可解释）：＿＿＿＿

1. 有　　　2. 没有

C 部分：　返乡后相关情况

C1 您本次返乡后的工作状况是：＿＿＿＿＿

1. 创业　　　2. 就业　　　3. 务农　　　4. 无业

C2 您返乡后的平均月收入达到：_____

1. 2000 元以下　2. 2000～3000 元　3. 3000～4000 元　4. 4000～5000 元
5. 5000 元以上

C3 您返乡后主要从事的行业是：_____

1. 农业经营开发　2. 林业经营开发　3. 交通运输仓储业　4. 建筑施工　5. 批发零售行业　6. 餐饮行业　7. 住宿相关行业　8. 社会服务业
9. 其他

C4 您返乡后主要从事的职业类型是：_____

1. 自雇者　2. 在家做杂务　3. 普通工人　4. 农民　5. 其他

C5 您在返乡后主要接受过何种形式（就培训组织方而言）的培训：
_____

1. 工作单位组织培训　2. 政府部门组织培训　3. 自己个人报名培训
4. 未参加过任何培训

仅返乡后有创业经历者填 C6

C6 您的创业项目是：_____

1. 农业经营　2. 做小生意　3. 从事服务业　4. 承包各类工程　5. 其他

仅返乡后从事农业者填 C7

C7 您在返乡从事农业生产过程中是否应用如下"新技术与新渠道"
（根据实际选填）：_____

1. 选种新品种　2. 种植经济作物　3. 饲养经济动物　4. 采用新的农业技术　5. 使用互联网进行农副产品销售

C8 您在日常生活中是否有使用互联网的习惯：_____

1. 有使用互联网　　　2. 没有使用互联网

C9 您是否使用互联网寻找工作机会：_____

1. 有使用　　　　　2. 没有使用

C10 您是否知道 2018 年中央一号文件的主题：_____

1. 知道（经询问确认正确后方可打√）　　　2. 不知道

C11 您是否知道 2017 年福建城乡居民基本养老保险基础养老金标准：
_____

1. 知道（经询问确认正确后方可打√）　　2. 不知道

C12 您是否知道福建省《返乡创业十二条措施》（2015）：＿＿＿＿

1. 知道（经询问确认正确后方可打√）　　2. 不知道

C13 您是否知道福建省《返乡创业培训五年行动计划》（2017）：＿＿＿＿

1. 知道（经询问确认正确后方可打√）　　2. 不知道

C14 您是否知道福建省 2017 年新农合住院报销比例：＿＿＿＿

1. 知道（经询问确认正确后方可打√）　　2. 不知道

C15 您身边是否有成功的返乡农民工创业者，如果有，请介绍他（她）们的具体创业项目及其特色：＿＿＿＿＿＿＿＿＿＿＿＿＿＿＿＿＿

＿＿＿＿＿＿＿＿＿＿＿＿＿＿＿＿＿＿＿＿＿＿＿＿＿＿＿＿＿＿＿＿＿＿＿＿＿

＿＿＿＿＿＿＿＿＿＿＿＿＿＿＿＿＿＿＿＿＿＿＿＿＿＿＿＿＿＿＿＿＿＿＿＿＿

＿＿＿＿＿＿＿＿＿＿＿＿＿＿＿＿＿＿＿＿＿＿＿＿＿＿＿＿＿＿＿＿＿＿＿＿＿

＿＿＿＿＿＿＿＿＿＿＿＿＿＿＿＿＿＿＿＿＿＿＿＿＿＿＿＿＿＿＿＿＿＿＿＿＿

附件 4

东南沿海四地新生代农民工
访谈提纲

东南沿海四地新生代农民工访谈提纲

序号	访谈题目	追问 1	追问 2	追问 3
1	如果可以自由选择，您将来有关户口迁移的决定是什么？			
2	你为什么会考虑保留老家户口？或你为什么不考虑保留老家户口？			
3	针对保留老家户口者提问：你没有这里户口会给你和家人在流入地城市的生活带来什么不便吗？（可提示孩子教育等）			
4	你经常变换工作吗？	为什么？		
5	你有签订合同吗？			
6	针对没有签订合同者：为什么不签合同？你是怎么考虑的？			
7	针对企业 HR 管理者：你们公司员工签订合同的情况如何？	不签订合同的员工是基于什么原因？		
8	你是通过什么途径找到工作的？			
9	你在流出地接受过培训吗？			
10	你在流入地接受过培训吗？			

续表

序号	访谈题目	追问1	追问2	追问3
11	针对不愿意参加培训者：为什么不参加培训呢？你是怎么考虑的？	你觉得自己需要什么样的培训课程？		
12	你是怎么解决流入地住房问题的？			
13	考虑过在流入地购房吗？	为什么？		
14	流入地政府有给你们提供什么住房保障措施？			
15	你有参加什么类型的社会保险？	针对不参加的某些险种追问：为什么不参保？		
16	你担心你将来的养老问题吗？			
17	你有孩子吗？	请介绍一下他们目前的情况。		
18	针对有适龄儿童辍学的农民工家长：为什么不让你的孩子读书了？			
19	针对长时间加班的新生代农民工：为什么你愿意长时间加班？			
20	你有被欠薪的经历吗？			
21	针对"80后"农民工：你觉得你们"80后"跟"60后""70后""90后""00后"有什么不一样吗？			
22	针对"90后"农民工：你觉得你们"90后"跟"60后""70后""80后""00后"有什么不一样吗？			
23	针对"00后"农民工：你觉得你们"00后"跟"60后""70后""80后""90后"有什么不一样吗？			
24	针对企业主与企业管理人员：你觉得"60后""70后""80后""90后""00后"员工有什么不一样的地方？			

生命历程视角下新生代农民工的
进城与返乡决策访谈提纲

生命历程视角下新生代农民工的进城与返乡决策访谈提纲

序号	访谈题目	追问 1	追问 2	追问 3
1	能否简要介绍一下你自己？			
2	当初怎么想到要出去打工的？			
3	你觉得刚出来打工的时候感觉怎么样？			
4	工作一段时间以后情况怎么样？			
5	你是因为什么事情想到要回家的？	是在结婚前还是结婚后？		
6	你觉得在农村的生活怎么样？	以后还想出去打工吗？	为什么？	
7	针对返乡创业的新生代农民工：你最初是怎么想到要回老家创业的？			
8	针对返乡务农的新生代农民工：你最初是怎么想到要回老家务农的？			

附件 6

福建龙岩、南平、三明返乡农民工群体访谈提纲

福建龙岩、南平、三明返乡农民工群体访谈提纲

序号	访谈题目	追问 1	追问 2	追问 3
1	你是怎么想到要返回老家的？			
2	你返乡后是回老家县（镇）还是老家农村？	为什么会这样选择？		
3	你在返乡前有接受过培训吗？	如果没有，为什么不参加？如果有，主要是哪一类的培训？	是由谁组织的？	
4	你在返乡后有接受过培训吗？	如果没有，为什么不参加？如果有，主要是哪一类的培训？	是由谁组织的？	
5	你原来在城里是做什么职业？	回到老家后，你主要从事什么职业？		
6	针对在家做杂务的女性返乡农民工：回老家后，你为什么不出来做事情呢？			

序号	访谈题目	追问 1	追问 2	追问 3
7	针对返乡务农者：你回老家以后，有没有采取选种新品种、种植经济作物、饲养经济动物、采用新的农业技术或者使用互联网进行农副产品销售？			
8	平时有没有使用互联网的习惯？	如果有，平时都用互联网来做什么？		
9	你知道 2018 年中央一号文件的主题是什么吗？			

附件 7

福建福州、厦门、泉州流动农民工群体访谈提纲

福建福州、厦门、泉州流动农民工群体访谈提纲

序号	访谈题目	追问 1	追问 2	追问 3
1	能否简要介绍一下你自己？			
2	你喜欢 XX 市吗？			
3	你住哪里？	住的还满意吗？		
4	今后解决住房问题的计划是什么？（提示，考虑回老家自己建房、回乡购买住房、在流入地购买住房等）			
5	你有参加什么保险项目？	为什么不参加 XX 保险项目？		
6	针对基层社保经办人员："60 后""70 后""80 后"和"90 后"参保意愿有差异吗？			
7	如果可以自由选择，您将来的去留问题怎么决定？（提示：在流入地定居、继续工作一段时间后选择某个城镇定居、继续工作一段时间后返乡定居、继续在流入地和流出地之间循环流动、难以确定）			
8	你有签劳动合同吗？	合同是什么类别？	为什么不签合同？	个人认为是否有必要签订合同？

序号	访谈题目	追问1	追问2	追问3
9	你是否更换过工作？	更换过几次？	待遇有提高吗？	职位有提高吗？
10	你有去考过什么职业资格证书吗？	为什么不去考？	为什么想到要去考？	
11	你在这里的工作岗位是什么？			
12	你在这里的每个月可以赚多少钱？	你对收入满意吗？		
13	过去一年里，你有被拖欠过工资吗？	打工这么长时间有没有被拖欠过？		
14	你和这里的市民交往多不多？	和他们交往的过程中，你感受如何？		
15	你觉得自己在这个城市的身份是什么？			
16	你觉得自己和这里的市民差距大吗？			
17	你每个月休息几天？			
18	你每天工作几个小时？			
19	你们单位有给加班费吗？	是按照什么标准给的？		
20	有没有遇到过自己权益被侵害的事情？	如果碰到这种事情，你会怎么解决？		
21	针对基层法院法官：你觉得新生代农民工的维权意识如何？			
22	你得到过工会或者其他组织、部门的关心、帮助吗？			

图书在版编目（CIP）数据

异质性与差别化：农民工的社会保护需求与社会政
策调适／沈君彬著. -- 北京：社会科学文献出版社，
2020.9
（海西求是文库）
ISBN 978-7-5201-6991-2

Ⅰ.①异…　Ⅱ.①沈…　Ⅲ.①民工-社会政策-研究
-中国　Ⅳ.①F323.6

中国版本图书馆 CIP 数据核字（2020）第 140820 号

·海西求是文库·

异质性与差别化
　　——农民工的社会保护需求与社会政策调适

著　　者／沈君彬

出 版 人／谢寿光
组稿编辑／王　绯
责任编辑／孙燕生　赵慧英

出　　版／社会科学文献出版社·政法传媒分社（010）59367156
　　　　　地址：北京市北三环中路甲 29 号院华龙大厦　邮编：100029
　　　　　网址：www.ssap.com.cn
发　　行／市场营销中心（010）59367081　59367083
印　　装／三河市龙林印务有限公司

规　　格／开本：787mm×1092mm　1/16
　　　　　印 张：21.5　字 数：347 千字
版　　次／2020 年 9 月第 1 版　2020 年 9 月第 1 次印刷
书　　号／ISBN 978-7-5201-6991-2
定　　价／118.00 元

本书如有印装质量问题，请与读者服务中心（010-59367028）联系